JN441562

당신이 꼭 알아야 할
자본주의 키워드 50

50 CAPITALISM IDEAS YOU REALLY NEED TO KNOW

당신이 꼭 알아야 할 자본주의 키워드 50

50 CAPITALISM IDEAS YOU REALLY NEED TO KNOW

조너선 포티스 지음 | 최이현 옮김

나라로그

일러두기

1. 인명과 지명은 국립국어원 외래어표기법을 따랐으나 널리 통용되는 표기가 있을 경우 그에 따랐다.
2. 신문·잡지는《 》, 단행본은『 』, 영화·음악 등의 작품명은〈 〉으로 표기했다.
3. 본문 안의 옮긴이 주는 괄호에 넣어 별도로 표시했다.

자본주의는 어떻게 작동하는가?

경제학을 이해하지 못하면 자본주의를 이해할 수 없다. 경제학자로서 나도 물론 그렇게 말할 것이고, 그것이 사실이기도 하다. 하지만 경제학에 대한 이해는 자본주의를 이해하는 방법에서 일부만 차지하는 것도 사실이다. 이 책을 쓰면서 나는 자본주의에 관한 이야기가 역사와 정치, 사회(실질적으로 현대 사회)와 문화의 이야기이기도 하다는 사실을 분명하게 깨달았다.

또한 자본주의에는 명목 화폐가 부리는 마술, 금융 시스템에 내재된 불안정성, 효율적 시장이라는 편리한 소설 같은 개념 등 모순이 가득하다는 사실도 알게 되었다. 그런 모순들의 결과, 자본주의는 끊임없이 위기에 빠지고 항상 종말이 가까운 듯 보인다. 하지만 자본주의가 역동적으로 움직이고 대단히 성공적으로 진화할 수 있었던 것은 바로 그런 모순 덕분이다.

이 책의 목적은 자본주의의 좋은 점과 나쁜 점을 독자에게 이해시키려는 것도 아니고, 향후 몇 십 년 뒤 불가피하게 찾아올 급격한 변화를 예측하려는 것도 아니다. 자본주의의 작동 방식(화폐와 은행, 기업과 시장)을 이해하는 데 필요한 기본 원리를 설명하는 것이 이 책의 목적이다. 또한 자본주의가 사회주의나 제국주의 같은 역사와 정치의 핵심 개념들과 어떤 관련이 있는지 설명하고, 애덤 스미스Adam Smith와 존 메이너드 케인스John Maynard Keynes, 그리고 누구보다 역설적인 인물인 카를 마르크스Karl Marx 등 위대한 현대 사상가들이 자본주의를 이해하는 데 어떤 도움을 주었는지도 간단히 소개할 것이다. 자본주의와 진화론이 어떻게 유사한지, 자본주의가 문화를 통해 어떻게 굴절되는지 등 연관성이 불분명한 쟁점들도 분석할 것이다.

이 책에서 미처 다루지 못한 내용도 많으며, 이견이나 논쟁의 여지가 있는 내용도 많다. 하지만 부디 이 책이 자본주의라는 주제의 외연과 중요성을 충분히 전달해서 사회가 돌아가는 방식을 이해하려면 자본주의의 작동 원리를 잘 알아야 한다는 사실을 독자들이 납득할 수 있으면 좋겠다.

 차례

PART 2 자본주의의 여러 제도 : 누가 자본주의 시스템을 움직이는가?

PART 3 금융과 금융시장 : 자본주의 사회에서 돈은 어떻게 흘러가는가?

PART 5 사회와 문화
: 이 모든 문제가 정말 자본주의 탓일까?

PART 6 자본주의의 미래 : 자본주의를 뛰어넘을 대안이 있는가?

(PART 1)

기본 개념

우리는 모두 자본주의자다

(01)

자본주의

"수요와 공급에 대한 결정이 개인에게 있을 것,
이것이야말로 자본주의의 핵심 개념이다."

베를린 장벽이 무너지고 얼마 되지 않은 1991년, 세계 경제의 중심지인 뉴욕 다운타운의 작은 '지역 신문'《월스트리트 저널》은 "현재 우리는 모두 자본주의자이다"라고 선언했다. 이 신문은 자본주의가 두 가지 싸움에서 승리했다고 주장했다. 첫째 싸움은 지적·이론적 논쟁으로, 자본주의 말고는 현대 경제를 체계화할 수 있는 진지하고 일관된 철학적 대안이 없다는 주장이었다. 둘째 싸움은 정치적 논쟁으로, 전 세계 거의 모든 나라에서 자본주의 경제가 완전히 발달했거나 정도의 차이는 있지만 대체로 그런 방향으로 열심히 움직이고 있다는 주장이었다.

누군가 질문한다면, 우리 대부분은 자본주의가 21세기 세계 경제 그리고 어쩌면 실질적으로 사회 전반을 정의하는 기본 원리라고 답할 것이다. 하지만 그와 동시에 많은 경제학자들을 포함해 대부분의 사람들이 자본주의가 정확히 무엇을 의미하는지 쉽게 말하지 못한다.

자본주의에 대한 정의

자본주의를 특정한 하나의 개념으로 정의할 수는 없다. 자본주의는 생산 수단의 사적 소유를 의미하는 걸까? 많은 사람이 이런 식의 정의에 찬성했지만, 중국의 경우를 한번 생각해보자. 중국은 지난 20년간 자본주의의 역동적이고 변형적인 힘을 가장 잘 보여준 모범 사례라 할 수 있다. 그러나 중국에서는 경제의 많은 영역이 아직도 국가 소유이고, 민간 부문에 대한 국가의 통제와 간섭도 여전하다.

자본주의를 국가의 통제 없이 시장에서 수요와 공급의 균형을 맞추고 특히 핵심 산업과 경제 분야에 자원을 분배하는 제도로 정의하기도 하는데, 현대 자본주의의 지적·실질적 출발지라 할 수 있는 영국에서는 의료와 초·중등 교육 분야에서 각종 시장의 역할이 제한된 채 서비스가 무상으로 제공된다.

아니면 자본주의는 자원에 대한 정부의 직접적인 통제력, 즉 과세와 공공지출 권한을 제한하는 것을 의미할까? 이런 정의가 옳다면, 20세기에 거의 모든 선진국에서 정부 지출이 총생산에서 차지하는 비율이 전반적으로 크게 증가한 이유는 무엇일까? 이 비율은 지난 20년간 일정하게 유지되었을 뿐 줄어들지 않았고, 앞으로도 줄어들 거라고 전망할 근거가 없다. 더구나 국가가 발전할수록 대체로 정부의 규모와 역할은 커진다. 더구나 국가가 발전할수록 대체로 정부의 규모와 역할은 커진다.

> **" —— 자본주의라는 용어는 믿을 수 없을 만큼 모호한데, 그 이유는 시장경제의 유형이 상당히 다양하기 때문이다. 기본적으로 그동안 우리의 토론 의제는 … 사회의 몇 퍼센트까지를 규제가 철폐된 시장의 관리하에 두어야 하는가였다. … 일반적으로 이 논의의 핵심은 자본주의냐 아니냐가 아니라, 경제의 어느 부분이 이윤 동기로 적합하지 않은가이다.**
>
> _나오미 클라인Naomi Klein

그렇다면 혹시 자본주의는 기업이 정부의 간섭 없이 무엇을 어떻게 생산할지 선택할 수 있고 소비자 역시 무엇을 어떻게 소비할지 선택할 수 있는 환경을 의미할까? 그러나 자본주의 경제의 모범 사례로 여겨지는 미국에서도 댄스 강사 자격 조건부터 각 주의 포도주 배송 기준에 이르기까지 모든 것이 규제를 받는다. 정부 정책과 조세제도를 강력하게 반대하는 이익 단체와 정치가들조차도 자유시장에 대한 정부의 그런 개입에는 토를 달지 않는 것 같다.

그러나 이 모든 모순과 나라마다 경제가 작동하는 방식이 서로 크게 다름에도 불구하고, 앞에서 언급한 나라들을 전부 '자본주의 국가'라고 부를 수 있다. (세계 경제에서 고립을 자처한 일부 국가와 북한을 제외한) 나머지 나라들도 대부분 마찬가지다.

생산 수단을 누가 가졌는가?

그렇다면 수없이 다양한 국가와 체제들을 설명하는 데 활용되는 이 불명확한 용어를 어떻게 정확히 포착해서 정의할 수 있을까? 사실 자본주의라는 용어 자체가 다소 독특하다. 이 개념과 가장 관련이 깊다고 할 수 있는 19세기 독일의 경제학자 카를 마르크스는 '자본주의적 생산양식'에 관한 논의를 즐겼다. 마르크스가 생각한 자본주의적 생산양식은 개인이 생산 수단을 소유하고, 노동자 계급이 일하고 임금을 받으며, 생산 수단의 소유주에게 생산으로 인한 '잉여가치'가 발생하는 것이다. 마르크스의 이론은 나중에 더 자세히 다루겠다.

> “—— 자본주의는 인간의 가장 사악한 면이 모두에게 가장 큰 이익을 주는 일을 가장 나쁜 방식으로 이행할 것이라는 데 대한 놀라운 믿음이다.
>
> _존 메이너드 케인스

사적 소유는 자본주의의 핵심 개념이지만, 이런 식으로 자본주의를 정의하는 것은 적절하지 않다. 사전事典을 만들려고 이 책을 쓴 것은 아니지만, 앞으로 다룰 제도들의 기본 개념을 정의하지 않고 넘어가면 무책임해 보일 것 같다. 내 생각에 자본주의란 생산 수단의 전부까지는 아니더라도 대부분을 개인이 소유하는 것을 경제(그리고 보다 광범위하게 말해 사회)의 핵심 운영 원리로 삼는 제도이다. 개인 소유주들은 집단적으로든 개인적으로든 자신들이 받을 수 있는 경제적 (그리고 때로는 사회적) 인센티브에 맞게 생산물을 결정할 수 있다. 결과적으로 정부가 아니라 소유주이자 소비자인 개인과 기업 및 주주들이 개인적·집단적 판단을 통해 생산과 소비 구조를 주로 결정한다. 심지어 중국을 포함해 앞에서 언급한 나라들 모두 그렇다.

이것은 상당히 강력한 개념이다. 좋든 나쁘든 수요와 공급, 생산과 소비 사이의 상호작용은 지난 몇 세기 동안 우리 사회를 형성하는 데 강력한 힘으로 작용했음이 증명되고 있다. 간혹 정부 또는 다른 힘들이 우리의 선택과 결정, 인센티브의 내용을 구성하고 제한하는 데 강력하게 개입하기도 하지만, 자본주의를 정의하는 궁극적 요인은 수요와 공급에 대한 사적 결정권이다.

(02)

재산과 재산권

"재산권이 없다면,
시장경제 또한 존재할 수 없다."

로마법은 사유재산을 인정했지만(노예가 아닌 시민 남성의 경우에만), 절대 군주제 시대에는 재산권을 개인의 고유한 권리로 보기보다는, 신에게서 먼저 나오고 그다음에는 군주에게서 나오는 어떤 것으로 보았다. 신은 인간에게 자연을 지배할 권한을 주었고 우리 인간들을 감독하도록 통치자를 지명했으므로, 우리는 그 통치자의 허락하에 재산권을 '향유'할 수 있다는 것이다.

재산권의 기원은 절도

(피에르 프루동이 한 유명하지만 다소 이해하기 힘든 "소유는 도둑질이

다"라는 말을 미리 보여준) 사드 후작Marquis de Sade의 말처럼, 모든 사람이 태어날 때부터 토지 소유권을 가진다고 보기는 매우 어렵다. 거의 모든 곳에서 사람들은 과거 어느 시점에 토지를 강탈하거나 몰래 훔친 사람들로부터 땅을 구입하거나 물려받아 그 땅을 소유한다. 예를 들어 영국의 토지 소유 형태를 살펴보면, 많은 경우가 1066년 정복왕 윌리엄William the Conqueror이 자신을 따르는 노르만 귀족들에게 땅을 나누어준 시기나 그 후 수백 년 동안 왕들이 자신의 지지자들에게 상으로 땅을 주거나 땅을 이용해 그들을 매수하던 시기로 거슬러 올라간다.

> "재산권의 기원을 추적해보면, 틀림없이 강탈의 시기로 거슬러 올라간다. 절도죄는 재산권을 침해하기 때문에 벌을 받지만, 기원을 살펴보면 재산권은 절도나 다름없다."
>
> _사드 후작, 『쥘리에트 이야기*L'Histoire de Juliette*』에서

종교적 관점에서 재산을 정의하는 분위기가 시들해지면서, 재산권을 설명하고 정당화하려는 다양한 철학적 방법들이 등장했다. 17세기 철학자 존 로크는 마르크스보다 앞서 어떤 가치와 거기서 발생하는 재산권은 노동에서 나온다고 주장했다. 그러므로 노동자가 자신이 생산한 물건이나 경작한 땅에 대한 권리를 가져야 한다

는 것이다.

이와 반대로, 애덤 스미스는 좀 더 기계적인 접근법을 사용했다. 즉 인간은 생명권과 자유권을 가지지만, 재산권은 정부에 의해 생성되고 유지되며, 그것이 거래와 교환을 촉진하고 용이하게 하는 목적으로 활용되기 때문에 중요하다고 생각했다. 긍정적이든 부정적이든, 재산권은 자본주의 이론가들에게 필수적인 권리이다. 재산권은 실물자본과 토지를 소유할 권리이자 그 자본을 통해 생산되는 가치를 점유할 수 있는 권리라는 점이 핵심이다. 재산을 양도하거나 교환할 수 없고 계약을 체결할 수 없다면, 시장은 물론이고 그에 따른 시장경제도 존재하지 못한다.

> " 정부는 재산을 보호하는 것 외에 다른 목적을 갖지 않는다.
>
> _존 로크

재산과 국가의 역할

어떻게 보면 자본주의 사회에서 국가의 가장 중요한 역할은 재산권을 정의하고 보호하는 것이다. 이를 위해 국가는 최소한 법률 제도를 마련하고, 사법적 판단을 내리며, 재산권을 보호하기 위한 물리적 독점력도 가져야 한다. 그러므로 정부의 권한을 제한하고

재산권의 역사

재산을 누가 소유할 수 있고 누가 소유할 수 없는가, 그리고 무엇이 재산을 구성할 수 있는가 등 재산에 대한 개념은 역사를 통틀어 상당히 많이 변화해왔다. 로마법이 제정된 이후 19세기까지 여성들(특히 기혼 여성)은 재산을 거의 혹은 전혀 소유하지 못했다. 반면 사람(노예 혹은 좀 더 제한적인 범위로는 농노)에 대한 소유권은 널리 인정되었다. 지금은 그런 개념들이 몹시 생소하고 자본주의 경제의 기본 작동 원리가 아니지만, 당시에는 그랬다.

> "노예 주인이 노예를 소유하고 그 수를 늘릴 권리는 재산을 가진 사람이 그 재산에 대해 누리는 권리와 마찬가지로 침해할 수 없다."
>
> _1850년 미국 켄터키 주 헌법

마찬가지로 현재의 재산권 개념이 앞으로 변하지 않으리라는 확고한 근거도 없다. 오늘날 우리는 애완동물과 가축을 소유할 권리를 자연스럽고 정상적인 것으로 여긴다. 하지만 인간 수준의 지성은 갖추지 못했더라도 동물 또한 생명이 있고 감정을 느낀다. 지금부터 100년 후에도 우리가 동물에 대한 재산권을 타당하게 여길까?

규제를 없애는 자본주의를 열렬히 지지하는 사람들조차 이런 목적을 달성하기 위해 정부의 역할이 어느 정도 필요하다고 생각한다.

하지만 이런 견해는 절대적 재산권이라는 개념에 의문을 제기한다. 정부가 개인의 재산을 보호해줘야 한다면 그 비용을 충당할 재원이 필요하므로, 시민들을 통해 강제적으로 그 재원을 마련해야 한다. 이것이 바로 조세제도이다. 그런데 과세란 시민들이 가진 재산의 일부를 강제로 징수하는 정부의 권리이다. 결국 재산권을 정의하고 보호하는 수단은 기본적으로 재산권을 일부 제한한다. 그러므로 절대적 재산권이란 존재하지 않으며, 그동안 출현한 모든 인간 사회에 한 번도 존재한 적이 없다.

여기서 더 나아가 재산, 특히 생산자본의 가치가 오직 그것을 소유한 사람의 노력에서 나온다는 로크의 견해는 현대 경제에 별로 들어맞지 않는다. 오늘날 정부는 (법적 제도를 마련하고 재산을 소유한 사람들을 도둑과 강도로부터 보호함으로써) 부정적인 의미에서 재산과 재산권을 생성할 뿐 아니라, 자본의 생산성을 높이기 위해 좀 더 넓은 환경을 제공하는 긍정적인 역할도 한다. 여기에는 교통망부터 교육제도와 환경 정책에 이르기까지 모든 것이 포함되며, 한 번 더 말하지만 이런 일에는 재원과 규제가 필요하다.

> "이 나라에 혼자 힘으로 부자가 된 사람은 없습니다. 단 한 명도 없죠. 당신이 어딘가에 공장 하나를 지었다고 합시다. 당신에게는 잘된 일이죠. 하지만 이 점을 확실히 해두고 싶어요. 당신은 다른 사람들이 비용을 댄 도로를 이용해 당신 공장에서 생산한 물건을 시장으로 운송합니다. 또한 다른 사람들이 교육한 노동자들을 고용하죠. 당신 공장이 안전한 것은 다른 사람들에게서 임금을 받는 경찰과 소방대원 덕분입니다. 당신은 약탈자들이 당신 공장에 와서 생산품을 강탈해갈까 봐 걱정하지 않아도 됩

니다. 자, 봅시다. 당신은 공장 하나를 지었고, 감사하게도 그 일은 정말 좋은 아이디어였죠. 그 수익을 가지세요. 하지만 사회계약의 근본은 당신이 이익을 취하고, 그 이익으로 다음 세대를 위해 선행을 베푸는 것입니다."

_엘리자베스 워렌Elizabeth Warren(미국 상원의원)

재산권은 절대적 권리일까?

무언가를 소유하는 것이 그것을 가지고 원하는 일을 할 수 있는 권리를 의미한다면, 재산권은 거의 구속받지 않을 것이다. 예를 들어 내가 사고 싶은 자동차가 유럽의 대기오염물질 배출 허용 기준을 충족하고 정부가 공인한 보험에 가입되어 있기만 하다면, 나는 아무 자동차나 자유롭게 살 수 있다. 나는 국도를 이용해 그 자동차를 타고 원하는 곳으로 갈 수 있지만, 운전면허증이 있어야 하며 속도 제한 규정을 지켜야 한다. 더 이상 그 차를 타고 싶지 않더라도 차를 아무 데나 함부로 버려서는 안 되며, 정해진 절차에 따라 처분해야 한다. 그 차는 다른 사람이나 국가가 아닌 내 소유이며, 국가는 그 자동차에 대한 나의 권리를 보호할 것이다. 하지만 그 자동차를 이용할 때 (타당한 이유가 있는 경우가 아니라면 대체로) 나는 상당히 엄격한 제한을 받는다.

재산권을 정의하고 제한하는 까다로운 규칙은 복잡한 현대 경제와 사회의 특징이다. 대부분의 자본주의 경제학자들은 정부가 독단적 혹은 강압적으로 사유재산을 몰수함으로써 재산권에 '간섭'하는 것을 막기 위해 법적·정치적 제한을 두어 그런 갈등 관계를 어느 정도 해결하려 한다. 하지만 재산권을 '절대적' 권리로 여기는 것은 철학적으로나 현실적으로 현대 사회에 전혀 들어맞지 않는다.

(03)

자유시장

"확실한 자유 시장을 만들기 위해서는
정부가 개입해 '자유롭게' 만들어주어야 한다."

겉으로 보기에 자유시장은 철학적 관점과 실용적·경제적 관점에서 공히 매우 매력적인 개념 같다. 철학적 관점에서 보면, 다른 사람에게 해를 끼치지 않아야 할 때 혹은 공공의 안전을 확보해야 할 때를 제외하고 사람들이 물건을 사고파는 데 통제받지 않는다면 인간의 자유는 확실히 극대화된다. 한편 순수하게 경제적인 관점에서 볼 때, 경제학에서 가장 먼저 배우는 것은 (몇 가지 조건에 따라 달라지긴 하지만!) 경제를 시장에 맡기면 자원이 가장 효율적으로 분배되므로 사회 후생이 전반적으로 극대화된다는 것이다. 이것은 후생경제학의 제1정리로 알려져 있다.

"노동자가 자유시장에서 더 높은 임금을 받고 더 좋은 근로 환경에서 일할 때, 유능한 직원이 되거나 훌륭한 직장을 얻기 위해 회사 또는 스스로의 노력으로 다른 노동자들과 경쟁해 급여를 인상 받을 때, 그렇게 인상된 급여는 다른 사람의 몫을 희생한 대가가 아니다. 파이 전체가 커진 것이다. 노동자의 파이가 커짐과 동시에 고용주와 투자자, 소비자, 심지어 세금징수원의 파이도 함께 커진다. 이것이 자유시장 체제가 모든 사람에게 경제 발전의 열매를 분배하는 방식이다."

_밀턴 프리드먼Milton Friedman

이 말은 너무 훌륭해서 사실처럼 들리지 않는가? 자유를 극대화하면 정말 후생도 극대화할 수 있을까? 자유시장은 대단히 강력한 개념이지만, 실제로는 전혀 그렇지 않다. 아니, 적어도 정부 개입을 언급하지 않고 단순히 자유시장을 정의하는 것은 별 도움이 되지 않는다.

규제받지 않는 시장은 존재하지 않는다

도서 시장은 대부분의 나라에서 상대적으로 자유롭다. 나 같은 사람이 책을 쓰고 출판사가 그 책을 발간한다. 저자와 출판사는 인세를 협상한다. 만약 내가 지나치게 많은 인세를 요구하면 출판사는 책을 쓸 다른 사람을 찾을 것이고, 출판사가 지나치게 적은 인세를 제시하면 나는 다른 출판사를 찾아갈 것이다. 이와 마찬가지로, 책이 출간된 후에는 여러분과 같은 독자들이 이 책을 살지 다른 책을 살지, 아니면 아예 다른 물건에 돈을 쓸지 결정한다. 출판사가 나에게 인세를 얼마 지불할지 혹은 책값으로 얼마를 받을지를 정부가 정해주지 않는다.

하지만 현실은 그렇게 단순하지 않다. 우선 저자가 쓸 수 있는 책의 종류를 제한하는 정부가 더러 있다.(대체로 포르노와 폭력물이 그런 제한을 받는다.) 하지만 더욱 중요한 것은 정부가 시장의 전체 기능을 좌우한다는 점이다. 출판사와 나는 그들이 나에게 얼마를 지불할 것인지 그리고 내가 무슨 책을 쓸 것인지 정하는 계약서에 서명한다. 이 계약서는 법적 효력을 가지는데, 이는 정부를 위해 일하는 사람들이 정부가 만든 법을 해석하고 집행하는 것과 같다. 그리고 여러분이 이 책을 살 때 출판사(혹은 책 판매자)와 계약을 맺는 것은 아니지만, 여러분과 서점 사이에는 법적 효력을 지니는 암묵적 계약이 존재한다(예를 들어 여러분이 구입한 책이 파본이라면, 여러분은 책을 교환받을 권리가 있다).

물론 책 절도를 막고 불법 다운로드를 금지하는 관련법이 없다면 책 판매자도 존재할 수 없다. 범위를 좀 더 넓혀, 저작권을 인정하고 보호해주는 법이 없다면 출판 산업도 존재할 수 없다.

그런데 이런 제도들이 있다고 해서 도서 시장이 자유시장이 아니라고 할 수는 없다. 도서 시장은 자유시장이며, 수요와 공급이 책의 종류와 가격을 결정한다. 이것은 일부 철학자나 좀 더 순진한 '자유주의' 경제학자들의 생각처럼 자유시장이란 어쨌든 자연스러운 상태이므로 정부의 역할이 별로 없거나 심지어 아예 없어도 시장이 살아남을 수 있다는 논리가 이치에 닿지 않음을 의미한다. 자유시장은 정부의 개입 없이는 존재할 수 없다. 문제는 정부 개입의 종류이다.

정부 개입이 필요한 경우

'정부의 (직접적) 개입으로부터의 자유'라는 본질을 고수해 자유시장을 좀 더 복잡하게 정의하는 사람들은 정부나 국가의 역할은 생산자와 소비자에게 최대한 '자유'를 허용하고 그들 사이에 계약이 제대로 이행되도록 중립적인 법 제도를 마련하는 것이라고 말한다. 하지만 이런 접근법조차도 곧바로 철학적 문제에 부딪치게 된다. 중립적인 법 제도라는 것은 사실상 존재하지 않기 때문이다. 소비자 보호 범위를 정하는 일(모든 계약을 이행해야 하는지, 어떻게 이행해야 하는지 등)에는 다수의 까다로운 법률 문제 혹은 정치적 이

기준은 바뀐다

자유라는 개념은 시간과 장소에 따라 변하므로, 용인할 만하거나 필요하다고 생각되던 정부의 개입 수준도 변한다. 영국 빅토리아 시대에는 아동 노동(공장 일이나 굴뚝 청소 등에 아동을 고용해도 괜찮은지, 아동의 노동 시간을 어느 정도까지 허용해야 하는지 등)과 관련한 논쟁이 뜨거웠다.

> "19세기에는 많은 사람들이 아동 노동 금지에 반대했다. 그것이 자유시장 경제의 기본 원리에 어긋난다고 보았기 때문이다. 그들의 생각은 이러했다. '아이들은 일하고 싶어 하고 공장주는 그 아이들을 고용하고 싶어 하는데, 대체 무엇이 문제인가? 그것은 아이들을 납치하는 행위와는 전혀 다르다…'"
>
> _브라이언 이노Brian Eno

급진적 자유무역주의자 존 브라이트John Bright처럼 지금은 우리가 '우파'라고 생각하는 많은 사람들이 아동 노동 금지가 시장의 기능을 방해한다는 이유로 아동 노동을 제한하는 법에 반대했다.

슈가 제기되는데, 이것을 간단히 해결할 방법은 없다. 좋든 싫든 정부의 개입은 어느 정도 불가피하다.

실제로 특정 시장에서 수요와 공급에 따라 가격이 형성되도록 그 시장을 '자유롭게' 해주는 데 정부의 개입이 필요할 때가 있다. 감시하지 않을 경우 소수나 일부 혹은 대부분의 시장이 자연스럽게 독점으로 흐르는지의 여부는 경제학자들 사이에서 뜨거운 논쟁거리이다(이 내용은 7장에서 다룰 것이다). 자연스럽게 일어나든 의도적이든, 한 기업이 시장을 독점하는 상황이 발생할 가능성을 부인하는 사람은 거의 없다. 독점 기업은 자기의 이익을 극대화할 목적으로 가격을 마음대로 정할 수 있기 때문에 자유시장 이념에 어긋난다. 이런 이유로 선진국들은 대부분 특정 산업에서 발생하는 독점을 통제하거나 막기 위한 법적 조치를 취한다. 확실한 자유시장을 만들기 위해, 시장에 개입하는 데 필요한 법적·관료적 제도를 마련해놓는다.

이것은 자유시장이 존재하지 않는다는 의미일까? 그렇지는 않다. 하지만 자유시장이라는 개념이 정부의 개입을 정의하고 배제해서는 안 된다. 정부의 개입은 전반적인 법적 틀을 마련할 때 또는 특정 사회에서 받아들일 수 있는 생산과 소비의 종류를 언급할 때 필요한 개입과 규제의 종류에 따라 정의되어야 한다. 자유가 곧 무정부 상태를 의미하는 것은 아니기 때문이다.

(04)

자본

"자본에는 실물자산과 금융자산이 있으며,
이 둘은 서로를 보완함으로써 가치를 키워나간다."

자본에는 성격이 다소 다른 실물자산과 금융자산이 있다. 이 두 가지는 서로 밀접하게 관련되어 있지만 같다기보다는 서로를 보완하는 관계이며, 둘 다 자본주의의 핵심 요소다. 실제로 이 두 개념을 혼합하면 자본주의의 작동 원리를 정확히 파악할 수 있다.

자본은 물리적으로는 생산자산을 말한다. 즉 자본은 직접 소비되기 때문이 아니라, 사고팔 만한 가치가 있는 물건을 생산하기 위해 주로 노동력과 결합해서 사용할 수 있기 때문에 유용하거나 가치가 있다. 현실에서 자본은 공장이나 철도, 컴퓨터 같은 것들을 의미할 수 있다. 최근에는 자본의 의미가 더욱 확장되어 특허권이나 소프트웨어와 같은 무형 자본 혹은 비물질 자산까지 포함한다. 하지만 자본은 금융자산을 의미하기도 한다. 즉 돈뿐만 아니라, 은행 계좌부터 헤지펀드hedge funds 지분까지 이익을 창출하는 모든 형태의 자산을 포괄한다.

자본 축적

실물자산과 금융자산을 하나로 묶어주는 것은 자본 축적이라는 개념과 두 자산이 서로 돕는 방식이다. 내가 가게를 가지고 있다

'자연' 자본

우리가 자본으로 생각하는 금융자산과 실물자산에는 그것을 소유한 사람이 있고, 기업의 대차대조표와 경제 규모를 측정하기 위해 사용하는 국민 계정national account에 시장 가치로 표현된다. 이와 반대로 숲과 강, 우리가 숨 쉬는 공기 같은 환경'자산'은 대체로 정부나 공공의 소유이기 때문에 소유주나 시장 가치가 필요하지 않다. 그 결과 이런 자산의 가치는 제대로 인정받지 못하고, 부를 창출하는 일부 경제활동이 환경에 해를 끼칠 경우 우리의 삶은 실질적으로 더욱 나빠질 것이다. 이런 까닭에 이 모든 내용을 포함하는 '자연자본natural capital'이라는 개념이 발달하게 되었다. 영국 정부는 환경의 가치를 측정하는 방법과 그것을 효율적이고 지속 가능하게 관리하도록 자문을 제공하는 자연자본위원회Natural Capital Committee를 설립했다. 이 위원회의 장기 목표는 자연자본을 주류 경제 계정economic account에 포함시키는 것이다. 예를 들어 히말라야의 풍경에 가치를 매기기는 어렵지만, 가격이 없으면 가치를 인정받지 못하는 자본주의 경제에서 히말라야의 가치를 측정할 수 있다면 미래 세대를 위해 히말라야를 보존하는 가장 좋은 방법이 될 것이다.

고 가정해보자. 나는 물건을 산 뒤 이윤을 붙여 그 물건을 되팔고, 그렇게 남긴 이윤으로 다른 물건을 산다. 가게는 물리적 의미에서 자본자산capital asset이며, 나는 그것을 이용해 무언가를 생산한다. 즉 가게는 이익을 창출한다. 하지만 여기에는 성장 동력이 없다. 나는 저축을 전혀 하지 않으며, 사업도 제자리걸음이다. 내가 자본을 소유하고 있으므로 사람들은 나를 자영업자로, 심지어 어쩌면 경영자로 부를 테지만, 나는 아직 진정한 자본가가 아니다.

그런데 내가 사업을 확장하고 싶다고 가정해보자. 나는 첫 가게에서 얻은 이익의 일부를 저축하고, 은행에서 얼마간의 돈을 빌릴 것이다. 가게를 하나 더 사고, 거기서 일할 사람들도 고용할 것이다. 물론 거기서 얻은 이익의 일부는 대출 이자로 나갈 테지만, 어쨌든 결과적으로 내 이윤은 증가한다.

지금 나는 사업체를 소유하고 있지만, 사업을 확대하려면 추가 '실물'자본을 구입할 '금융'자본이 필요하다. 그래서 현재 내가 가진 가게들의 지분을 팔고, 그 수익금을 재투자한다. 한때 내 소유였던 가게는 그 가게의 지분을 산 다른 사람의 것이 된다. 지분을 산 사람들은 가게에서 발생하는 이익을 가져가는데, 그것은 그들이 제공한 금융자본에 대한 수익금인 셈이다. 다시 말해, 사업을 확장하는 과정에서 실물자본과 금융자본이 모두 발생한 셈이다.

저축과 투자

실물자본과 금융자본 사이의 상호작용을 파악할 수 있는 또 다른 방식은 저축과 투자를 살피는 것이다. 처음에 나는 저축을 전혀 하지 못했고 수익을 모두 소비했기 때문에 투자를 할 수 없었다. 내가 투자비용을 마련하기 위해 금융자본을 얻는 방법은 수익의 일부를 저축하는 것이었다. 하지만 그 후 나는 다른 사람들의 저축을 이용해 투자비용을 마련하기 시작했는데, 처음에는 은행 대출을 이용했고 나중에는 다른 사람들이 내 사업의 지분을 사게 했다. 저축은 대표적인 금융자본이자 실물자본에 투자할 수 있는 자금이다. 자본주의 경제에서 이 두 가지는 불가분의 관계를 맺고 있다.

그런데 자본은 재산과 같은 것일까? 그렇기도 하고 아니기도 하다. 우리 대부분은 저축을 통해(스스로 노력해서 혹은 운이 좋다면 부모의 유산을 통해) 부를 쌓는다. 이 재산을 어딘가에 투자하면, 그 투자 자금으로 자본을 소유하는 셈이다. 이 자본은 집처럼 실물자본이 되기도 하고, 은행 잔고나 주식처럼 금융자본(직접 소유할 수도 있고 연금 형태로 간접적으로 소유할 수도 있다)이 되기도 한다.

하지만 모든 재산이 직접 생산으로 연결되는 것은 아니다. 예를 들어 주택처럼 특별한 경우가 있다. 당신이 당신 소유의 주택에 살고 있다면 그 집이 뭔가를 생산한다는 느낌이 들지 않겠지만, 만약 당신 소유의 집에 '다른 사람'이 살면서 당신에게 집세를 지불한

'모든 것의 가치'

세상 모든 것에는 다 가치가 있을까? 최근 ('모든 것의 가치'라는 적절한 제목이 붙은) 한 연구에서 세상의 모든 자본자산의 가치를 계산하려는 의미 있는 시도를 했다. 여기에는 주식과 채권, 부동산과 사회 기반 시설, 토지와 삼림 등 연구진이 대략적으로나마 계산할 수 있는 모든 것이 포함되었다. 이렇게 계산된 가치는 450조 달러에 이르렀는데, 이것은 세계 인구 1인당 6만 달러에 해당한다.

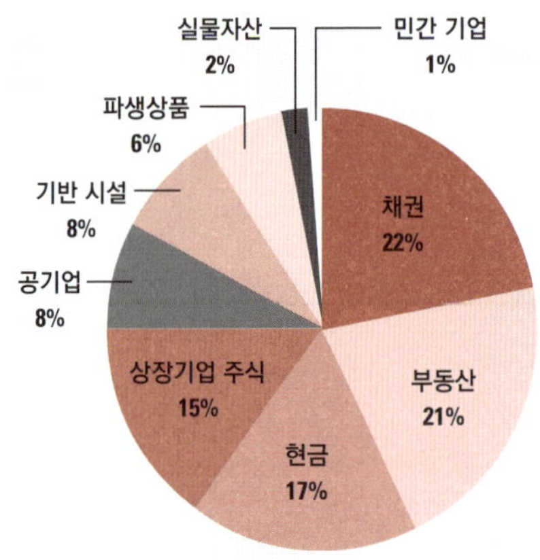

다면 그 집은 눈에 보이지는 않더라도 뭔가를 생산하는 셈이다. 사실상 당신은 세입자에게 '주거 서비스'를 팔고 있는 것이다. 하지만 두 경우 모두 똑같은 집이므로, 일반적으로 경제학자들은 실제로 돈이 오고 가지는 않지만, 자기 소유의 집에 사는 사람들도 집이 제공하는 '주거 서비스'를 소비하고 있다고 생각한다. 몇몇 나라의 경우 이런 자본의 규모가 대단히 크다. 영국에서는 부동산 가치가 전체 자산의 약 3분의 1을 차지하고, '귀속 임대료(자기 소유의 집에 사는 사람들이 소비하는 주거 서비스의 가치를 추정해서 계산한 값)'가 전체 경제의 10퍼센트를 차지한다!

자본의 가치를 어떻게 매기는가?

여기서 핵심은 자본이 (정의에 따라) 그 자체로 생산물이라기보다는 사람들이 소비하고 싶어 하는 물건을 생산하는 데 필요한 '투입물'이라는 점이다. 경제적 관점에서 보면, 실물자본의 가치는 그 자본을 사용할 경우 미래에 발생할 이익의 가치를 나타내야 한다. 하지만 그것을 계산하기란 쉽지 않고, 현실에서는 실제로 시장에서 거래될 때 금융자산의 가치를 계산하기가 훨씬 쉽다.

제조업의 경제적 중요성이 감소할수록 중상비와 같은 실물자본도 전반적으로 덜 중요해진다. 그렇다고 해서 자본이 더 이상 중요하지 않다는 의미는 아니다. 소프트웨어와 연구개발, 브랜드와 마케팅 같은 '무형자산' 투자는 눈에 잘 띄지 않고 측정하기도 어렵지만, 비용을 들인 뒤 (수익이 나면) 이윤도 가져다준다. 오늘날 기업들은 전통적인 실물자본보다 무형자본에 더 많이 투자한다. 자본의 형태는 변했지만, 그 중요성은 과거보다 더욱 커지고 있다.

(05)

노동과 잉여가치

"경제 성장으로 늘어난 이익은
노동자의 희생을 통해 자본가에게 돌아간다."

농경사회에서는 대부분의 사람들이 자기 땅 또는 남의 땅에서 농사를 짓거나 자영업을 했다. 노동(그리고 토지)이 주된 생산 수단이었으나, 그 생산물의 가치는 대부분 생산자가 가져가거나 군주와 귀족, 교회가 (다소 강압적인 방식으로) 걷어가거나 이 셋이 결합한 집단이 지배하는 국가가 가져갔다. 즉 봉건제도였다.

그런데 상업이 발달하고, 특히 산업화와 대량 생산이 이루어짐에 따라 상황이 변하기 시작했다. 오늘날에는 뭔가를 생산하려면 자본과 노동이 필요하다. 예를 들어 이 책은 나뿐만 아니라 출판사 직원들의 노동의 결과이다. 또한 책을 만들려면 내용을 입력할 컴퓨터가 필요하고 (종이책일 경우) 인쇄기도 필요하다. 대부분의 생산물처럼 이 책에도 자본과 노동이 결합되어 있다.

그러나 자본주의 경제의 기본 원리는 이런 관계가 비대칭적이라는 것이다. 자본을 소유하고 제공하는 주체는 기업이고, 상품을 팔고 이익을 가져가는 주체도 기업이다. 노동자는 임금을 받으며, 기업과 기업의 소유주는 노동자에게 임금을 지불하고 다른 비용을 제한 뒤 남는 이윤을 가져간다.

잉여가치

마르크스가 자본주의 체제에 대해 기본적으로 간파한 내용은 다음의 두 가지였다. 첫째, 자본주의 사회에서 기업 소유주는 노동자에게 가급적 적은 임금을 지불함으로써 자신의 이윤(마르크스는 이것을 '잉여가치'라고 불렀다)을 극대화하려 한다. 둘째, 이 잉여가치가 노동자에게 돌아가지 않고 해당 기업(혹은 다른 기업들)에 재투자되어 투자가 늘고 기업은 더욱 성장한다. 마르크스가 파악했듯이 이때 자본주의는 다음의 두 가지 불가항력적 현상을 일으킨다. 노동자는 목숨을 부지하고 일을 할 수 있을 만큼의 건강만 유지할 정도로 임금을 받아 점점 궁핍해진다. 더 많은 잉여가치가 창출되고 그것을 재투자하도록 기업 간 경쟁이 심화되어 다양한 신상품이 생산되고 이것은 경제 성장의 원동력이 된다. 그러나 경제 성장으로 늘어난 이익은 노동자의 희생을 통해 자본가에게 돌아간다. 또한 마르크스는 노동자가 임금 인상 협상력을 갖추지 못하도록 자본가들이 '산업예비군'을 만들어 임금을 영원히 낮추려고 노력할 것이라는 가설을 세웠다.

자본 투자와 임금 상승

이와 반대로 경쟁시장이 가격을 결정한다고 가정하는 주류 경제학에서는 다소 다른 예측을 내놓았다. 주류 경제학에서는 노동에도 시장이 존재한다고 주장했다. 즉 노동자들은 더 높은 임금을 받기 위해 회사를 옮길 수 있다. 그러므로 경쟁 경제에서 기업은 최저 생계비만 겨우 지급하면서 기업을 운영할 수는 없을 것이고, 생산 과정에서 창출된 가치는 자본과 노동의 '한계생산물marginal product'에 따라 공유된다. 더구나 노동의 한계생산물은 자본의 양에 비례해 증가하기 때문에(공장 노동자는 성능 좋은 기계가 있을 때 생산력이 높아지고, 나는 타자기보다 컴퓨터로 작업할 때 더 많은 단어를 더 빨리 칠 수 있다), 시간이 흘러 자본금이 증가하고 노동자의 생산력이 높아질수록 임금은 상승한다. 실제로 케인스는 자본 축적 속도가 노동력 증가 속도보다 빠를수록 자본수익률은 떨어지고 노동자가 가져가는 몫은 자본가의 희생을 통해 증가할 거라고 추측했다. 그는 이것을 '이자소득자의 안락사euthanasia of the rentier'라고 불렀다.

" —— 노동은 최초의 가격이자 본원적 구매 화폐(모든 물건의 값을 치를 수 있는 돈)**였다. 본래 국부를 취득하는 수단은 금이나 은이 아닌 노동이었다.**

_애덤 스미스

누가 옳았을까? 자본주의는 노동자들에게 최저 생계비와 비슷한 수준의 임금을 지불할 것이고 경제가 발전한다고 해서 임금이 자연스럽게 상승하지는 않는다는 마르크스의 이론은 철저히 논박당했다. 물론 노동자의 형편이 전반적으로 '나아진' 것은 정치와 사회가 발전한 덕분인데, 결과적으로 그것은 마르크스의 공이라고 많은 이들이 주장한다. 많은 자본주의 사회들이 마르크스가 제기한 문제에 대처하기 위해 노동조합을 허용하고 사회 안전망을 마련했으며, 정부의 역할을 크게 확대하면서 시스템을 수정했다. 하지만 이런 제도가 잘 갖춰져 있지 않고 '산업예비군'이 존재할 가능성이 훨씬 높아 보이는 사회에서도 노동시장이 여전히 임금 협상을 주도하는 것 같다는 주장은 주목할 만하다. 예를 들어 중국의 도시들에는 강력하고 독립적인 노동조합이 없는데도 노동자들이 자신들이 창출한 가치에 대해 더 많은 몫을 요구했기 때문에 (그리

2차 세계대전 이후, 산업화된 경제의 가장 두드러진 특징 중 하나는 '노동자의 몫'이 대체로 3분의 2 정도를 유지했다는 점이다. 즉 전체 경제에서 창출된 가치의 약 3분의 2가 노동자에게, 3분의 1은 자본가에게 돌아갔다. 따라서 어쨌든 케인스가 말한 이자소득자의 안락사는 일어나지 않았고, 노동자들도 전후 성장으로 획득한 이익에서 자신들의 몫을 가져갔다. 이것이 과거 수십 년간 많은 나라에서 불평등이 심화되지 않았음을 의미하지는 않더라도(노동자의 몫이 일정하면 일부 노동자는 다른 노동자들보다 훨씬 잘 일할 수 있다!), 마르크스의 가설과 일치하지도 않는다. 그러나 최근 많은 나라에서 노동자의 몫이 줄어들고 있다. 이것이 그저 일시적 현상인지 아니면 장기화될 현상인지가 관건이다.

줄어드는 미국 노동자의 몫

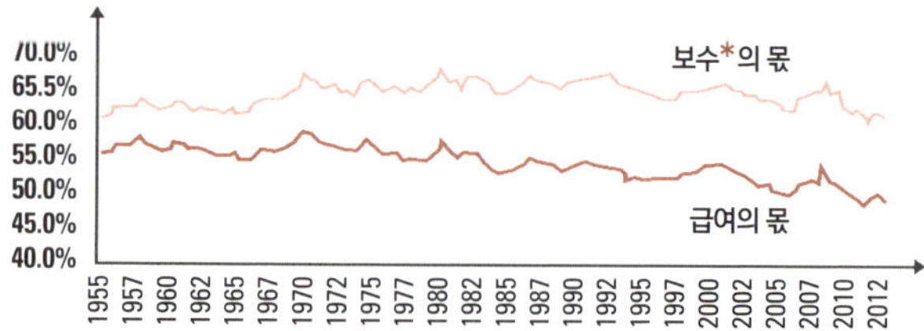

* 급여, 상여금 등 직장에서 받는 금전적 혜택을 통틀어 일컫는 말–옮긴이

고 그들이 제공한 서비스의 경쟁력을 고려할 때 더 많은 몫을 받을 수 있었기 때문에) 최근 임금이 가파르게 상승했다.

자본이 유리하다

하지만 과거가 반드시 미래의 모습을 미리 보여주는 것은 아니다. 많은 경제학자들이(마르크스 사상보다는 신新고전주의 이념 속에서 성장한 나 같은 사람들조차도) 향후 수십 년간 선진국 노동자들의 형편이 좋아질 거라고 확신하지 못한다. 세계화가 확대되고 노조의 영향력이 감소하면, 선진국 노동자들은 다른 나라의 저임금 노동자들(마르크스가 말한 산업예비군)과 경쟁해야 한다.

미래를 생각하면 상황은 더욱 암울하다. 과학기술의 진보와 자동화는 오늘날 기술 수준이 낮거나 보통인 노동자들에 대한 필요가 줄어든다는 것을 의미한다. 달리 말해 자본의 한계생산력(주로 다양한 형태의 소프트웨어를 의미한다)은 증가하지만, 노동력의 한계생산력은 감소할 것이다. 따라서 미래의 성장 수익은 자본가에게 더 많이, 노동자에게는 더 적게 돌아갈 것이다. 그러므로 최후 승자는 마르크스이다.

(06)

화폐

"화폐는 어쩌면 신용 사기와 흡사할지도 모른다.
누구도 그 가치를 믿지 않는다면 아무 쓸모가 없다."

화폐는 경제의 기본 요소이므로, 자본주의에서도 중요하다. 하지만 이상하게도 실제로는 전혀 그렇지 않다. 고전 경제학의 핵심 개념 대부분(수요와 공급, 자유무역, 비교우위 등)은 화폐가 존재하지 않는 순수한 물물교환 경제에서만 완벽하게 들어맞는다. 그렇다면 화폐의 실제 기능은 무엇일까?

자본주의 개념을 설명할 때 사용하는 기본 모형에서 화폐는 중요하지 않다. 이 모형에서 핵심은 다양한 상품의 상대적 수요와 공급 및 그에 따라 결정되는 '가격'이다. 그러나 실제로 모든 현실 경제에는(심지어 국가가 거의 혹은 완전히 통제하는 경제에조차도) 화폐가 존재한다. 화폐는 서로 연관되지만 개념상 분리되는 다음의 세 가지 목적 때문에 자본주의의 필수 요소로 간주된다.

• 교환 수단

물물교환 경제는 이론적으로 가능하지만, 수요와 공급의 원리에 따라 이 책 한 권이 빵 세 덩어리나 새 셔츠 4분의 1 정도의 '가치'가 있다고 하더라도, 현실에서는 이 책 몇 권을 들고 슈퍼마켓에 가서 저녁거리와 교환할 수 없다. 물물교환 경제보다 좀 더 복잡한 경제는 다양한 참여자들의 간접 거래에 기초한다. 노동자는 슈퍼마켓에서 식품을 사고, 슈퍼마켓은 농부에게서 식자재를 사고, 농부는 공장에서 비료를 사고, 공장에서는 노동자들이 일한다. 물론 이것은 상품과 서비스의 순환을 단순화한 예에 불과하다. 화폐는 복잡한 교환 과정의 문제를 해결해 현실에서 이것을 가능하게 해준다.

• 계산 단위

무언가의 가치를 측정하려면 일종의 공통분모가 필요하다. 이것은 적당한 때에 한 번에 물건을 직접 교환할 수 있게 해줄 뿐만 아니라, 채권·채무에 관한 합의처럼 일정 기간에 걸쳐 효력이 발생하는 계약서도 작성할 수 있게 해준다. 우리가 맺는 중요한 경제 거래 중 상당수(근로계약, 주택담보대출계약 등)는 일회성 거래가 아니기

진화하는 화폐

화폐의 기원과 기능을 설명하는 고전 학술서 중 R. A. 래드퍼드R. A. Radford가 나치 제7포로수용소에서 석방된 직후에 쓴 〈포로수용소 경제조직The Economic Organization of a POW Camp〉이 있다. 이 논문은 포로수용소에서 화폐제도가 발달하는 과정을 다루고 있다. 포로들은 일정량의 담배를 배급받았고, 그들 대부분이 담배에 중독되었다. 담배는 개인이 소비하는 일반상품에서 시작해 곧 화폐가 되었다. 흡연자들은 사용 목적으로, 비흡연자들은 거래 목적으로 담배를 이용했다. 그리하여 담배로 초콜릿이나 비누 같은 다른 물건의 가격을 매기게 되었다. 담배는 (유효기간이 있으므로) 가치를 저장하는 수단으로는 완벽하지 못했지만, 가볍고 표준화할 수 있었기 때문에 화폐로 상당히 적합했다. 래드퍼드의 논문은 물물교환으로 시작된 경제가 어떻게 '자연스럽게' 화폐경제로 진화했는지 설명할 때 여전히 자주 인용된다.

때문에, 권리 관계를 기록할 수단이 필요하다. 비즈니스에서 이것은 더욱 중요하다.

• 가치 저장

화폐는 축적할 수 있으므로, 당장 그것을 사용해서 뭔가를 구매하지 않아도 된다. 나중에 여유 있게 구입(하고 소비)해도 된다. 물론 화폐가 저장 수단으로서 유용하려면, '실제' 상품과 서비스에 대한 화폐의 상대 가치가 시간이 흘러도 일정하게 유지되어야 한다. 그러므로 인플레이션(물가상승)이 높거나 예측 불가능하다면, 화폐의 유용성은 훼손될 수 있다.

화폐로서의 금

처음에 귀금속(특히 금과 은)은 앞에서 말한 화폐의 세 가지 목적에 매우 잘 부합하는 것 같았다. 귀금속은 상대적으로 공급이 고정적이어서 시간이 지나고 장소가 달라져도 원래의 가치가 잘 변하지 않으므로 교환 수단으로 적합했다. 세월이 흐르면서 안전과 편의를 고려해 (금이나 은을 은행에 보관하고 그것에 대한 소유권을 표시하는) 증서가 등장했다. 하지만 적어도 이론상으로는 아직 그 가치가 금이나 은과 연결되어 있었다. 그래서 은행에 증서를 가져가면, 그것에 해당하는 양만큼 금이나 은으로 교환할 수 있었다. 이를 '금본위제도gold standard'라고 한다.

" 사실상 금본위제도는 야만 시대의 유물이다.

_존 메이너드 케인스

하지만 귀금속을 화폐로 사용하는 방식은 안정적이지 못했다. 조달 가능한 귀금속의 양에 갑작스럽게 변동이 생기면 호황을 누리다가도 곧바로 불황에 빠졌다. 예를 들어 스페인제국이 유럽에서 치르던 전쟁 비용을 충당하기 위해 남미에서 엄청난 양의 은을 배로 실어온 탓에 스페인에 인플레이션이 발생했고 (지출 과다로) 적자가 계속되었다. 이와 비슷하게, 19세기에 캘리포니아와 오스트레일리아에서 금이 발견되자 이것이 전 세계적인 붐으로 이어져 처음에는 인플레이션이, 나중에는 경기후퇴와 디플레이션이 발생했다.

더구나 민간 은행들이 보유한 금의 양이 항상 일정하지가 않았다. 경기가 호황일 때 보유한 금의 양보다 더 많은 돈을 빌려주었으므로, 경기가 위축되면 불가피하게 부실채권이 발생했고, 사람들이 맡겼던 금을 회수하려 들어 일부 은행들이 파산했다. 금본위제도는 호황을 과대 포장하고 불황도 악화시켰다. 그 최악의 사건이 1930년대에 일어난 대공황이며, 당시 금본위제도가 대공황의 핵심 원인이었다. 이는 중앙은행(16장 〈중앙은행〉 참조)이 화폐 공급을 늘리거나 은행 시스템을 구제할 수 없음을 의미했다. 비교적 일찍 금본위제도에서 벗어난 영국 같은 나라들은 금본위제도를 고수하던 미국과 프랑스 같은 나라보다 훨씬 빠르게 경제가 회복되었다.

금본위제도의 붕괴

대공황으로 케인스부터 프리드먼까지 거의 모든 경제학자들이 금본위제도에 대한 신뢰가 무너지는 광경을 목격했다. 2차 세계대전 이후 브레턴우즈 체제(16장 〈중앙은행〉 참조)가 금본위제도의 축소된 버전을 재탄생시켰으나, 이 체제 역시 1970년대를 버티지 못

디지털 화폐 

사토시 나카모토(가명으로 추정됨)가 2009년에 개발한 비트코인Bitcoin은 컴퓨터로 '채굴'하고 분산되는 디지털 화폐이다(실제로 사용자는 비트코인 결제 시스템을 모니터링하고, 그 대가로 새로 만들어진 비트코인을 받는다). 비트코인 생산량은 인플레이션을 막기 위해 제한된다. 비트코인은 거래비용이 낮고 전통적인 결제 시스템이 필요하지 않은 사람들도 있으므로 매력적인 화폐이기는 하지만, (달러화와 같은 실물 화폐와 비교할 때) 가치가 심하게 변동한다. 그래서 아직은 전통 화폐에 실질적 위협이 되지 않는다.

했다. 오늘날에는 경제 규모가 큰 나라는 물론 경제 규모가 작은 나라에서조차 금본위제도를 찾아볼 수 없다(최근에 이슬람 극단주의 무장단체Islamic State, IS가 금화를 찍어내겠다고 동영상을 통해 발표하기는 했지만, 별로 권장할 만한 제도는 아니다).

그렇다면 금이나 다른 실제 물건 말고, 오늘날 화폐로서 가치가 있는 것은 무엇일까? 현대의 화폐는 '명목fiat' 화폐다. 즉 정부의 승인이나 명령으로 화폐라고 공표되어야 한다. 하지만 이런 개념 역시 상당히 모호한 정의이다. 일부 국가에서 화폐가 유일한 '법정통화(정부나 기업이 의무적으로 받아들여야 하는 지불 수단)'인 것은 사실이다. 하지만 현실적으로 법정통화는 거의 혹은 전혀 의미가 없다. 예를 들어 잉글랜드은행이 발행한 20파운드짜리 지폐는 잉글랜드와 웨일스에서는 법정통화지만, 스코틀랜드와 북아일랜드에서는 그렇지 않다. 이 사실을 아는 사람은 별로 없고, 이 사실에 신경 쓰는 사람은 더욱 없는데, 그 이유는 별로 중요하지 않기 때문이다. 즉 스코틀랜드에서 잉글랜드은행이 발행한 20파운드 지폐를 교환 수단으로 거절할 사람은 아무도 없다.

어쩌면 화폐는 신용 사기와 상당히 흡사할지도 모르겠다. 실물이든 디지털이든, 명목 화폐는 사람들이 그 가치를 믿지 않는다면 현실에서 아무 쓸모도 가치도 없다. 화폐는 모든 사람이 화폐로 사용할 수 있다고 합의한 경우에만(앞에서 말한 세 가지 기능으로서만) 의미가 있다. 그런데 아이러니하게도, 현대 자본주의 경제가 제 기능을 할 수 있으려면 이런 집단적 불신의 유예가 필요하다.

(07)

독점

"정부의 가장 큰 과제는 기업의 성장 및 혁신 동력을
억압하지 않으면서 독점을 규제하는 것이다."

다른 사람을 뛰어넘고 싶은 욕망은 생산 과정 개선에 돈과 시간을 투자하도록 기업에 동기를 부여한다. 이와 반대로, 전속 시장captive market이 있고 경쟁 압박이 없는 독점 기업은 제품을 혁신하고 개선할 이유가 없기 때문에, 사회 전반에 경제적 이익을 창출하기보다 자신들의 이윤을 극대화하는 방향으로 가격을 정한다.

그런데 역설적이게도 경쟁이 지나치면 오히려 혁신에 방해가 된다. 이윤은 상품을 개선하거나 신상품을 개발하도록 인센티브를 제공한다. 하지만 경쟁이 심화하면 이윤이 줄고, 가끔은 인센티브까지 줄어 이윤을 전부 없애기도 한다. 어쩌면 대부분 혁신의 주된 동기는 일시적이지만 독점 가능성이 있고 이윤을 창출할 수 있다는 기대일지 모른다.

독점은 어디서 시작되었나?

경제적 관점에서 독점이 등장한 주된 이유는 규모에 따른 수익 증가이다. 즉 큰 기업일수록 효율적이라는 뜻이다. 따라서 경쟁이란 큰 기업이 작은 기업을 시장에서 몰아내는 것이라는 의미가 된다. 규모가 큰 회사나 공장을 만들려면 많은 자본이 필요하지만, 그만큼 수익도 더 많아진다. 그리하여 시간이 흐를수록 자본과 노동은 규모가 큰 회사로 집중된다. 그 이유 중 하나가 네트워크 효과다. 예를 들어 철도 노선이나 통신망을 많이 가진 기업은 사용자에게 더 많은 편의를 제공하므로, 다른 기업이 끼어들 자리가 없다.

19세기 후반에 이것이 사실임이 증명되었다. 철강산업의 앤드루 카네기Andrew Carnegie, 금융계의 J. P. 모건J. P. Morgan, 석유산업의 록펠러 등 '악덕 자본가'들이 거대 기업을 세워 미국 경제를 지배했다. 그 정점에 있던 록펠러의 스탠더드오일은 미국 석유 시장의 90퍼센트를 장악했다. 카를 마르크스와 애덤 스미스가 살아 있었다면 아마도 이렇게 예측했을 텐데, 록펠러 등은 시장에서 우위를 점하고 유지하기 위해 공정한 방법(기업의 규모와 영향력에서 비롯되는 네트워크 효과와 규모의 경제)과 지저분한 방법(경쟁자들과의 가격 담합, 약탈적 가격 책정, 노조 억압)을 모두 사용했다.

> **" 여러 천재 기업가처럼, 그는 자유 경쟁이 낭비이고 독점이 효율적이라는 사실을 배웠다. 그래서 그런 효율적인 독점권을 확보한 것뿐이다.**
>
> _마리오 푸조Mario Puzo, 『대부The Godfather』 중

독과점 금지

그러자 결국 정치권이 반응했다. 19세기 후반과 20세기 초반에 '독과점 금지법'을 제정해 독점을 무너뜨리고, 가격 담합과 같은 반反경쟁적 행위를 막으려 했다. 스탠더드오일이 해체되고, 철도산업과 같은 다른 독점 기업들은 규제를 받았다. 규제받지 않는 자본주의는 (적어도 일부 산업에서) 자연스럽게 독점으로 흐른다는 사실과 이를 막는 것이 정부의 역할이라는 점이 공공정책을 통해 암묵적으로 인정되었다. 과제는 기업의 성장 및 혁신 동력을 억압하지 않으면서 독점을 규제하는 것이다.

20세기에는 대부분의 국가들이 이런 갈등을 두 가지 방식으로 해소하려 했다. 독점금지법은 독점 또는 실질적 독점(가격을 인상하거나 경쟁을 줄이기 위해 명시적·암묵적으로 일부 기업들이 공모하는 '과점')

이 형성되거나 영구화될 가능성이 있는 기업들의 관행을 제한했다. 따라서 경쟁사들과 가격을 담합하는 행위는 거의 불법이며, 인수합병을 통해 경쟁이 심각하게 줄어들 것으로 예상되면 이것도 제한할 수 있다. 한편 (이른바 '자연독점'처럼) 불가피하게 독점이 될 수밖에 없는 산업은 국유화하거나 철저한 규제를 가했다. 예를 들어 철도와 통신, 전기는 국가가 직접 소유하거나 요금 부과 체계를 법으로 엄격하게 규제했다.

그러나 규제받지 않는 자본주의가 항상 독점으로 흐른다는 견해에 전혀 비판이 없었던 것은 아니다. 역동적인 시장을 지지하는 사람들은 어떤 독점이 특별히 규제를 받을 경우 시장이 활력을 잃고 비효율적이 되어 더 혁신적인 경쟁자들이 도전할 기회가 무르익게 된다고 주장했다. 또한 이들은 과거에 자연독점으로 여겨진 일부 산업도 기술 혁신을 통해 그 성격이 바뀔 수 있다고 주장했다.

그리하여 1970년대 후반, 미국의 주도로 여러 나라들이 다시 한번 핵심 산업에 대한 규제를 철폐하고 기업들을 민영화하기 시작했다. 이 시도가 성공하면서 혁신을 자극했고, 소비자에게도 이득이 되었다. 예를 들어 미국에서 시작해 나중에 유럽으로 이어진 (미국에 비해 덜 체계적이었지만) 항공산업에 대한 규제 철폐는 확실히 성공적이었다. 그러나 민영화 정책은 다소 엇갈린 결과를 낳았다. 기술 변화 때문에 독점이 형성되고 유지되기가 실질적으로 어려운 전기 통신 분야에서는 탈규제가 대체로 성공을 거두었지만, 철도와 같은 다른 산업 분야에서는 그렇지 못했다. 하지만 공정한 경쟁을 위해서는 정부의 직·간접적 개입이 일상적이고 적극적으로 이루어져야 한다는 생각에서 어쨌든 개입을 최소화해야 한다는 쪽으로 여론이 바뀌었다.

독점과 과학기술

21세기 초인 지금, 우리는 또 다른 전환점을 향해 달려가는 것 같다. 과학기술의 발전 속도가 빨라지자, 일부에서는 경쟁을 촉진하고 보호하는 정책이 꼭 필요하지도 않고 확실하게 효율적이지도 않다고 주장한다. 정부는 기술 발전 속도를 따라갈 수 없고, 굳이 그럴 필요도 없다는 이야기이다. 예를 들어 1970년대와 1980년대에 미국 정부는 IBM이 대형 컴퓨터 시장을 지배하는 것을 막기 위해 상당한 시간과 노력을 들여 법정 소송을 벌였지만, 기술 혁신으로 개인 컴퓨터 시장이 훨씬 중요해지면서 그 문제는 자연스럽게 해결되었다. 비슷한 예로 마이크로소프트는 시장에서 이미 구글에 추월당하고 있었는데도, 인터넷 익스플로러 웹브라우저로 독점적 지위를 확립하고자 반경쟁적 행위를 했다고 유죄 선고를 받았다.

하지만 새로운 기술로 인해 네트워크 효과(그리고 그에 따른 경쟁

구글은 독점 기업일까?

언뜻 듣기에, 세계 최고의 검색 엔진이 독점이라는 생각은 터무니없어 보인다. 구글의 주력 상품인 검색 엔진은 무료이고, 다른 기업이 더 새롭고 더 좋은 검색 엔진을 만드는 것을 막을 방법은 없다. 그러나 구글은 유럽연합 집행위원회European Commission와 장기 소송에 휘말렸고, 위원회는 구글이 인터넷 검색 시장에서 '독점적 지위'를 남용해 소비자들로 하여금 자사의 검색 엔진을 쓰도록 유도했다고 주장했다. 또한 구글이 휴대폰 제조 회사들에 안드로이드 소프트웨어를 사전 설치하도록 강요했다고 고발했다.
법률적·경제적 측면에서 볼 때 이 소송은 대단히 복잡하지만, 소비자들의 주된 관심사는 구글의 경쟁자들이 손해를 보는가가 아니라, 구글의 서비스를 이용하려면 자신들이 무엇을 포기해야 하는가이다. 특히 이것은 쇼핑 습관부터 이메일 내용까지 모든 개인정보에 대한 우리의 권리를 의미한다. 흔히 하는 말처럼, "물건 값을 내지 않으면 당신이 물건이 된다."

정책)가 훨씬 더 중요해진다는 반대 견해도 있다. 구글과 페이스북, 아마존이 아직은 스탠더드오일이나 J. P. 모건과 같은 수준은 아닐지 모르지만, 이들은 분명히 어느 정도 독점적 요소를 가지고 있다. 그리고 대부분의 자본주의 이론가들이 예상하는 것처럼, 이들은 새로운 시장으로 이동해 기존 지배력을 강화하고 사람들의 개인정보를 통제해 이윤을 증대함으로써, 시장에서 자신들의 지배적 지위를 보호하고 확대하려고 노력하고 있다. 어떤 정책으로 이것에 대응해야 할까? 아직은 잘 모르겠지만, 완전한 자유방임주의로는 충분하지 않을 것 같다.

(08)

비교우위

"'누구나 더 잘하는 것이 있다'는 비교우위 개념은
상호 이익을 얻기 위한 세계 무역의 기본 원리로 작동한다."

비교우위라는 개념은 간혹 국가(또는 개인이나 기업)가 '잘하는' 일에 스스로 집중해야 한다는 격언으로 정리된다. 하지만 이 격언은 '비교'우위와 '절대'우위를 혼동하게 할 위험이 있다. 사실 비교우위론에서는 모든 국가가 무역을 통해 모두 이익을 얻는다고 말하는데, 이 말은 일부 품목이 아니라 모든 품목에서 그 국가가 거래하는 상대 국가보다 덜 효율적일 경우에도 그렇다는 의미이다.

포도주, 직물 그리고 무역 이익

경제학자 데이비드 리카도가 1817년에 쓴 책에 유명한 사례가 하나 나온다. 이 사례에서 포르투갈은 포도주 생산과 직물 생산에서 영국보다 효율적이다. 포르투갈은 이 두 상품 모두에서 영국보다 절대우위에 있지만, 리카도는 포르투갈과 영국이 무역을 통해 모두 이익을 얻을 수 있음을 증명했다. 두 나라가 무역을 하지 않을 때, 영국은 포도주와 직물을 1단위씩 생산하는 데 연간 220명이 필요하지만, 포르투갈은 170명이 필요하다.

하지만 영국이 220명을 모두 직물을 생산하는 데 투입한다면, 직물 2.2단위를 생산할 수 있다. 반면 포르투갈이 170명을 전부 포도주 생산에 투입한다면, 2.125단위를 생산할 수 있다. 그런 다음 영국이 직물 1.1단위를 포르투갈의 포도주 1.0625단위와 교환하면, 두 나라는 두 상품을 각각 1단위 이상 소비할 수 있게 된다. 그러므로 자유무역은 양국에 이득이 된다. 비록 포르투갈이 포도주와 직물 모두에서 절대우위를 가지더라도, 직물 생산에서는 영국이 '상대적으로' 유리하다. 바꿔 말하면 '비교우위'를 가진다. 무역을 한 이후에도 영국은 여전히 포르투갈보다 형편이 나쁘지만, 무

매년 상품 1단위를 생산하는 데 필요한 노동자의 수

국가	직물	포도주
영국	100	120
포르투갈	90	80

역을 하지 않았을 때보다는 좋아진다. 결정적으로 각 나라들은 '특정 상품'에서 비교우위를 가지며, 그로 인해 모든 나라가 자유무역을 통해 이익을 얻는다.

비교우위는 개인에게도 적용할 수 있다. 내 아내는 경제활동과 요리에서 모두 나보다 낫다(더 효율적이다). 그러나 나는 둘 중 하나에서만 비교우위를 가진다. 아내의 시간은 제한적이다. 그러므로 내가 하나에 집중하고 아내가 추가로 시간을 확보해 다른 하나에 집중하면 우리 부부의 생활은 더 나아질 것이다.

> **" 완벽한 자유무역 체제에서 각국은 자연스럽게 가장 유리한 쪽에 자본과 노동력을 집중한다. 이처럼 개인의 이익을 추구하는 행위는 훌륭하게도 사회 전체의 보편적 이익과 연결된다.**
>
> _데이비드 리카도

무엇이 비교우위를 결정하는가?

리카도가 보기에, 비교우위를 결정하는 주된 요소는 '부존자원(한 나라가 사용할 수 있는 토지와 노동, 자본의 양)'이다. 그러므로 땅이 넓고 상대적으로 인구가 적은 나라는 농업에서 비교우위를 가지지만, 가용자본이 많은 나라는 제조업이 유리하다. 이론적으로는 그렇다. 이것을 현실에 적용할 수 있을까? 대체로 그렇다. 예를 들어 방글라데시는 상대적으로 땅이 좁고 인구가 많으며 천연자원도 충분하지 않으므로(그 밖에도 단점이 많으므로), 아마도 전 세계에서 절대우위를 가지는 물건을 하나도 생산하지 못할 것이다. 어쩌면 방글라데시에서 만드는 모든 물건을 다른 나라들이 더 효율적으로 생산할 수 있을 것이다. 하지만 방글라데시에는 미숙련 노동자가 넘쳐나기 때문에, 섬유처럼 노동력이 많이 필요한 산업에서 비교우위를 가진다.

그래서 부유한 나라들이 방글라데시에서 생산한 섬유에 관세를 낮게 부과하거나 없앴을 때, 갑자기 방글라데시에 섬유 공장이 우후죽순으로 생겨났고, 수많은 노동자(특히 여성들)가 공장에서 일하기 위해 농촌에서 도시로 이주했다. 그렇다고 해서, 방글라데시

사실이지만 뜻밖인

수소폭탄 발명가 중 한 사람인 수학자 스타니스와프 울람Stanislaw Ulam이 폴 새뮤얼슨Paul Samuelson(노벨 경제학상 수상자이자 '현대 경제학의 아버지')에게 경제학이나 다른 사회과학에서 사실이지만 뜻밖인 이론이 나온 적이 있느냐고 물었다. 몇 년 뒤 새뮤얼슨은 비교우위론이 그 질문에 대한 답이라고 말했다. 나라마다 비교적 더 잘하거나 더 잘 만드는 무언가가 항상 있다는 통찰과 그렇기 때문에 무역은 대체로 당사자 모두에게 이득이 된다는 생각은 종종 직관에 어긋난다. 그래서 많은 기업가와 정치가들이 여전히 이것을 이해하려고 애쓴다.

가 국가적으로나 개인적으로 부유해지지는 않았다. 그러나 노동자들은 농촌에 살 때에 비해 더 많은 돈을 벌었고, 덕분에 방글라데시는 식품을 포함해 많은 물품을 수입할 수 있었다. 방글라데시는 여전히 몹시 가난한 나라지만, 자유무역 덕분에 지난 10년 사이 빈곤율이 크게 줄었다.

비교우위론은 선진국 그리고 첨단 산업과 관련해서는 논쟁의 여지가 있다. 앞에서 설명한 단순한 예에서는 양국의 비교우위 관계가 변하지 않는다고 가정하지만, 포르투갈이 포도주 생산에서 영국보다 영구적으로 비교우위에 있을지는 몰라도, 소프트웨어 산업에서 실리콘밸리가 가진 비교우위와 투자은행업에서 런던이 가진 비교우위는 대단히 불안정해서, 기업들의 행동이나 정부의 조치(예를 들어 교육제도, 법, 규제 정책 등)에 민감하게 영향을 받을 수 있다. 결과적으로 자유무역이나 자유시장이 항상 옳은 것은 아니다.

비교우위는 변한다

1950년대와 1960년대에는 식민주의의 영향으로 '유치산업infant industry'을 보호하는 정책이 유행했는데, 이 정책을 지지하는 사람들은 개발도상국이 세계적 경쟁력을 갖출 때까지 특정 산업에서 무역을 보호해줘야 한다고 제안했다. 하지만 아프리카 및 중남미의 여러 나라와 인도를 포함해 보호무역주의를 추구했던 나라들은 그리 큰 성공을 거두지 못했다. 나중에 보니 자유무역 체제에서 '보호받는다'는 것은 국내 산업이 세계적 경쟁력을 갖출 만큼 효율적이 될 수 없다는 의미였다.

> **"—— 자연선택에 의한 진화처럼 비교우위는 그것을 이해한 사람들에게는 단순하고 강력해 보이는 개념이다. 하지만 경제학이라는 좁은 학문의 영역을 벗어나 국제 무역을 논의하는 자리에 참여해본 사람이라면, 비교우위가 어떤 면에서는 대단히 어려운 개념임을 곧 깨닫게 된다.**
>
> _폴 크루그먼Paul Krugman

하지만 그와 동시에, 비교우위란 변하지 않음을 모든 국가가 반드시 인정해야 한다는 의미도 아니었다. 동아시아의 여러 국가들은 상당히 개방적인 무역 정책을 유지하는 가운데, 국내 규제 정책과 보조금 제도를 비롯해 신규 산업에서 비교우위를 창출하도록 정부의 개입도 이루어졌다. 일본과 한국이 각각 자동차와 휴대폰 산업에서 오늘날과 같은 성공을 거둔 것은 원래부터 해당 산업에 비교우위가 있었기 때문이 아니다. 그들은 시장 압박과 정부 개입을 동시에 활용해서 비교우위를 창출했다.

그렇다면 오늘날과 같은 글로벌 경제에서 프랑스부터 잠비아까지 각 나라들이 어떻게 비교우위를 창출할 수 있을까? 자유무역과 자유시장이 방법이 될 수 있지만, 적절한 법규와 제도, 기반시설과 양질의 교육, 때때로 정부의 직접적 개입도 방법이 될 수 있다. 이 모든 방법은 쉽지 않지만, 누구나 (상대적으로) 잘하는 것이 있으므로, 자신이 (상대적으로) 잘하는 일에 집중해야 한다는 통찰은 여전히 유효하다.

(09)

보이지 않는 손

"사람들이 개인의 이익만을 위해 행동하더라도 결국에는 보이지 않는 손에 이끌려 전체의 이익에 기여하게 된다."

경제학에서 탄생한 가장 멋진 은유는 애덤 스미스의 '보이지 않는 손'이다. 스미스는 시장이 효과적으로 작동하면 개인이 합리적으로 사익을 추구하는 행위가 사회 전체의 생산 가치를 극대화한다는 점을 간파했다. 만약 이 말이 사실이라면, 집단 계획이나 조율, 정부 개입은 전혀 필요하지 않다. 스미스는 1776년에 쓴 『국부론』의 핵심부에서 보이지 않는 손의 개념을 이렇게 소개했다.

"모든 개인은 필연적으로 일을 해서 사회의 이익을 최대한 늘리게 된다. 물론 사람들은 대체로 공익을 증진하려는 의도가 없고, 자신이 실제로 공익을 얼마나 증진하고 있는지도 알지 못한다.

사람들이 외국 산업보다 국내 산업에 대한 지원을 선호하는 이유는 자신의 안위만을 생각하기 때문이고, 최대 이익을 낼 수 있는 방식으로 그 산업을 지휘하는 것은 자신의 이익만을 추구하기 때문이다. 그리고 다른 많은 경우에서처럼 이때 사람들은 보이지 않는 손에 이끌려 자신이 의도하지 않은 목표를 달성하게 된다… 실제로 사람들이 자신의 이익을 추구함으로써, 사회의 이익이 더 효율적으로 증진된다. 나는 공익을 위해 거래한다고 말하는 사람들이 정말로 큰 이익을 이뤄냈다는 이야기를 들어본 적이 없다."

가격기구

스미스의 설명이 현실에서도 타당할까? 왜 사익을 추구하는 개인들이 사회 전체의 이익에 기여하게 될까? 그 답은 가격기구에 있다. 시장이 제대로 작동할 경우 개인들은 가능한 한 가장 가치 있는 상품을 생산함으로써 자신의 후생을 극대화할 것이다. 동시에 소비자로서 가장 가치 있다고 생각하는 물건을 구매할 것이다. 경제와 사회 전체에서 보면, 그렇게 수요와 공급의 원리가 작용하면서 자원(자본과 노동력 모두)이 가장 가치 있는 곳에 분배된다. 즉 가장 효율적인 결과를 얻게 된다.

아직은 학교에서 배운 수요공급 곡선에나 어울릴 법한 이론적 설명처럼 들린다. 훨씬 복잡한 현실에서도 이 설명이 가능할까? 사실 '보이지 않는 손'은 전혀 완벽하지 않지만, 수요공급의 균형을 맞추고 개인과 집단의 욕구를 만족시키는 일을 계획경제보다 더 잘 해낸다.

제1기본정리

스미스는 보이지 않는 손이라는 개념을 직관적으로 생각했지만, 현대 경제학자 케네스 애로Kenneth Arrow와 제라르 드브뢰Gerard Debreu는 이것을 수학적으로 '증명'했다. '후생경제학의 제1정리'는 시장이 작동하면 소위 '일반경쟁균형'의 배분이 '파레토 효율'을 달성한다는 것이다. 이는 (일반적인 용어로 표현하면) 총생산량이 최대가 되는 상태이므로, 한 사람의 후생을 줄이지 않고는 다른 사람의 후생을 증가시킬 수 없다는 의미이다. 보이지 않는 손의 단순함과 강력함은 경제적으로나 정치적으로, 그리고 (몇몇 경우에) 도덕적으로도 설득력이 있다. 만약 정부가 간섭하지 않는 경제가 '효율적'이라면, 정부의 개입은 상황을 악화시킬 것이므로 그 정당성을 잃지 않을까?

그러나 스미스도 인정했듯이, 실제 상황은 상당히 복잡하다. 시

도시에 식량 공급하기 

800만 명이 넘는 런던 시민들이 매일 세 끼 식사를 한다. 그들이 먹는 음식 중 런던에서 생산되는 것은 거의 없다. 사실 그 음식들은 영국 전역은 물론 전 세계에서 생산된다. 소고기, 바나나, 비스킷, 맥주 등 식량을 생산해 비행기나 배, 트럭에 싣고 슈퍼마켓과 상점으로 운송한다. 그런데 그러려면 어떻게 해야 하는지 계획을 세우는 것은 물론이고, 그 내용 전체를 이해하는 사람이나 조직은 없다. 아무도 그것을 알려고 하지 않는다. 실제로 그 과정 중 그 무엇도 (적어도 중앙에서) '계획'되지 않는다. 대형 국제 무역회사부터 길모퉁이의 작은 상점까지, 그런 일들은 민간 회사들의 개별적인 노력의 결과일 뿐이다. 보이지 않는 손은 계획을 통해서는 결코 할 수 없는 복잡하고 정교한 일을 해낸다.

장은 정부가 개입하지 않으면 아예 작동하지 못한다(적어도 재산권을 규정하고 법적 보호 장치를 마련해야 한다). 수학 공식에는 나타나지 않지만, 제1기본정리가 성립하기 위한 핵심 가정은 재산권의 존재와 계약의 체결 및 이행 가능성이다.

더구나 제1기본정리를 '증명한' 수학적 방식은 그것이 성립하기 위한 필요조건이 왜 현실에서는 완전히 충족되지 못하는지도 보여준다. 우리가 일반적으로 생각하는 시장(오늘날 물건을 사고파는 곳)뿐만 아니라, 선물과 보험 시장도 같은 방식으로 작동해야 한다. 게다가 모든 사람이 같은 수준의 지식과 정보를 가지고 있어야 하고, 환경오염이나 혼잡과 같은 '외부 효과'와 독점이 존재해서는 안 된다. 또한 훨씬 비현실적인 조건이기는 하지만, 파산이나 유한 책임도 존재하면 안 된다. 스미스의 용어로 표현하면, 이런 모든 '시장 실패'는 보이지 않는 손이 사회 전체의 이익 증대를 보장할 수 없다는 의미이다.

"—— 그것은 정부가 끊임없이 성장을 향해 경제를 재설계했던 미국의 경제사에서 우리가 얻은 교훈이다. 그렇다. 미국에는 보이지 않는 손과 수많은 경영 혁신 그리고 에너지가 있었다. 하지만 그 보이지 않는 손을 반복해서 들어올린 것은 새로운 경제활동 영역을 개척해 손이 새로운 자리에서 계속 마법을 부리도록 한 정부이다.

_브래드 들롱Brad DeLong

정부의 개입

그러므로 보이지 않는 손은 시장에 대한 정부의 개입을 지지하는 사람과 반대하는 사람 모두에게 논쟁거리를 제공한다. 어떤 사람들은 시장을 작동하게 해주는 기본적인 법적 틀 정도로만 정부의 개입을 제한해야 한다는 주장을 타당하게 생각한다. 그들이 보기에 정부의 개입을 그 이상으로 정당화할 근거는 거의 없다. 스미스의 글에 대한 이런 해석은 19세기에는 아동노동법에, 20세기에는 최저임금제에 반대하기 위해, 그리고 자유무역을 지지하고 보호무역에 반대하기 위해 사용되었다. 이는 정부가 선의로 개입하더라도 상황은 악화될 뿐임을 시사한다.

다른 사람들에게는 시장과 보이지 않는 손이 실패할 수 있다는 점이 중요하다. 스미스는 정부의 지시나 기업들의 공모로 독점이 형성되면 가격 신호와 그에 따른 보이지 않는 손이 제 기능을 하지 못한다는 사실을 지적하고 싶어 했다. 그의 표현에 따르면, "동종업계에 종사하는 사람들은 유흥과 기분전환이 목적이더라도 좀처럼 만나지 않지만, 일단 만나면 대중에게 피해를 주는 음모나 가격을 올리려는 계략으로 대화를 끝맺는다."

최근에는 외부 효과, 즉 시장 가격에 반영되지 않는 경제 효과가 문제로 등장했다. 보이지 않는 손은 지구 온난화를 늦추기 위해 탄소 배출을 줄이도록 단속하지 못하는데, 그 이유는 환경오염을 유발한 사람에게 비용을 물리지 못하기 때문이다. 규제나 과세 같은 정부 개입을 통해서만 오염물질을 배출한 대가를 치르게 할 수 있다. 또한 보이지 않는 손은 경제적 효율성이 달성되는 특수한 방식일 뿐, 도덕성이나 공정성과는 무관하다는 점을 기억할 필요가 있다. 시장이 제대로 작동하면 자원이 공정하게 분배된다는 말은 스미스의 이론이나 현대 경제학에서 전혀 찾아볼 수 없다.

(10)

창조적 파괴

"자본은 창출될 뿐만 아니라 파괴될 수도 있다.
그리고 이런 파괴 현상은 경제 성장의 필수 요소다."

일반적인 신고전주의 경제 모형에서는 축적된 자본 중 일부만 소비된다. 기업이 남긴 이윤이나 노동자가 저축한 임금의 일부는 재투자된다. 자본의 소모분을 대체하고 그 양이 늘어날 정도로 저축이 이루어지는 한, 자본의 양은 점차 증가하고 그로 인해 경제가 성장한다. 동시에 기술이 발전하고 생산성도 향상되어 같은 양의 자본과 노동력으로 더 많은 생산이 이루어진다.

겉으로 보기에 이런 설명이 경제 전체의 작동 방식을 잘못 표현한 것 같지는 않다. 신고전주의 경제 모형에서는 더 많이 저축하고 투자하는 나라가 더 빨리 경제 성장을 이룬다고 말하는데, 실제로 그것이 사실이다. 또 기술 발전이 성장으로 이어진다고 말하는데,

이것도 확실해 보인다. 그리고 경제적으로 뒤처진 나라는 기술을 이용해 선진국을 따라잡으려고 노력함으로써 더 빠르게 성장할 수 있다고 주장하는데, 이것 역시 현실에서 가능해 보인다. 또한 선진국의 성장률이 상당히 안정될 거라고 말하는데, 경기후퇴를 제외하면 이것도 맞는 이야기다.

이면적 의미

하지만 이런 설명은 실제 경제 작동 방식의 중요한 두 가지 측면을 간과한 것 같다. 첫째, 경제가 전체적으로 비교적 완만하고 안정된 속도(선진국에서 연간 2~3퍼센트)로 성장하더라도 개별 기업의 경우에는 이야기가 다르다. 해마다 수많은 기업이 파산한다. 급성장하는 기업이 있는가 하면, 성장과 실패의 중간에 놓인 기업들도 있다. 둘째는 생산성을 향상시키는 실질적 원인에 관한 문제이다. 생산성은 기업 내부의 평범한 문제들의 개선과 첨단 과학기술을 활용한 상품 및 서비스 개발 등 다양한 경로를 통해 향상된다. 넓은 경제 환경에서 벌어지는 일들과 무관하게 움직이는 대학 실험실에서는 기술의 진보가 일어날 수 없다.

처음에 마르크스가 지적하고 나중에 오스트리아 경제학자 조지프 슘페터가 좀 더 자세하게 설명했듯이, 지속적인 자본 축적만

1980년대에 비디오카세트 재생기가 보급되기 시작해서, 1980년대 말에는 영국과 미국의 가정들이 대부분 비디오카세트 재생기를 1대씩 보유하게 되었고 이는 비디오 대여 산업이 번성하는 계기가 되었다. 1999년에 미국 비디오 대여 회사의 직원 수는 17만 명이었다. 2000년에 9,000개의 비디오 대여점을 보유하고 있던 업계 최대의 회사 블록버스터는 소규모 스타트업인 넷플릭스를 5,000만 달러에 매입할 기회를 놓쳤다. 오늘날 블록버스터는 완전히 망했다. 현재 비디오 대여 업계에서 일하는 사람은 몇 천 명밖에 되지 않는다. 주문형 비디오 서비스를 제공하는 넷플릭스 같은 업체들이 시장을 지배하고 있다. 앞으로 10년 후에는 어떻게 될까?

으로 자본주의의 역동성을 설명할 수는 없다. 자본은 창출될 뿐만 아니라 파괴될 수도 있다. 그리고 그런 파괴가 성장에 필수 요소가 된다. 시장은 이윤을 내는 기업에 보상하고, 이윤을 내지 못한 회사에 벌을 준다. 수익을 내지 못한 회사는 시장에서 퇴출당할 것이다(그리고 수익이 '충분'하지 않은 회사는 다른 회사에 인수되거나 해체될 것이다). 그들이 사용하던 자원(가장 중요한 자원은 직원들이고, 재사용할 수 있는 자본도 자원에 포함된다)은 좀 더 생산적인 기업으로 재분배될 것이다.

게다가 슘페터는 기술 진보가 자본의 증가 및 파괴와 아주 무관하지는 않다고 주장했다. 신생 기업은 새로운 물건이나 프로세스를 개발해서 기존 기업들을 몰아내고 시장을 차지하거나 아예 새로운 시장을 창출할 것이다. 두 경우 모두 기존 회사들은 그들이 보유한 일자리 및 투자 자금과 함께 사라지겠지만, 이런 파괴 현상은 경제 전체가 성장하는 데 필수적이다.

> "공방과 공장에서 출발했지만 국내든 해외든 새로운 시장을 개척해서 큰 기업으로 발전한 US스틸같은 사례는 낡은 것을 파괴하고 새로운 것을 끊임없이 창조함으로써 내부에서부터 경제 구조를 개혁하는 산업 전환 과정을 잘 보여준다. 자본주의에서 이러한 '창조적 파괴'의 과정은 불가피하다. 이것은 자본주의를 구성하는 요소이고, 모든 자본주의 기업이 그 안에서 살고 있다."

오늘날 연구자들은 기업의 창조와 파괴가 실제로 선진국의 주된 성장 동인이라는 사실을 발견했다. 생산성 향상은 기존 회사들이 효율적으로 바뀔 때보다 신규 기업이 시장에 진입하고 낡은 기업이 퇴출당하는 과정에서 일어나는 것 같다. 일자리 역시 소수의 신규 기업들이 급성장하는 과정에서 많이 늘어난다.

거기다 이 과정이 점점 빨라지는 것 같다. 1920년대에 S&P 500 지수에 포함된 기업들의 평균 수명은 60년 이상이었지만, 지금은 15년 정도로 줄었다. 최근 몇 년 동안 세계 경제 성장을 주도한 애플과 아마존, 알리바바 같은 기업들은 가까운 과거인 1980년대에만 해도 규모가 작았거나 심지어 아예 존재하지도 않았다.

경기침체의 긍정적인 면

좀 더 논쟁적인 이야기지만, 마르크스와 슘페터는 개별 기업에서 끊임없이 일어나는 창조적 파괴가 자본주의 경제 성장에 필수적일 뿐만 아니라, 가끔은 그런 파괴 현상이 좀 더 광범위하게 일어나야 한다고 주장했다. 경기가 좋을 때는 생산성을 향상하거나 신상품을 개발하지 않고도 생존하고 성장하기가 대단히 쉽다. 반면 경제위기는 부진하고 비생산적인 기업들을 정리해서 자본주의가 한 단계 더 발전할 수 있도록 자원들을 풀어준다. 바꿔 말하면, 경기후퇴 또는 그보다 더 심한 상황은 신고전주의 경제학자들과 케인스가 주장했듯이 자본주의의 '오류'가 아니라 하나의 특징이다.

> **수많은 좀비 기업과 앞으로 등장할 좀비 기업들이 현재 실물 경제를 배회하고 있다.** (자본주의 발전의 핵심 동력으로 여겨졌던) **슘페터의 '창조적 파괴'는 무력해졌다. 낡은 기업들이 자리를 차지해 새로운 투자를 억압한다.**
>
> _빌 그로스Bill Gross

이런 관점에서 보면, 경기후퇴가 단기적으로는 일부 노동자와 기업에 고통을 안겨줄지 모르지만 장기적으로는 지속적 성장에 필수적이다. 또 이것은 정부가 불황을 완화하기 위해 재정 정책이든 통화 정책이든 아무리 좋은 의도를 가지고 경제에 개입해도 궁극적으로는 역효과가 일어날 것임을 의미한다. 일부 학자들은 정부 개입이 경기회복을 더디게 하며, 이것은 최근 금융위기 이후 특히 유럽 선진국들이 매우 낮은 성장세를 보이는 이유라고 주장한다. 실제로 과거와 달리 위기 이후 경기가 후퇴했지만 많은 기업이 파산하지 않은 이유 중 하나는 금리가 너무 오랫동안 낮게 유지되었기 때문이다. 많은 기업이 자본과 노동력을 비생산적으로 사용함으로써 좀비처럼 휘청대고 있다.

(11)

성장

"자본 투자를 늘린다면 단기 성장에 그치지만,
기술 진보와 인적 자본 투자는 장기적 성장을 가져온다."

이 책이 경제학 교과서는 아니지만, 약간의 대수학 지식만 있으면 경제학자들이 자본 축적과 임금, 기술 진보와 경제 성장을 어떻게 생각하는지 이해할 수 있다. 또한 솔로 성장 모형Solow model of growth이 현실을 그대로 반영하는 것은 아니지만, 이것을 알면 실제 경제가 어떻게 돌아가는지 파악하는 데 도움이 된다.

솔로 모형은 자본과 노동을 결합해서 만들 수 있는 가장 간단한 성장 모형이다. 이 모형은 두 가지 요소에 기술 요소를 추가해 다음과 같은 간단한 방정식으로 표현할 수 있다.

$$Y_t = A_t F(K_t, L_t)$$

풀어서 설명하면 Y_t(t년도 총생산량)는 투입된 총자본(K_t)과 총노동(L_t)에 기술 수준을 나타내는 A_t를 곱한 값이다. 이 모형에서는 규모수익이 변하지 않는다고 가정한다. 즉 (기술은 고정하고) 자본과 노동력을 두 배로 늘리면 생산량이 두 배가 된다. 이 공식은 합리적으로 보인다. 노동자 2명이 각각 같은 기계를 사용하면 노동자 1명이 기계 1대를 사용할 때보다 2배 많이 생산할 수 있음을 의미하기 때문이다.

솔로 모형은 자본 축적과 성장의 관계도 추적할 수 있게 해준다. 총생산량 Y는 반드시 소비되거나 저축된다. 저축한 돈이 투자되면 시간이 갈수록 자본의 규모가 증가한다. 또한 기존 자본은 시간이 흐를수록 가치가 하락하거나 상실되는데, 이때 자본의 소모분을 대체하기 위해 어느 정도 새로운 투자가 필요하다고 추정할 수 있다. 대단히 단순한 이 모형은 다음과 같은 흥미롭고 중요한 의미를 몇 가지 담고 있다.

- 자본수익이 줄어든다. 즉 노동력이 일정할 때 추가된 자본이 생산량에 미치는 영향력은 점점 줄어들 것이다.

- 자본의 감가상각률이 일정할 경우, 어느 시점에 추가된 자본의 양과 감가상각분이 일치하게 될 것이다. 그리고 기술진보

솔로 모형은 가난한 나라가 저축과 투자를 늘리고 생산성을 향상시키는 기술을 받아들이면 부유한 나라들보다 더 빨리 성장해서 결국 그들을 따라잡게 될 것으로 예측한다. 동아시아의 몇몇 나라들은 선진국을 따라잡기 위해 그동안 먼 길을 걸어왔다. 처음에는 일부 성공했지만, 대부분은 그러지 못했다. 세계은행은 이런 현상에서 소위 '중진국 함정'이 존재함을 확인했다. 즉 1960년에 '중진국'으로 분류되던 나라들이 아직도 대부분 같은 자리에 머물러 있었다.
중진국 함정을 어떻게 설명하고, 그것을 극복하기 위해 우리는 무엇을 할 수 있을까? 이 문제는 정부가 무엇을 잘하고 못하는지, 사회 전체가 어떻게 움직이는지 등 좀 더 광범위한 주제와 관련이 있을 것이다. (대부분의 중남미 국가, 중국, 인도 등) 이미 그 함정에 빠져 있거나 앞으로 빠지게 될 나라들의 인구 규모를 고려할 때, 이들이 중진국 함정에서 벗어날 수 있을지는 21세기의 가장 중요한 경제 문제 중 하나이다.

나 노동력 증가가 없다면 경제는 변하지 않는, 즉 성장이 없는 상태로 수렴할 것이다.

- 인구와 노동력이 늘어나도 경제는 여전히 변동이 없는 상태로 수렴되는데, 이때 총생산량은 늘지만 1인당 생산량에는 변함이 없다.

- 경제적 조건이 서로 다르더라도, 특히 1인당 자본량에 차이가 있더라도, 가난한 나라의 저축률이 부유한 나라의 저축률

과 같거나 더 높은 한, 경제 전체는 수렴할 것이다. 즉 가난한 나라가 부유한 나라를 '따라잡을' 것이다.

- 솔로 모형은 이른바 '성장회계' 방법을 사용하게 해준다. 즉 노동·자본·생산성의 증가에 따라 시대와 나라마다 경제성장률이 어떻게 달라지는지를 설명할 수 있다.

- 장기적으로 1인당 생산량에 영향을 미치는 주된 요인은 기술 진보 혹은 생산성이다.

(경쟁시장과 같은) 몇 가지 가정을 추가하면, 솔로 모형은 임금과 이윤, 자본수익률과 관련해 우리가 기대하는 내용을 설명해줄 수 있다. 특히 임금은 노동자 1인당 자본량이 증가할수록 상승해야 하므로, 생산량 중 임금으로 가는 몫은 경제가 성장하더라도 대체로 일정하게 유지되어야 한다.

"—— 생산성이 전부는 아니지만, 장기적으로 보면 거의 전부이다.

_폴 크루그먼

수렴 현상과 임금 상승

(낭비적 투자가 아닌 한) 투자를 많이 하는 개발도상국들에 몇 가지 수렴 현상이 보인다는 확실한 증거가 있다. 처음에는 일본에서 나중에는 다른 동아시아 국가들에서 저축률과 투자율이 대단히 높았고, 그것을 따라잡기 위해 성장률도 급격히 높아졌다. 그리고 (마르크스의 견해와 달리) 노동자 1인당 자본량이 많아질수록 임금도 대체로 상승했다. 가장 놀라운 부분은 비록 최근에 다소 줄기는 했지만, 노동자의 몫이 오랫동안 비교적 일정하게 유지되었다는 점이다.

하지만 솔로 모형에서 도출할 수 있는 가장 중요한 결론은 신고전주의 경제학의 한계와 같다. 이 모형에 따르면 자본량이나 저축률의 변화가 성장률을 단기적으로 변화시키지만, 장기적으로 볼 때 종착지는 거의 같다. 무역장벽을 없애거나 세금을 낮추는 등 경제 정책의 변화도 마찬가지이다. 그런 정책 변화가 유익할 수도 있고 해로울 수도 있지만, 장기적으로 성장률을 높여주지는 않을 것이다. 기술 진보를 통한 생산성 향상만 성장률을 높일 수 있으므로, 이 단순한 모형은 경제가 어떻게 바뀔지 혹은 얼마나 성장할지 파악하는 데 전혀 유용하지 않다.

생산성이 중요하다

이런 결점이 있다고 해서, 솔로 모형이 전혀 쓸모가 없다는 의미는 아니다. 솔로 모형 덕분에 경제학자들은 무엇을 통해 생산성이 증가하는지를 파악하는 데 집중할 수 있었다. 여기서 가장 중요한 도약은 '인적 자본'의 중요성이다. 즉 교육과 적성, 기술, 경험에 따라 어떤 노동자가 다른 노동자보다 더 생산적인지를 이해하게 된 것이다.

> 인도 정부가 자국 경제를 인도네시아나 이집트처럼 성장시키기 위해 할 수 있는 조처가 있을까? 있다면 그것은 정확히 무엇일까? 없다면 상황이 그렇게 된 '인도 고유의 원인'은 무엇일까? 이런 질문들과 관련해 인류 복지에 일어난 결과는 대단히 충격적이다.
>
> _로버트 루카스 주니어Robert E. Lucas Jr

솔로 모형에 인적 자본이라는 개념을 추가하면, 다른 것들은 좀 더 쉽게 설명된다. 예를 들어 모든 노동자가 똑같을 경우 1인당 자본량이 적은 (가난한) 나라들에서 자본수익률이 높아지므로, 자본이 자유롭게 이동할 수 있게 되면 자본수익률이 높은 나라로 투자자금이 흘러간다. 하지만 보통은 그렇지 않다. 현재 미국은 대규모

재정 적자 상태에서 경제를 운영하는데, 이는 투자 자금이 (특히 중국과 같은) 다른 나라에서 미국으로 흘러들어간다는 의미이다. 하지만 같은 자본량에서 미국 노동자가 중국 노동자보다 더 생산적인 한, 이런 상황을 역설이라고 생각할 필요는 없다.

솔로 모형을 확장하면 '사회적 자본', 제도적 환경, 법 체계 등 다른 요인들의 중요성도 알 수 있다. 알고 보면 이런 요인들은 우리가 경제 발전을 생각하는 방식에 영향을 미쳤다. 그래서 1950년대와 1960년대에는 여러 나라들이 성장률을 높이기 위해 자본 투자를 늘리는 데 집중했지만, 오늘날에는 교육과 기술 등 인적 자본과 각종 제도, 지배 구조 등에 훨씬 많이 집중한다. 시간과 장소에 따라 중점 목표는 달라지지만, 성장은 거의 항상 대부분의 나라에서 핵심 과제다.

(PART 2)

자본주의의 여러 제도

누가 자본주의 시스템을 움직이는가?

(12)

기업가

"기업가의 역할은 아이디어를 상품으로 바꾸기 위해
자신의 시간 또는 돈을 들여 위험을 감수하는 것이다."

궁극적으로 경제 성장과 인류의 실질적 진보는 과학적 발견이나 새로운 발명 또는 단순하게는 일하는 방식의 개선 등 대단히 광범위하게 발휘된 인간의 독창력에서 비롯된다. 이것은 신발부터 컴퓨터까지 나를 좀 더 생산적으로 만들어주는 물품과 텔레비전부터 포도주까지 내가 소비하는 모든 물품에 적용되는 사실이다.

하지만 아이디어나 발명이 그 자체로 경제에 영향을 미치지는 않는다. 누군가 그것을 개발하고, 생산하고, 시장에 내다 팔 수 있는 상품으로 바꾸어야 한다. 바로 이 과정이 기업가들이 개입하는 영역이다. 자본주의 체제에서 기업가의 역할은 새로운 아이디어나 발명품을 수익사업으로 바꾸기 위해 시간 (또는) 돈을 들여 위험을 감수하는 것이다.

간혹 과학자나 발명가 자신이 기업가가 되기도 한다. 토머스 에디슨은 실용화가 가능한 전구와 축음기(그 외에도 많은 물건)를 최초로 발명했다. 투자자 소유의 전기회사를 포함해 자신의 발명품들을 시장에 내다 팔 회사를 여럿 설립하기도 했다. 그러나 월드와이드웹을 발명하고도 특허를 내지 않았던 팀 버너스 리Tim Berners-Lee처럼 사업을 할 마음이 없거나 볼펜을 발명하고도 그것으로 돈을 벌어본 적이 없고 결국엔 특허권마저 마르셀 비크Marcel Bich 또는 Bic에게 넘겨버린 라슬로 비로László Biró처럼, 다른 많은 과학자들은 사업에는 별다른 재능이 없었다.

영웅적 기업가

우리는 기업가의 모습을 낭만적으로 묘사하는 경향이 있다. 무일푼으로 시작해 위험을 무릅쓰고, 처음에는 실패하지만 결국엔 사람들의 생활을 바꾸는 혁신적인 신상품을 세상에 내놓고, 그 과정에서 엄청난 부자가 된다는 식으로 말이다. 이런 모습은 양복을 입은 정체 모를 관료가 대기업을 운영하는 모습과는 상반된다. 에디슨이 19세기 기업가의 전형이었다면, 오늘날을 대표하는 기업가는 빌 게이츠Bill Gates나 스티브 잡스이다. 하지만 고독하고 영웅적인 기업가란 신화일 뿐이다. 에디슨과 같은 기업가는 거의 존재하지 않고, 빌 게이츠의 성공은 마이크로소프트가 발전하던 중요한 시기에 훨씬 규모가 큰 IBM과 파트너십을 맺은 덕분이었다.

" —— 수백 년 동안 오직 자신의 비전으로만 무장한 채 새로운 길에 첫발을 내디딘 사람들이 있었다.

_아인 랜드Ayn Rand

기업가 정신이란 제2의 구글 혹은 페이스북을 만들려고 혼자 노트북으로 작업하는 것보다 훨씬 복잡한 개념이다. 새로운 상품이나 사업은 진공 상태에서 한 사람의 힘으로 탄생하지 않는다. 은행이나 투자자로부터 자금을 조달해야 하고, 필요한 기술을 갖춘 직원도 고용해야 하며, 때로는 비슷한 상품을 개발하는 사람들로부터 아이디어를 얻어야 한다. 실리콘밸리와 베를린의 첨단기술 연구단지든, 하이데라바드와 제네바의 생명공학 연구단지든, 스타트업들이 한 곳에 모여 일하는 데는 다 이유가 있다.

기초연구에 자금이 필요하거나 연구 결과를 상업화하기 위해 관련법과 제도가 필요할 때, 정부의 직·간접적 지원 역시 상당히 중요할 수 있다. 전 미국 부통령 앨 고어Al Gore는 간혹 그의 업적으로 (잘못) 회자되는 것처럼 '인터넷을 창조'하지는 않았지만, 1991년에 그가 지지한 '고성능컴퓨터및통신법'을 통해 '미국슈퍼컴퓨터응용연구소National Center for Supercomputing Applications'에 자금을 지원했고, 넷스케이프의 창업자 마크 앤드리슨Marc Andreessen이 속한 팀이 이 연구소에서 세계 최초로 웹브라우저를 개발했다.

하지만 경제에 큰 영향을 미치는 기업형 스타트업의 수가 비교적 적은 것도 사실이다. 많은 사람이 개인 사업을 하거나 작은 회사를 차리지만, 그들 대부분은 새로운 상품을 개발하지 않는다. 500만 명 정도 되는 영국 자영업자 중 가장 많은 수가 택시 운전사이고, 소규모 사업체는 대부분 상점과 미용실 등이다. 물론 그들도 경제적으로 가치 있는 일을 하고 있고, 그들 중 많은 사람들이 실제로 '기업가적' 성향을 보이기도 하지만, 그들이 경제 전체에 미치는 영향은 크지 않다. 이와 반대로, 소수의 급성장하는 기업들은 커다란 차이를 만들어낸다. 경제협력개발기구OECD의 연구에 따르면, 늘어난 전체 일자리(와 생산량)의 반 이상은 그런 회사들이 만든 것이다.

기업가는 타고나는 것이 아니라 만들어진다

다른 나라나 국민들보다 더 '기업가적인' 나라나 국민이 있을까? 과거 조지 부시George W. Bush 대통령이 토니 블레어Tony Blair 영국

대중문화 속 기업가 

〈시민 케인Citizen Kane〉부터 대니얼 데이 루이스Daniel Day-Lewis가 석유업자로 출연해 오스카상을 받은 〈데어 윌 비 블러드There Will Be Blood〉를 거쳐 페이스북의 성공 이야기를 영화화한 〈소셜 네트워크The Social Network〉에 이르기까지, 기업가들의 이야기(비교적 초라한 시작, 역경과의 싸움, 성공 그리고 이따금 실패 등)는 미국 영화가 애용하는 소재이다. 모든 영화가 그런 것은 아니지만, 제니퍼 로런스Jennifer Lawrence가 아카데미 여우주연상 후보에 올랐던(실제로 로런스는 이듬해에 이 상을 받았다—옮긴이) 2015년 개봉작 〈조이Joy〉처럼 대체로 영화 속 기업가는 남자들이다. 〈조이〉는 항공사의 예약 담당 직원으로 일하던 이혼녀가 자동 물걸레 청소기를 개발하고 여러 시련을 겪은 후 성공하는 이야기이다. 기업가의 어두운 면을 담은 영화도 있다. 가장 위대한 미국 영화인 〈대부〉 시리즈는 가족 기업을 세워 그것을 유지하고 확장하는 가운데 겪는 투쟁의 이야기이다. 마피아인 코를레오네 집안은 물건을 만들지는 않지만, (경제적·물질적으로) 위험을 무릅쓰고, 경쟁자와 협력할지 싸울지, 시장을 새로운 영역으로 확대할지 다양화할지 결정한다.

총리에게 "프랑스의 문제는 그 나라에 기업가라는 단어가 없기 때문입니다(이는 부시 대통령의 말실수로, 프랑스어에는 기업가를 뜻하는 'entrepreneur'라는 단어가 있으며, 오히려 영어가 이 단어를 차용해서 쓰고 있다.—옮긴이)"라고 말했다고 한다. 그가 실제로 그런 말을 했는지는 확실치 않지만, 이 말에는 유럽, 특히 프랑스처럼 사회민주주의를 지향하는 나라들은 위험을 감수하려 하지 않는다는 미국인의 편견이 드러난다. 그러나 이런 견해를 뒷받침하는 증거는 전혀 없다. 오히려 강력한 사회 안전망이 있으므로 사업에 실패하더라도 극빈 상태에 빠지지는 않는다는 믿음이 있고, 그래서 (덜이 아니라) 더 위험을 감수하게 되지 않을까? 예를 들어 유럽에서 가장 강력한 사회복지제도가 있는 스웨덴의 기업가 정신은 상당히 훌륭하다.

이와 비슷하게 유대인, 인도의 구자라트인, 레바논인, 중국계 홍콩인 등 특정한 민족들은 종종 상당히 기업가적이라고 묘사된다. 사실 거의 모든 이민자 집단의 역사는 스스로 기업가적 기질이 있다고 말하는데, 그 이유는 한 번 더 말하지만 기업가 정신이 개인적·인종적 특징이 아니라 환경에 좌우되기 때문이다. 이민자들은 정착한 국가의 정부나 대기업에게 자주 배척당하고 자본이나 기존 기업들과의 네트워크가 부족하기 때문에, 자기 사업을 해서 성공하겠다는 의욕이 강하다.

그러므로 기업가를 순전히 자신의 의지와 힘만으로 성공한 뛰어난 개인으로 생각하거나 운이 좋아 적절한 시기에 적절한 장소에 있었을 뿐이라고 생각하면 안 된다(시간과 장소의 도움을 완전히 부정할 수는 없지만). 기업가는 성공적인 경제와 사회의 필수 요소이면서 경제와 사회에서 분리될 수 없는 일부이기도 하다. 교육에서 복지까지 정부의 모든 정책이 기업가를 돕기도 하고 방해하기도 하므로, 기업가는 타고나는 것이 아니라 만들어지는 것이다.

(13)

기업

"거래 관계에서 발생하는 거래비용과 안정성 때문에 모두가 자영업자가 되는 대신 기업이 유지되고 운영된다."

기업은 왜 존재할까? 자본주의는 국가가 주도하거나 이타주의가 지배하는 경제 체제와는 운영 원리가 다르며, 필연적으로 모든 개인이 사적 이윤을 추구한다. 그런데 대부분의 자본주의 경제활동은 기본적으로 개인의 이윤 추구 동기를 신뢰하기 어려운 구조에서 이루어진다. 보통 기업은 '지휘와 통제'를 받아 운영된다. 최고 경영자가 핵심 의사를 결정하고, 그 내용이 연쇄적으로 각 부서로 하달되는 일종의 위계질서가 기업 내에 존재한다. 다른 운영 방식도 있다. 위원회를 열거나 여러 사람의 합의를 거쳐 의사를 결정하기도 하고, 일부 기업에서는 의사 결정 과정에 직원들을 참여시키기도 한다. 이윤 추구 동기는 기업 전체에 작용하지만, 개인의 경우는 별로 그렇지 않다. 그런데 궁극적으로 결정을 내리고 일을 하는 주체는 개인이다.

왜 모든 사람이 자영업자가 되지 않는 것일까? 이론적으로 모든 경제활동은 개인들이 각자 계약을 맺고, 상품 가격을 결정하고, 이익을 공유하는 구조 속에 스스로 고용되어 일한다는 기본 원리에 따라 이루어진다. 하지만 현실에서는 작은 회사에서조차 그런 일은 불가능하다. 예를 들어 내가 다음 주에 있을 신제품 설명회에서 당신에게 발표를 맡기고 싶다면 얼마를 줘야 할까? 실제로 그 상품을 만드는 사람과 파는 사람에게 줄 비용을 제하고 나면, 신제품으로 거둔 이익 중 얼마를 우리가 가져갈 수 있을까? 그 밖에도 처리해야 할 비용이 많다. 회사 직원들은 모두 임금을 받고, 이윤은 기업 소유주에게 돌아간다. (여기서 소유주는 창업주, 주주, 동업자를 말하는데, 가끔 일반 직원들까지 포함하는 경우도 있다. 이때 직원에게 배당하는 이윤은 대개 급여와 별개로 지급된다.)

“ 많은 기업가들이 큰 회사를 싫어한다. 하지만 큰 회사가 그토록 싫다면, 왜 새로운 회사를 만들려고 노력하지 않을까? 진실을 말하자면, 스타트업은 어떤 식으로든 성공을 거두자마자 큰 회사가 겪는 문제에 직면할 것이다.

_에릭 리스Eric Ries(미국 기업가)

거래비용을 줄인다

기업은 상품의 가격을 정하거나 협상할 때 발생하기 마련인 '거래비용'을 생산 과정에서 줄일 수 있다. 또한 위험도 공유한다. 즉 노동자인 내가 회사에서 성공할 수 있을지는 내가 가진 기술과 운에 달려 있지만, 기업의 전반적인 운명에도 좌우된다.

그런데 거래비용이 그렇게 좋지 않은 것이라면, 왜 대기업이 혼자서 모든 물건을 생산하지 않는 걸까? 이런 생각은 사회주의 경제 논리와 일부 일치한다. 왜냐하면 모든 상품을 계획해서 생산하면 분산된 경제 체제에서도 거래비용을 지불하지 않고 같은 양의 물건을 생산할 수 있다는 의미이기 때문이다. 하지만 이것은 현실에서는 효과가 없다. 각종 거래를 통해 제공되는 가격 신호는 사람들이 실제로 기업에 무엇을 원하고 무엇을 가치 있게 여기는지에 관한 정보를 제공하고, 기업이 조직을 개선하고 혁신하도록 동기 부여를 한다는 점에서 상당히 중요하기 때문이다.

중앙집권적 계획경제는 거의 모든 곳에서 일반적이지 않기도 하지만, 대개 민간 기업들이 스스로 문제를 만든다. 주주가 회사의 주인인 대기업에서는 경영진이나 간부, 일반 직원 중 누구도 회사를 가능한 한 효율적으로 운영하고 수익을 극대화하려고 하지 않는다. 이론적으로 가장 의욕적이어야 할 주주들이 회사를 직접 경영하지 않으며, 그런 역할에서 자주 배제된다. 심지어 임금 인상이나 상여금 지급과 같은 계약 조건을 이용해 간부들에게 인센티브를 제시할 때도 그런 계약이 불가피하게 사람들의 행동을 왜곡하기(거래비용이 또 발생한다!) 때문에, 반드시 좋은 결과만 생기리라 기대하기는 어렵다. 그래서 현실에서는 기업 내 의사 결정이 기업의 이익, 이윤 추구 동기, 개인의 사적 이익, 위원회의 관료적 운영 방식, 기업 자체의 내부 구조 등에 영향을 받아 이루어진다. 바람직한 모습은 아니지만, 대부분 효과는 있다.

“ —— 많은 미국인이 남는 방을 빌려주거나 웹 사이트를 디자인하거나 심지어 자기 차를 이용해 부업을 하고 있다. 이런 온디맨드on demand 경제 혹은 이른바 ‘기그gig’ 경제는 흥미진진한 기회를 만들고 혁신을 불러일으키지만, 동시에 근로 현장을 어떻게 보호할지, 미래에 좋은 직업이란 어떤 모습일지 등 어려운 문제들도 제기한다.

_힐러리 클린턴Hillary Clinton

그러므로 생산 대부분이 기업을 통해 이루어지는 경제 체제에서 기업들은 불가피하게 조직마다 다양하게 잠재해 있는 약점들 사이에서 일련의 골치 아픈 타협과 거래를 시도해야 한다. 그 결과 시장은 물론 다른 사회적·경제적 힘으로 움직이는 다양한 형태와 규모의 기업들이 생겨났다. 사회주의 경제와 마찬가지로, 자본주의 경제에 관해 정답을 제시하는 책은 존재하지 않고 존재할 수도 없다.

기그 경제가 확대되면 기업은 사라질까?

기업의 형태와 규모는 시대에 따라 변하기도 한다. 1950년대와 1960년대에 대기업은 미국을 비롯한 여러 선진국에서 흔히 볼 수 있는 기업 형태였다. 윌리엄 화이트William Whyte는 자신의 책 『조직인The Organization Man』에서 '집단 사고'라는 용어를 사용해 의사 결정 과정에서 발생하는 순응주의와 창의력 결핍을 비판했다. 하지만 최근에는 소규모 기업, 스타트업, 자영업이 급속히 증가했다. 이런 현상이 낭만적으로 묘사되는 경우가 많지만(IT 회사를 창업해 이십 대에 백만장자가 된 젊은이들의 이야기가 흔하고, 정치인들은 '기업가형 국가'에 관해 즐겨 이야기한다), 현실은 전혀 그렇지 않다. 영국에서 가장 흔한 자영업자는 택시 운전사와 건설 노동자이며, 일부 기업은 하청업자에게 위험을 전가하기 위해 '자영업'을 이용한다. 이것이 바로 '기그 경제'이다. 이런 방식은 탄력 근무를 원하는 일부 젊은이들에게는 환영받을지 모르지만, 장기적으로 경력을 쌓고 싶은 대부분의 사람들에게는 별로 매력적이지 않을 것이다.

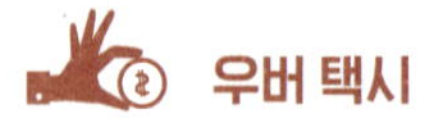

우버 택시

택시 '회사' 우버는 좋든 나쁘든 현대 기업이 진화한 사례로 잘 알려져 있다. 우버는 전통적인 회사라기보다는 일종의 '애플리케이션'이다. 운전자는 법적으로 우버에 고용된 직원이 아니고 고객과 연결되기 위해 우버를 이용하는 개인 사업자이다. 과거에 택시 운전사들을 좀 더 효율적으로 모집하기 위해 형성되었던 거래비용이 새로운 기술 덕분에 크게 줄어들었다. 이는 (운전자들에게는 유연성과 자유를 주고 우버에는 위험을 줄여주므로) 장점이 있지만, 단점도 있다. 우버 운전자들은 정규 직원이 받는 고용 안정성을 보장받지 못하고 모든 위험을 떠맡아야 하는 한편, 우버를 이용하는 고객들도 법적으로 실제 고객이 아니므로 고객으로서 주장할 수 있는 권리를 전혀 갖지 못한다. 앞으로 기업들이 점점 우버처럼 되어갈까? 아마도 그럴 것이다. 우버의 방식이 앞에서 설명한 내부 갈등과 모순을 해결할 수 있을까? 그럴 것 같지는 않다.

20년이나 30년 후에 기업의 모습이 어떻게 변할지 미리 알기는 어렵지만, 내 예상으로는 기업이 사라진다거나 '기그 경제'가 확대되리라는 이야기는 과장된 생각임이 증명될 것 같다. 기업 소유주와 노동자 모두 일회성 관계보다는 계약을 통해 안정성을 확보하는 쪽을 선호할 것이고, 거래비용은 줄기도 하고 늘기도 할 것이다. 약점이 있기는 하지만, 기업은 여전히 현실에서 까다로운 시장 문제를 다루기에 가장 적합한 경제 주체로 남을 것이다.

(14)

은행

"은행이 '긴급 자금'이나 '구제 금융' 같은 특권을 갖는 이유는 대형 은행이 파산하면 경제 전체에 충격파를 줄 수 있기 때문이다."

경제학자들이 생각하는 현대 은행의 주된 경제적 역할은 다음의 세 가지이다. 예금자와 투자자를 중개하고, 저축과 대출 기간을 조정하며, 신용을 창조한다.

회사는 성장하려면 투자를 해야 하는데, 처음에는 소유주나 창업자가 모아둔 돈으로 시작하고 나중에는 보존한 이익을 통해 스스로 자금을 마련하는 회사도 있지만, 대부분은 어느 시점에 가서 대출이 필요해진다. 그와 동시에 다른 자본 소유주들(직·간접적으로 회사를 소유하되 이윤을 재투자하고 싶지 않은 사람 혹은 수입이 지출보다 많은 노동자)은 수익을 올리고 싶어 한다. 이론상으로는 자본을 사고파는 사람들끼리 쉽게 대출을 협상할 수 있다. 하지만 현실에서는 은행이 중앙에서 대출을 관리한다. 예금자들의 돈을 모으고, 대출의 잠재적 위험성을 평가한다.

기업은 투자 자금을 빌릴 때 장기 대출을 받아 투자 수익을 높이고 싶어 한다. 하지만 예금자들은 즉시 혹은 비교적 신속하게 자신이 맡긴 돈에 접근하고 싶어 한다. 그러므로 대출이 개인 간의 협상으로 발생할 경우 거래가 성사되기 어렵지만, 은행을 통하면 단기로 예금을 받아 장기로 대출해줄 수 있다.

일반적으로 국가가 관리하는 중앙은행만 지폐와 동전을 발행할 수 있지만(앞에서 설명한 의미로 보면 중앙은행은 진정한 은행이 아니다. 16장 〈중앙은행〉 참조), 결국 대부분의 화폐는 중앙은행이 아니라 민간 은행에서 만들어낸다. 은행은 대출을 통해 단순히 돈을 재활용하는 것이 아니다. 대출자가 빌린 돈으로 현금을 인출하거나 개인 수표를 발행할 수 있게 함으로써 화폐를 '창조'한다. 대출자가 대출 받은 돈을 지출하면, 그 돈은 다시 은행 시스템으로 들어와 대출금에 상당하는 새로운 예금을 만들어낸다.

위험한 사업

앞에서 언급한 모든 기능은 필수적이지만, 각 기능들이 나름대로 위험을 초래한다. 그리고 이 기능들이 결합하면 위험도가 더욱 높아진다. 은행은 예금과 대출을 한데 모아 위험을 공유해서, 채무자가 상환하지 못할 위험으로부터 채권자를 보호한다. 하지만 여러 채무자가 동시에 상환할 수 없게 되면, 은행은 파산 위기에 몰려 전체 예금자들을 위협할 수도 있다. 단기로 차입해 장기로 대여함으로써 이 문제는 더욱 악화된다. 많은 예금자들이 맡긴 돈을 한꺼번에 찾으려 할 경우, 부실 대출이 없었어도 은행은 예금자의 돈을 돌려줄 수 없다. 왜냐하면 맡은 돈을 가만히 쌓아두기만 하는 것은 은행의 진정한 목적에 맞지 않기 때문이다. 은행이 예금자의 돈을 내주지 못하면 그것은 자기충족적 예언이 되어, 이른바 '예금 인출 소동'을 일으킬 수 있다. 주변에서 예금을 인출할 정도로 불안해하면, 나 역시 같은 행동을 하게 되는 것이다.

> **나는 금융기관이 상비군보다 훨씬 위험하며, 후손이 갚을 돈으로 지출하는 원리는 자금 조달이라는 핑계로 후손에게 벌이는 대규모 사기극이나 다름없다고 생각한다.**
>
> **_토머스 제퍼슨**Thomas Jefferson

그러면 은행은 지급 불능 위험(기초 자산인 대출채권으로 예금을 돌려주지 못하는 상황)과 유동성 위기(너무 많은 예금자들이 한꺼번에 예금을 인출하는 상황)에 직면한다. 이런 위험은 은행과 개인 예금자, 채무자에게도 문제가 되지만, 대형 은행의 파산은 경제 전체에 충격파를 던질 수 있으므로 경제 전반에도 중요하다.

이런 이유로, 은행은 법률과 규제 시스템을 통해 특별 관리를 받는다. 그중 가장 중요한 규제가 필요자본량의 제한이다. 다시 말해 은행은 (최신 국제 기준인 바젤 III[Basel III]에 따라) 100달러를 빌려줄 때마다 빌려주지 않은 자산에 4.5달러를 추가로 쌓아두어야 한다. 그러므로 은행은 지급 불능 상태가 되기 전에도 부실채권 100달러당 4.5달러를 '잃을' 수 있다. 또한 예금 인출 소동을 막기 위해 국가들은 대부분 예금보험제도를 운영한다. 그래서 적어도 예금자 일부는 은행이 파산했을 때 은행들이 공동으로 모은 자금에서 자기의 예금을 확실하게 돌려받을 수 있다. 그 대신 은행은 특권을 가진다. 큰 위험에 빠진 은행은 중앙은행으로부터 긴급 자금을 빌릴 수 있고, 상황이 더 나빠지면 정부로부터 직접 '구제'금융을 받기도 한다.

이런 모순된 지원 방식(추가 규제와 지원은 간혹 세금을 재원으로 한다)은 충분한 가치가 있을까? 이 질문에 대답하기란 상당히 어렵다. 하지만 (말 그대로 미국과 서유럽에서 은행 수천 개가 파산했던) 대공황과 (대부분의 은행이 구제 받거나 다른 곳에 인수되었던) 최근의 금융위기를 비교해보면, 그런 방식이 도움이 되는 것 같다. 정부와 규제 기관으로서는 은행 간부들이 다른 산업에 실업과 파산을 일으킬 정도로

몬테 데이 파스키 은행의 성공과 실패 

세계 최초의 은행인 몬테 데이 파스키Monte dei Paschi는 1472년 시에나에 설립되었다. 이 은행은 시에나 공국이 멸망했을 때도 살아남았고, 이탈리아 통일로 형성된 기회를 포착해 이탈리아에서 최초로 주택담보대출을 취급하는 기관이 되었다. 1990년대에 여러 국책은행들이 부분적으로 민영화한 후, 몬테 데이 파스키는 급격히 성장했다. 하지만 이 은행을 통해 지역의 사회복지정책과 문화 프로그램의 재원을 마련하려는 지역 정치인들의 간섭은 여전했다. 2007년에 몬테 데이 파스키는 인수합병의 바람을 타고 이탈리아에서 셋째로 큰 은행이 되었는데, 이때 인수 자금을 공식 장부에 따로 표시하지 않는 방식으로 마련했다. 금융위기가 닥치자 손실이 눈덩이처럼 불어났고, 경영진은 이를 만회하기 위해 외국 투자은행과 파생상품을 거래하기 시작했다. 2012년에 이 모든 것이 무너져내렸고, 은행은 구제금융을 받아야 했다. 오늘날 몬테 데이 파스키는 자체 구조조정도 실패하고 더 큰 은행에 인수되지도 못한 채, 수십억 유로의 부실채권에 눌려 신음하고 있다. 주가도 크게 떨어져 국유화가 불가피해 보인다.

잘못된 의사 결정을 한 책임을 피해가는 것이 탐탁지 않겠지만, 은행 시스템이 완전히 붕괴하는 것을 막음으로써 당면한 심각한 불황은 피할 수 있다.

유사은행업

점점 세밀하게 규제받는 은행들의 전통적인 역할이 최근 새로운 기술과 금융 혁신으로 도전을 받고 있다. 앞에서 설명한 은행의 핵심 기능들을 지금은 주로 진짜 은행이 아닌 유사은행이라고 불리는 기관에서 맡고 있다. P2P 대출 업체가 온라인을 통해 투자자와 자금이 필요한 회사를 직접 연결해준다. 은행이 관리하지만 예금보험에 가입하지 않고 규제도 훨씬 적은 머니마켓펀드[MMF]의 경우, 고객들이 자기 예금에 쉽게 접근할 수 있다. 헤지펀드는 (주로 돈이 많은) 투자자들로부터 자금을 모은다. 은행 시스템의 핵심 기능인 독점적 신용 창조권조차도 비트코인(6장의 '디지털 화폐' 참조) 및 새로 등장할 것들로부터 도전받고 있다.

은행 시스템이 앞으로 어떻게 발전할지 예상하기란 불가능하다. 그러나 은행의 핵심 기능은 여전히 중요하고, 거기에 수반되는 위험 역시 사라질 것 같지 않다. 그러므로 어떤 은행이든 다른 업종과 구별되는, 특권을 누리는 동시에 특별 규제를 받는 독특한 성격은 계속 유지될 것이다.

(15)

정부의 역할

"의료와 교육, 복지에 대한 요구와 기술 의존도가 높아지면서 정부의 역할은 과거보다 훨씬 더 커지고 있다."

자유시장 자본주의를 추종하는 사람들이 보기에 정부는 공정한 심판자의 역할만 담당하면 된다. 철학자 로버트 노직Robert Nozick은 정부의 개입 범위를 "폭력과 절도, 사기로부터 사람들을 보호하고 계약이 제대로 이행되도록 돕는 정도로 제한해야 한다"고 말했다. 그러나 대다수 경제학자들 그리고 심지어 시장경제를 인정하는 사람들이 보기에도 그 정도 역할로는 충분하지 않다.

정부는 어떤 일을 하는가?

노직의 극단적 이상 속에서 국가는 자본주의 경제의 필수 요소인 재산권을 규정하고 행사하는 데 필요한 법과 제도만 마련하면 될 뿐, 그 외의 행동은 모두 자유를 침해하는 것으로 간주된다. 하지만 경제학자들은 대부분 (직접적이든 간접적이든) 국가가 효율적으로 기능할 수 있는 영역이 많이 있다고 주장한다. 여기에는 국민 대다수에게 이득을 주므로 요금을 직접 부과하기 어려운 서비스, 즉 '공공재'를 제공하는 서비스가 포함된다. 공공재에는 공기를 깨끗하게 유지하고 도로를 관리하는 일부터 기초 교육처럼 다소 논쟁적인 서비스도 포함된다.

정부의 역할을 바라보는 두 가지 입장은 종종 중립적으로 표현되지만, 실제로는 전혀 그렇지 않다. 예를 들어 재산권의 정당성은 그 권리가 어디서 어떻게 행사되는가에 관한 견해에 따라 크게 달라진다. 영국과 다른 여러 나라들의 땅 대부분은 과거 어느 시점에 무력 또는 절대 군주의 강압적인 힘으로 획득한 것들이다(2장 〈재산과 재산권〉 참조). 그러므로 현재의 소유권을 정당화할 일관된 철학적 근거를 생각해내기란 쉽지 않다.

“ 내가 예측하기로, 만약 미국인들이 정부가 국민을 보호한다는 핑계로 자신들의 노동력을 낭비하게 하는 일을 막을 수 있다면 앞으로 행복해질 것이다.

_토머스 제퍼슨

이는 과거사나 땅에만 적용되는 문제가 아니다. 특허 대상과 유효기간, 저작권법 등 지적재산권이 현대 경제에서 점점 중요해지고 있다. 기업이 유전자 특허를 내도 괜찮은가? 생명을 구하는 약을 발명한 사람에게 그 약의 값을 마음대로 매길 수 있게 하는 독점권을 얼마나 오래 허용해야 하는가? 이런 질문들에는 정답이 없지만, 답을 찾아야 하는 것이 국가의 역할이다.

이와 마찬가지로 법과 질서, 국방 등 국가의 기본적인 기능 외에 무엇이 진짜 공공재냐 하는 질문은 경제학계뿐 아니라 다른 많은 분야에서도 논쟁이 격렬한 주제이다. 사회 전체는 물론 개인과 가족에게도 혜택을 주는 교육도 공공재에 포함될까? 의료 서비스와 연금은 어떤가? 이런 질문들은 명확한 답이 없고 가치중립적이지도 않기 때문에, 시대마다 답이 달라진다.

이 문제에 대해 마르크스는 다소 냉소적이었다. 그는 자본주의 체제에서 국가의 역할은 자본주의가 자본가의 이익을 위해 계속 봉사할 수 있도록 필요한 모든 일을 하는 것이며 "현대 국가의 정부는 부르주아 계급 전체의 일상 업무를 처리하는 위원회일 뿐이다"라고 했다.

최근의 금융위기를 통해 마르크스의 견해가 옳았음이 확실하게 입증되었다. 각국 정부는 정치 성향에 상관없이 위기에 대비해 대형 은행을 국유화하고 긴급 구제할 준비를 갖춰두었다. 그렇게 하지 않으면 은행 시스템이 붕괴해 (일반 국민은 말할 것도 없고) 자본주의 자체에 막대한 손실이 발생하기 때문이다.

정부 역할의 변화

자본주의 체제에서 정부의 역할은 시간과 공간에 따라 달라진다. 예를 들어 국가가 의료 서비스를 제공하는 경우를 생각해보자. (눈에 띄는 예외인 미국을 제외하고) 대부분의 나라가 거의 모든 국민에게 의료 서비스를 제공하지만, 그 방식은 매우 다양하다. 영국의 경우 국책 기관에서 의료 서비스를 무상으로 제공한다. 다른 나라들은 국가가 직접 자금을 대거나 정부가 관리하는 사회보험제도를 통해 재원을 마련하지만, 서비스는 주로 자선단체나 민간에서 제공한다. 주로 민간에서 의료 서비스를 담당하는 미국에서조차 빈곤층과 노년층에게는 세금으로 의료 보호 혜택을 제공한다. 분명한 사실은 어떤 선진국도 의료 서비스를 시장에만 맡겨두지 않으며 맡겨서도 안 된다는 점이다.

> **정부가 냉담한 무관심으로 초지일관 아무 일도 하지 않는 것보다는 자선을 베풀려다가 이따금 실수하는 편이 낫다.**
>
> _프랭클린 루스벨트

국가 역할의 증대

경제가 번영하고 복잡해지면서 국가의 역할도 확대되었다. 경제 전체에서 정부 지출이 차지하는 비율이 서서히 증가했고, 전쟁 중에는 급증했다. 하지만 1970년대에 이르러 이런 증가 추세는 수그러드는 듯했고, 그 이후부터는 뚜렷한 방향성을 보이지 않았다. 거의 모든 나라에서 국가의 역할이 큰 의료와 교육 서비스가 경제에서 차지하는 비율이 점점 커지고 있고, 노령 인구가 증가함에 따라 지급해야 할 연금의 액수도 크게 늘어난다. 하지만 다른 한편으로, 기술이 발전하면서 과거에는 명백하게 공공재였지만 이제는 아닌 것들이 생겨났다. 예를 들어 우편과 통신 서비스는 점점 민간에서 제공하는 추세이다.

영국의 정부 지출 규모 변화(1830~2016년)

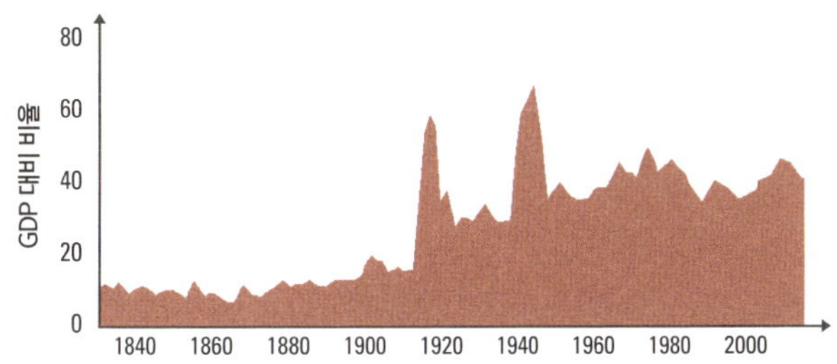

점차 정부의 역할을 바라보는 시각이 다양해지고 있다. 일부는 기술이 발전하면서 국가가 서비스를 제공할 근거가 점점 줄어든다고 끊임없이 주장한다. 특히 공공재 문제는 (소비자가 서비스 제공자의 판단에 전혀 의문을 제기할 수 없는 의료 서비스의 경우처럼) 정보 불균형이나 (연금 같은 복지 혜택의 경우처럼) 시장이 형성되기 어려운 상황과 종종 관련이 있다. 하지만 지금은 복지국가가 처음 등장했을 때보다 훨씬 저렴하고 광범위하게 정보를 이용할 수 있고, 금융시장 등은 훨씬 복잡해졌다. 그래서 많은 나라들이 민간에서 연금을 더 많이 제공하도록 장려하고 있다.

반면 기술이 점점 복잡해지고 상호의존도도 높아지므로, 혁신과 기술 발전, 규제의 영역에서 정부의 역할이 과거보다 훨씬 더 커진다고 보는 시각도 있다. 인터넷부터 월드와이드웹까지 기초 기술의 출발지를 추적해보면, 국가 기관이 근원지인 경우가 종종 있다. 경제학자 마리아나 마추카토Mariana Mazzucato가 지적했듯이, 아이폰처럼 인기가 많고 큰 이익을 내는 민간 부문 제품조차도 개발 단계에서 정부 지원에 의존했다.

또한 최근 전통적인 복지국가들이 극심한 압력을 받고 있긴 하지만, 복지국가를 탄생시킨 기본 원칙(경제 체제인 자본주의가 정치적으로도 지속되려면, 국가는 국민의 경제를 안정시키기 위한 수단을 제공해야 한다)은 여전히 견고하다. 게다가 기술 발전이 일부 노동자들을 불안하게 만들면서, 어쩌면 이 원칙은 점점 강력해지는 것 같다. 최소국가 건설이라는 자유주의자들의 이상은 여전히 멀기만 하다. 이것은 자본주의가 이론뿐만 아니라 현실에서도 효과가 있기를 바라는 사람들에게 희소식이 될 것이다.

(16)

중앙은행

"중앙은행은 돈이 창출되는 과정을 직간접적으로 통제하며
금리를 정함으로써 돈의 '가격'을 결정한다."

중앙은행은 정부가 재정을 충당할 목적으로 발행하는 화폐의 양을 통제하기 위한 기관으로서 발전했기 때문에, 금융 시스템을 규제하는 일에서 여전히 핵심 역할을 담당한다. 17세기 말에 최초의 현대식 중앙은행으로 설립된 잉글랜드은행은 영국이 프랑스와 수차례 전쟁을 치르면서 발생한 비용을 조달하는 것이 목적이었다. 그에 대한 보답으로 잉글랜드은행은 은행권을 발행할 수 있는 권한을 얻었다. 초창기에는 민간 은행으로 출발했지만, 시간이 지날수록 다른 역할도 맡게 되면서 필수적인 국가 기관이 되었다. 이런저런 형태로 금본위제도를 유지하고 있던(원칙적으로 요청이 있으면 은행권을 금으로 바꿀 수 있다. 6장 〈화폐〉 참조) 나라들에서도 중앙은행의

핵심 기능은 화폐의 가치를 유지하고 물가를 안정시키는 것이었다.

은행의 임무가 변경되다

하지만 곧 통화를 관리하는 기능과 금융 시스템 전반을 통제하는 역할이 분리될 수 없음이 분명해졌다. 19세기에는 금융위기와 대규모 예금 인출 사태가 주기적으로 일어났다. 《이코노미스트》의 초창기 편집장을 지낸 월터 배젓Walter Bagehot은 경제공황기에 중앙은행이 민간 은행에 자금을 대여함으로써 금융 시스템을 안정시킬 수 있고 그래야 한다는 원칙을 확립했다. 물론 은행의 기본적인 지급 여력이 확보된 경우에만 그렇다. 이는 결국 중앙은행이 민간 은행을 규제하고 감독해야 한다는 것을 의미했다. 전쟁 중이 아닐 때 정부는 대체로 균형 재정을 유지하므로, 중앙은행이 경제 관리의 핵심 주체가 되었다.

하지만 대공황과 금본위제도의 붕괴는 이런 방식의 큰 문제점을 드러냈다. 실제로 금본위제도로는 재정적 안정, 좀 더 광범위하게 말해 경제적 안정을 유지할 수 없었다. 각국 정부들은 금리 인하와 통화의 평가 절하를 줄기차게 요구했고, 1931년에 영국이 그랬던 것처럼 금본위제도를 포기한 나라들은 가능한 한 오랫동안 그 제도를 유지하려 했던 프랑스 같은 나라들보다 훨씬 더 빨리 경제

브레턴우즈 체제 

1944년 7월 2차 세계대전이 여전히 진행 중일 때, 연합국 대표들이 미국 뉴햄프셔 주 브레턴우즈에서 만나 전후 국제 경제 관계를 새롭게 정립하기 위한 틀을 만들었다. 영국 대표는 케인스였고, 미국 대표이자 이 계획안의 핵심 집필자는 해리 덱스터 화이트Harry Dexter White였다. '브레턴우즈 체제'는 대공황 이전의 금본위제도를 붕괴시킨 경직성과 불안정성을 피하고자 만들어졌으며, (궁극적으로 달러의 금 태환을 기초로) 고정이지만 조정 가능한 환율제도를 채택했다. 이 체제는 2차 세계대전 후 경제가 급성장하는 데 한 축을 담당했다는 점에서 대체로 성공적이었다. 하지만 1970년대 초 대내적으로는 높은 인플레이션 때문에, 대외적으로는 베트남 전쟁의 실패로 미국의 정치적·경제적 주도권이 약해지자 이 체제는 붕괴했다.

를 회복했다.

전후 케인스 경제학이 주류를 이루면서(28장 〈케인스 혁명〉 참조), 중앙은행의 경제 관리 책임이 많이 줄어들었다. 브레턴우즈 체제에 따라 환율이 관리되었고, 정치인들은 경제를 조정하기 위해 재정 정책(세금과 지출)을 이용했다. 인플레이션(경제 전반에 걸친 일반적인 물가상승 수준)을 억제하기 위해 소득 정책이나 가격통제 방식을 활용했다. 이런 방식은 1950년대와 1960년대에는 안정과 성장을 가져왔지만, 1970년대에 인플레이션이 통제할 수 없는 수준에 이르렀을 때는 효과가 없었다.

밀턴 프리드먼과 통화주의

현대적인 중앙은행 시대의 지적 토대를 마련한 사람은 밀턴 프리드먼과 그의 계승자들이었다. 우선 프리드먼은 대공황을 일으킨 책임의 상당 부분이 중앙은행 그리고 특히 연방준비제도이사회에 있고, 그 이유는 그들이 통화량(한 나라의 경제에서 유통되는 화폐의 양)을 부족하게 관리했기 때문이라고 보았다. 또한 재정 정책을 통해 수요를 관리하는 방식은 잘못되었으며, 거시경제적 관리는 물가 안정 또는 적어도 인플레이션을 낮고 안정적으로 유지하는 것을 목표로 삼아야 한다고 주장했다. 다시 말해, 금리를 이용해 화폐 공급량을 천천히 그리고 비교적 안정적으로 조절하는 것이 최선의 방법이라는 것이다. "인플레이션은 언제 어디서나 화폐적 현상이다"라는 프리드먼의 명언과 함께, 이른바 통화주의 시대가 시작되었다.

중앙은행이 주도권을 잡다

그리하여 1970년대와 1980년대에는 거시경제를 통제할 수 있는 권한의 대부분이 의회에서 중앙은행으로 되돌아왔다. 소득 정책과 가격통제 방식이 서서히 폐기되고 재정 정책이 수요를 관리하는 방법으로서 신뢰를 잃으면서, 통화 정책이 다시 우위에 섰다.

미국 연방준비제도이사회 의장이었던 폴 볼커Paul Volcker가 금리를 대폭 올려 결국 인플레이션을 낮추는 데 성공했다. 하지만 정교하지 못했던 통화주의는 이내 이론과 실제에서 모두 외면당했다. 화폐 기능을 할 수 있는 다른 것이 많아, 한 가지를 표적으로 삼고 그것의 통화량을 조절해봤자 인플레이션이 효과적으로 통제되지 않는다는 사실이 곧 명백해졌기 때문이다.

“ 2000년대에 대다수의 중앙은행들은 금융 시스템 안에서 점점 커지는 위험을 부각하지 못했고 심지어 그것을 인정하는 데도 실패했지만, 아이러니하게도 위기 속에서 그들의 힘은 이전보다 더욱 강력해졌다.

_《파이낸셜 타임스》

‘신고전주의’와 ‘신케인스주의’ 경제학은 기대(기업과 개인이 장래에 가격과 임금에 일어날 결과를 ‘예측’한 내용)와 정책결정자에 대한 신뢰의 중요성에 좀 더 집중했다. 이것이 중앙은행을 훨씬 더 강력하게 만들었다. 중앙은행이 인플레이션을 낮게 유지하겠다는 약속을 지키려면, 의회로부터 독립성을 인정받아야 했다. 그리고 ‘기대’가 중요하다는 것은 중앙은행이 금리를 조절하는 행위뿐만 아니라 그렇게 하겠다고 말하는 것 역시 중요하다는 의미이다.

중앙은행이 막강한 거시경제 통제권을 가진 상황에서 2008년과 2009년에 금융위기가 닥쳐왔다. 중앙은행은 물가 안정을 위해 금리만 조절하면 되었으므로 상황은 별로 어렵지 않아 보였다. 그런데 금융위기가 이 모든 것을 바꾸어놓았다. 재정 정책을 활용하자는 의견이 다시 의제로 올라왔다. 그뿐만 아니라, 금리가 0퍼센트까지 떨어지자 중앙은행은 안정기라면 생각할 수 없는 대책을 고려해야 했다. 즉 정부 채권을 직접 사들이거나(이른바 '양적 완화'라고 부르는 방식) 심지어 돈을 더 찍어내 시중에 공급하는 방식('헬리콥터 머니')까지 고민했다. 2012년 마리오 드라기Mario Draghi 유럽중앙은행 총재는 유로화 그리고 유럽연합 전체를 구하기 위해 "무슨 수를 써서라도(이 말이 무슨 의미였는지는 명확하지 않지만, 효과는 있었던 것 같다)" 방법을 찾겠다고 약속해야 했다.

위기는 지나갔지만, 중앙은행은 딜레마에 빠졌다. 경제적 안정을 확보하고 위기를 막아야 할 책임이 이전보다 훨씬 더 커졌기 때문이다(특히 유로존에서 민주적 책임성에 관한 문제도 제기되었다). 하지만 제로 금리에서 벗어나지 못하고 다른 정책들 역시 확실한 효과를 내지 못하는 상황에서, 중앙은행은 더 이상 사용할 도구가 없는지도 모르겠다. 앞으로 또 다른 위기가 닥쳐온다면, 중앙은행의 막강한 모습이 그대로 유지되지는 않을 것 같다.

(17)

노동조합

"더 많은 임금, 더 좋은 일터를 위해 단결함으로써
집단 협상과 행동으로 변화를 이끌어낸다."

기본적으로 노동조합은 자본주의나 시장주의에 반대하는 단체일까? 애덤 스미스는 다음의 말로 고전 경제학의 관점을 잘 표현했다. "일꾼은 가능한 한 많이 받고 싶어 하고, 주인은 가능한 한 적게 주고 싶어 한다. 일꾼은 임금을 높이기 위해, 주인은 임금을 낮추기 위해 각각 단결한다."

애덤 스미스는 원칙적으로 시장 메커니즘에 어떤 간섭도 허용하지 않았지만, 노동자들에게 기본적으로 연민을 느꼈다. 18세기 후반에 쓴 저서에서, 그는 주인 혹은 자본가가 임금을 낮추려고 서로 뭉치는 행동이 당시에 대단히 흔한 일이었고 그런 행동이 노조보다 사회에 더 큰 해를 끼친다고 보았다. 그래서 그는 노동자의 희생으로 자본가에게 지나치게 큰 이윤이 발생하는 상황을 그 반대의 경우보다 더 우려했다.

노동자들의 투쟁

그러나 영국 정부는 노동조합을 실제적 위협으로 여겼다(당시에는 비교적 부유한 사람들만 투표권을 가질 수 있었으므로, 의회가 고용주와 지주의 이익을 대변하는 것은 별로 놀랄 일이 아니었다). 1799년에 제정된 '단결금지법'과 그 내용을 계승한 다른 법들이 노조 활동을 실질적으로 금지하고 스미스의 이론을 인용하며 그것을 정당화했는데, 이 법들의 진짜 목적은 새로운 노동자 계층의 정치적·경제적 힘을 약화하려는 것이었다. 이는 산업노동자에게만 국한되지 않았다. 노조에 가입했다는 이유로 재판에서 유죄 판결을 받고 오스트레일리아로 추방된 '톨퍼들 마을의 희생자들'은 농사꾼이었다.

19세기 영국에서는 노조 합법화를 위한 긴 투쟁이 작업장과 거리, 의회에서 연이어 벌어졌다. 같은 투쟁이 다른 나라에서도 반복적으로 일어났는데, 때로는 평화적으로 때로는 폭력적으로 진행되었다. 19세기 말, 선진 산업국들에서 노조가 거의 합법화되었다. 하지만 많은 나라에서 노조 운동은 기존 체제 안에서 임금을 인상하고 근로조건을 개선하는 정도로 역할을 제한하자는 사람들과 궁극

50 CAPITALISM IDEAS YOU REALLY NEED TO KNOW

금융 경제

이익 증가

평가절상

자본 이익

디지털 경제

세계 경제

시장 점유율

성장

변동

환율

경기 침체

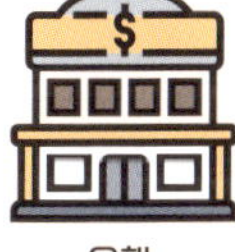
은행

인적 투자

금리

경제 분석

현금 없는 사회

자본주의

빚

배당금

세계화

Editor's Letter

조너선 포티스, 『당신이 꼭 알아야 할 자본주의 키워드 50』, 아날로그, 2021

'보이지 않는 손', '창조적 파괴', '유한책임회사' 같은 말은 모두 한 번쯤 들어봤을 것입니다. 분명히 경제 수업 시간에 배웠지만 그게 어떤 뜻인지를 물으면 선뜻 설명하기가 쉽지 않습니다. 『당신이 꼭 알아야 할 자본주의 키워드 50』은 이렇게 어디선가 들어봤거나 일상적으로 흔히 쓰이는 개념을 간결하고 정확하게 설명해줍니다. 그런데 왜 '경제' 키워드가 아니고 '자본주의'일까요? 이 책은 그저 단어의 개념을 설명하는 데 그치지 않고 역사와 정치, 사회 문화와 어떤 영향을 주고받았는지를 함께 알아보려 했습니다. 그러기 위해 우리가 살아가는 체제인 자본주의라는 큰 틀에서 들여다볼 필요가 있었습니다.

왜 주식시장이 형성되었고, 기업은 왜 존재하며, 사적 재산권이 중요한 사회에서 정부의 역할은 어디까지인지, 왜 열심히 일하는 노동자가 아닌 자본가만 막대한 이익을 얻는지 등 자본주의가 작동하는 원리를 하나하나 알아가다 보면 지금 당신이 살고 있는 세상이 얼마나 역동적으로 돌아가고 있는지, 그 흐름을 이해하게 될 것입니다.

적으로 노동자들에게 책임을 전가하는 기존 체제에 좀 더 근본적인 변화를 일으켜야 한다고 생각하는 사람들로 나뉘었다.

이런 갈등은 임금 인상과 근로조건 개선을 내세웠던 사람들에게 유리한 쪽으로 주로 해결되었다. 전후 유럽과 미국에서 노조는 (비록 순수 사회주의에 형식적 의무감은 계속 갖고 있었지만) 복합적이고 본질적으로 여전히 자본주의인 체제의 중요한 구성원이 되었다. 이들은 많은 나라의 경제적 지배 구조에서 공식적 혹은 비공식적으로 중요한 역할을 맡았다. 이를테면 프랑스에서는 의료보호 체계를 마련하는 작업에, 독일에서는 회사 경영에 참여했다. 유럽연합과 그 회원국 중 일부에서 노조는 사용자 단체와 함께 '사회적 동반자'로 공식 인정을 받았다. 또한 많은 나라에서 노조는 사회민주주의 정당들을 재정적·조직적으로 지원하면서 핵심 역할을 담당하고 있다.

쇠퇴와 타락

하지만 선진국들에서 노조의 정치적·경제적 힘은 1970년대에 정점에 이르렀다가 그 후부터는 급속히 쇠퇴하기 시작했다. 부분적으로는 정치적 과욕 때문이었다. 예를 들어 1978년과 1979년에 영국에서 발생해 대대적인 공공노조 파업으로 기록된 '불만의 겨울'

은 마거릿 대처Margaret Thatcher가 이끄는 보수당의 선거 승리로 이어졌다. 이후 노조의 힘을 약화하려 한 정부 정책은 1985년 광부들의 파업이 쓰라린 패배를 맞는 것으로 마무리되었다.

하지만 노조의 쇠퇴는 정부와의 충돌 외에 광범위한 경제 변화 때문이기도 했다. 경제가 산업 및 제조업 중심에서 소규모 작업장, 여성 노동자 수의 증대, 다양한 특징을 가진 일자리 등 서비스 중심으로 변화하자, 생산 설비에서 일하는 숙련된 남성 노동자라는 노조원의 낡은 이미지에 부합하는 노동자의 수가 점점 줄어들었다. 그리하여 노조는 주로 사양 산업이나 공공 부문에 종사하는, 수가 점점 줄어드는 노동자의 이익을 옹호하는 단체로 여겨지고 경제 발전의 장애물로 묘사되었다. 이후 대부분의 나라에서 노조 가입률이 대폭 감소했다. 현재 미국의 민간 부문 노조 가입률은 7퍼센트 미만이며, 노조의 정치적·경제적 영향력도 줄어들고 있다.

“—— 노동운동은 국가의 힘을 약화한 것이 아니라 오히려 강화했다. 노동자 수백만 명의 생활수준이 향상됨으로써 기적적으로 산업 시장이 형성되었고, 국가의 생산 수준을 꿈에도 생각해본 적이 없는 수준으로 끌어올렸다. 노동운동을 공격하는 사람들은 이 단순한 진리를 잊고 있지만, 역사는 기억한다.

_마틴 루서 킹Martin Luther King

오늘날의 과제

그렇다면 노조의 미래는 어떨까? 한 경제 연구는 지난 40여 년간 대부분의 선진국에서 노조 가입률이 급감하고 같은 기간 불평등이 심화된 것은 우연의 일치가 아니라고 말한다. 실제로 상당히 평등한 사회인 스칸디나비아 국가들에서는 노조 가입률이 높다. 그러므로 불평등이 정치 의제로 떠오르는 지금이 기회다. 세계화와 금융 부문의 지배, 비숙련 노동자에 대한 임금 압박 등으로 오늘날 극심한 고통을 겪고 있는 노동자들은 몇 십 년 전이었다면 노조가 자신들의 이익을 대변해주기를 기대했을 사람들이다.

하지만 과거에 노조가 불평등을 완화했다고 해서 앞으로도 그럴 수 있는 것은 아니다. 몇몇 나라에서 노조가 가입자 수를 늘리고 가입 대상을 전통적인 남성 노동자에서 여성이나 이민자, 서비스 분야의 저임금 노동자에까지 확대하려고 노력했지만 지금까지 별다른 성과를 거두지는 못했다. 그러는 동안 경제적·조직적으로 노조와 강한 연대를 유지하던 사회민주주의 정당들은 많은 나라에서 힘을 잃어가고 있다.

진짜 과제는 노조의 성격을 성장하는 분야에서 일하는 노동자들에게 의미 있고 유용하게 바꾸어 변화하는 노동 패턴에 적응하는 일 같다. 예를 들어 임시직과 0시간 계약(근무 시간이나 주간을 따로 정하지 않고, 일한 만큼 시급을 받는 노동 계약—옮긴이) 노동자, 자영업자

사회주의 국가의 노동조합 

아이러니하게도 노조가 지지하는 공산당이 정권을 잡은 나라에서 대체로 노조의 역할이 많이 줄어들었다. 국가 혹은 '국민'이 소유주인 나라에서 생산 수단을 소유한 자본가들의 착취를 줄이기 위해 노조는 어떤 역할을 했을까? 공산주의 국가에서 노조는 생산직 노동자들에게 당의 목표를 전달하는 중요한 역할을 했으므로, 일반적으로 집권당의 또 다른 군대로 여겨졌다. 노동자들이 자신들의 이익을 솔직하게 대변하는 단체를 원해서 (폴란드 그단스크 조선소에 세워진 자유 노조Solidarity 같은) 독립적인 노조를 결성하려고 했을 때, 그들은 곧 공산당과 정치적 갈등을 빚었다.

이런 갈등은 (부분적으로 자본주의 경제를 택하고 있지만 여전히 일당 독재 국가인) 중국에서 뚜렷이 나타난다. 공식적인 노조는 노동자들의 이익을 대변하는 역할과 정부 및 공산당과 밀접한 관계를 유지하는 모순된 역할을 하지만, 독립 노조는 잘해야 활동이 허용되는 정도이고 잘못되면 억압을 받는다. 그러나 이런 역학 관계가 무기한 이어질 것 같지는 않다.

그리고 임금이 더 싼 지역으로 쉽게 작업장을 옮길 수 있는 다국적 기업 노동자들에게 노조가 무엇을 제공할 수 있을까? 앞으로 노조는 임금 인상과 근로조건 개선을 위해 집단 협상과 행동을 재개해야 할까, 아니면 각양각색의 조합원에 맞게 다양한 서비스를 제공해야 할까? 애덤 스미스가 지적한 착취 문제는 사라졌지만, 지금까지 노조는 적어도 오늘날 드러난 문제들에 대해서는 답을 찾지 못한 것 같다.

(PART 3)

금융과 금융시장

자본주의 사회에서
돈은 어떻게 흘러가는가?

18

주식시장

"기업의 소유주는 주식시장을 통해 자금을 모을 수 있지만, 이는 회사에 대한 통제권을 포기한다는 의미이기도 하다."

근대 초기 유럽에 최초의 주식시장이 등장했다. 증권거래소는 본래 상품과 채무를 거래하는 장소였지만, 나중에는 공동 자본 회사의 지분(회사 창업주뿐 아니라 주주들이 가진 지분까지 포함해)을 사고파는 곳이 되었다. 최초의 주식 거래는 1602년 암스테르담 거래소에서 이루어진 네덜란드 동인도 회사의 지분 거래였다. 이후 200년간 공동 자본 회사 모델이 확산되면서 주식시장도 커졌다.

주식시장은 자본주의 경제에서 두 가지의 핵심 기능을 직접적으로 충족한다. 기업은 주식을 발행해 일반인에게 팔아 투자 자금을 마련하고, 사람들은 주식을 사거나 가지고 있던 주식을 되팔기도 한다. 즉 한 회사의 투자자들은 고정불변이 아니므로(덕분에 투자

거래의 양면

뒤셀도르프 부근에 사는 어느 독일인 치과의사가 중동에서 벌어진 사건이 유가에 영향을 미친다고 생각해 예금액 중 몇 천 유로를 떼어 헤이그에 본사를 둔 국제 석유회사에 투자하기로 한다. 의사가 자기 집 컴퓨터의 자판을 몇 개 누른다. 그와 동시에 인도에 서버를 둔 컴퓨터 프로그램이 가동되어 지난 1,000건의 거래에서 숫자 패턴을 식별한 후, (수천 개의 지시 사항과 함께) 뉴욕의 한 은행에 석유회사의 주식을 팔라는 전자 메시지를 보낸다. 몇 밀리초(1,000분의 1초—옮긴이) 뒤 석유회사의 지분 중 일부가 뉴욕의 은행에서 독일 치과의사에게로 이전된다.

자들 입장에서도 기꺼이 초기에 투자할 마음이 생긴다), 처음에 주식을 사지 못했어도 나중에 얼마든지 살 수 있다.

하지만 시간이 흐를수록 첫 번째 기능의 중요도가 감소했다. 오늘날 대부분의 회사는 주식을 발행하지 않고 대출과 민간 투자자(사모 펀드나 벤처 캐피털)를 통해 초기 투자 자금을 마련한다. '주식 공개'는 나중에 창업주와 초기 투자자들이 지분 일부를 팔아 현금을 마련하고 싶거나 다른 회사를 매입할 자금이 필요해질 때 한다.

오늘날 주식시장이 기업의 주된 자본 확충 수단이 아니라면, 주식시장의 경제적 기능은 무엇일까? 오늘날 그런 기능들은 훨씬 간접적이다. 주식시장은 소액주주들(과 연금공단처럼 이들을 대신해 투자해주는 기관)이 기업의 주식을 살 수 있게 해주지만, 그것은 기업에 새로운 자본금을 직접 댄다기보다는 주로 기존 투자자에게서 지분을 사들이는 것이다. 그리고 시장은 다수의 매도자와 매수자가 참여하는 공공장소이기 때문에, 투명한 수요공급의 원리가 암묵적으로 작동하고 항상 그에 따라 주식의 가격이 결정된다.

기업통제권 시장

이미 발행된 주식의 거래는 기업이 하는 일에 직접적으로 영향을 미치지는 않는다. 즉 해당 회사에 들어오는 돈이 신규 투자 자금은 아니라는 의미이다. 좋든 나쁘든, 실물경제에 잠재적으로 영향을 미치는 것은 이른바 '기업통제권 시장'이다. 성과가 좋은 회사는 주가가 올라가고, 그렇지 못한 회사는 주가가 내려간다. 주가 하락에는 회사와 경영진이 통제하지 못하는 사건들이 반영되지만, 무능한 경영이나 새로운 기회를 활용하지 못한 잘못도 포함될 것이다. 이런 경우 다른 회사나 투자자들에게 돈을 벌 기회가 생긴다. 즉 주가가 낮은 회사의 주식을 싼 가격에 충분히 사서 그 회사를 통제하고, 경영진을 교체하며, 더 많은 이윤을 내는 전략을 채택할 수 있다. 다시 말해 주식시장은 기업들이 서로 인수·합병하게 해주거나 행동주의 투자자들이 회사 경영진을 교체할 수 있게 해준다. 일반적으로 이런 방식은 투자자에게 추가 이익을 가져다주고 시장의 효율성을 높여준다.

“ 증권거래소는 날마다 수많은 투자 가치를 반복해서 평가하고, 그 평가 내용은 (전체가 아닌) 개인들에게 자신의 결정을 수정할 기회를 제공한다. 이는 마치 농부가 … 오전 10시에서 11시 사이에 영농사업에 들어 있는 자기 자본을 회수하기로 했다가 그 주 주말이 가까워졌을 때 그 결정을 번복할지 말지 재고하는 것과 같다.

_존 메이너드 케인스

하지만 주식시장이 완벽하게 효율적인 것은 아니며(21장 〈효율적인 시장〉 참조), 기업통제권 시장도 마찬가지이다. 주가가 한 기업의 장기 전망을 언제나 완벽하게 반영하는 것은 아니며, 어떤 인수 행위는 회사의 성과를 개선하는 것이 아니라 회사 자산을 수탈하는 결과를 낳기도 한다. 주식시장에서 단기 이익만 좇는 태도를 공격하는 견해에는 일반적으로 시장에서 수요공급의 원리에 따라 결정된 가격이 회사의 단기적 성과만 반영한다는 생각이 담겨 있다. 인수 위협은 회사 경영진에게 이익을 극대화하라는 과도한 압박이 될 수 있으며, 이것은 회사와 경제 전반에 최상의 결과를 가져올지 모르는 장기 투자를 희생시킬 수 있다는 이야기이다.

이런 비판은 어느 정도 일리가 있다(기업 인수가 회사와 직원, 고객에게 나쁜 결과를 가져오는 예도 분명히 있다). 하지만 무언가에 많은 돈을 지급할 의사가 있는 사람이 그것으로 최대 이익을 내거나 적어도 그것을 가장 효율적으로 사용할 거라는 생각이 자본주의의 근본 논리임은 거의 틀림이 없다.

광속으로 이루어지는 도박

지난 10년간 주식시장에서 전산 거래가 급증했다. 주요 증권거래소들의 거래 중 대다수가 전산으로 이루어진다. 그런데 그 거래의 상당수는 미세한 주가 변동을 이용해 이익을 얻으려고 할 뿐 명확한 경제적 목적이 있는 것이 아니다. 이는 확실히 앞에서 설명한 '거래의 양면'과 주식시장의 기본 기능과는 직접적 관련이 없다. '극초단타 매매'와 이를 가능하게 해주는 컴퓨터 알고리즘을 옹호하는 사람들은 이 방식을 통해 이루어진 추가 거래량이 유동성을 높여(저렴한 비용으로 쉽게 거래할 수 있으므로) 개인이나 연기금 같은 실제 투자자들에게 혜택을 주고, 궁극적으로 기업들이 더 쉽게 자본금을 모으게 해준다고 주장한다.

아무리 좋게 말해도 이들의 주장에 대한 증거는 엇갈린다. 하지만 지난 몇 년 동안 극초단타 매매가 급증하면서 주식시장에 불안정성이 커진 것은 분명하다. 2010년 미국 주식시장에서 (고의적이었는지는 모르지만, 일부 알고리즘에 문제가 생기는 바람에 발생한) '플래시 크래시('갑작스러운 붕괴'라는 뜻으로, 2010년 5월 6일 다우지수가 거래 종료 시각을 앞두고 순간적으로 폭락한 사건—옮긴이)'로 주가가 10퍼센트나 폭락했다. 이후에도 규모는 작지만 비슷한 사건들이 몇 차례 더 발생했다. 지금까지 거래 시스템에 해를 끼치는 영구적 손상은 발생하지 않았지만, 일부 주식시장에서 거래의 반 이상이 알고리즘으로 이루어지는 현재의 방식이 무기한 지속될 것 같지는 않다.

> “ 나는 주식시장이 어디로 가고 있는지 알지 못하지만, 이렇게 말할 수는 있다. 만약 주가가 계속 올라가면, 그것이 오늘날 우리가 이야기하는 모든 것 또는 다른 사람들이 이야기하는 모든 것보다 경제를 더 많이 자극할 것이다.
>
> _앨런 그린스펀

그렇다면 주식시장의 미래는 어떨까? 컴퓨터가 시장을 완전히 장악할까, 아니면 기업의 투자 자금 모집이라는 주식시장의 기본 기능을 회복할까? 현재 주식시장은 실물경제로부터 끊임없이 멀어지고 있으므로, 자본주의에 유익할 리 없다.

19

금융 시스템

"금융 시스템은 저축된 돈이 생산적인 투자로 이어지도록
대출이나 주식 등의 형태로 자본이 이동하는 통로 역할을 한다."

이것은 금융 시스템의 기능을 단순하게 설명한 것일 뿐, 오늘날 금융 시스템은 은행과 주식시장보다 훨씬 복잡하다. 여기에는 보험회사, 연기금, 주택담보대출 시장과 엄밀히 말해 은행은 아니지만 금융기관처럼 돈을 빌려주는 사람과 빌리는 사람을 연결해주는 '유사은행업'(14장 〈은행〉 참조)이 모두 포함된다.

거래 규모가 엄청나다

이런 다양한 시장들은 이들이 자금을 대주는 기본적인 경제활동보다 규모가 훨씬 크다. 예를 들어 외환시장의 본래 목적은 국제

무역에 자금을 대는 것이지만, 오늘날 외환시장에서 날마다 거래되는 외환의 규모는 5조 달러가 넘고 이것은 상품과 서비스의 거래량보다 100배나 많은 액수다. (기준을 달리하면) 이보다 규모가 훨씬 큰 시장도 있다. 예를 들어 파생상품은 다른 기초 자산의 가치에 따라 가격이 결정되는 금융상품이다. 여기에는 석유처럼 가격이 변동하는 것에 투자하는 선물과 옵션이 포함된다. 한편, 신용부도 스와프란 회사나 정부가 채무를 갚지 못할 경우를 대비한 보험이다. 그리고 금리 스와프는 은행이나 회사들이 미래 금리 변동의 위험을 관리하게 해준다(또는 금리를 예측해 이런저런 방식으로 투자한다).

파생상품은 새로운 상품을 거의 무제한으로 만들어낼 수 있으므로, 파생상품의 가치가 기초 자산보다 훨씬 클 수 있다. 2015년에 미지불 파생상품의 계약금액이 명목 가치로 500조 달러가 넘었는데, 이는 전 세계 연간 총생산GDP의 몇 배에 해당하는 규모이다. 그리고 주식 및 외환 시장에서 이런 거래의 상당수는 사람이 아닌 컴퓨터 알고리즘으로 이루어진 것이다.

“ —— 한 국가의 자본 발전이 카지노 활동의 부산물이 되면 잘못될 가능성이 크다.

_존 메이너드 케인스

금융 시스템의 규모와 범위가 이렇게 놀랄 정도로 증가한 것을 어떻게 설명해야 할까? 이는 자본주의의 자연스러운 발전 모습으로, 자금이 생산적인 투자로 이동하는 현상의 중요성을 반영하는 것일까, 아니면 실물경제에 해를 끼치는 위험한 자금 유용일까? 이 질문에 대해서는 두 가지 견해가 있다.

또 하나의 시장일 뿐

첫 번째 견해는 새로운 금융시장의 창조와 확대는 모든 (합법적) 시장과 마찬가지로 수요에 대한 정상적 반응이라는 것이다. 보험시장은 위험에 대비하게 해주고, 연기금은 은퇴에 대비해 돈을 모으게 해준다. 그리고 파생상품은 일종의 보험이다. 예를 들어 항공사는 유가가 갑자기 상승할 때를 대비해 석유 선물을 사고, 은행은 미래 금리 변동의 위험을 분산하기 위해 금리 스와프를 이용하며, 덕분에 나중에 주택 소유주에게 고정금리로 주택담보대출을 제공할 수 있다. 이 모든 상품들은 수익이 가장 높은 투자처로 돈이 흘러가게 하고(이는 예금자와 기업 모두에 이익이 된다), 금융 시스템 안에서 위험을 잘 견딜 수 있는 곳으로 위험을 분산시킨다. 그리고 일부 시장에서 거래량이 엄청난 것은 사실이지만(그리고 그 거래 중 상당수가 단기적이고 알고리즘을 이용한 것이지만), 여기에는 한 가지 목적이

금융위기가 최악이었을 때, 영국 정부는 대형 은행들의 상태를 신속히 점검해야 했다. 대형 은행들은 소매금융(일반적인 당좌예금과 저축예금을 관리하고, 주택 소유주와 기업에 대출을 해주는 활동)과 기업금융을 취급하고, 투자상품을 거래했으며, 일부는 종합자산관리도 하고 있었다. 순진하게도 나는 그들의 기업구조가 주요 사업별로 자회사를 거느린 지주회사라고 생각했다. 하지만 실제로 은행 하나가 케이맨 제도나 저지 같은 역외 금융 지역에 주로 설립된 수천 개의 다른 회사들로 구성되어 있다는 사실을 알게 되었다. 일부는 개별 회사였지만, 일부는 자회사의 자회사였다. 당연히 그것은 (주로 세금과 관련해) 거의 불법이었다. 하지만 나를 충격에 빠뜨린 것은 그들이 은행의 '위험성'을 평가하는 규제기관이나 경영진 등의 업무를 불가능하게 만든 방식이었다. 10년 가까운 세월이 흐른 지금은 무엇이 변했을까? 다행스럽게도 이번에는 상당히 많은 것이 변했다. 실제로 은행들의 지배 구조가 크게 변했다. 하지만 모든 사람들(경영진, 규제기관, 정책 입안자)이 정말로 은행에서 벌어지는 일을 제대로 이해하고 있을까? 글쎄, 잘 모르겠다.

있다. 유동성(시장에는 늘 매도자와 매수자가 있다는 의미)을 공급함으로써 모두의 비용을 절약해주어 궁극적으로 소비자에게 이득이 된다. 이런 관점에서 보면, 금융에는 '정확한' 규모라는 것이 존재하지 않는다. 수요공급의 원리에 따라 결정될 뿐이다.

아니면 실물경제에 기생하는 시장일까?

또 다른 견해는 실물경제를 뒷받침해야 하는 금융이 오히려 주인이 되었다는 것이다. 바꿔 말하면, 금융이 그 자체로 목적이 되어 시장에 참여하는 개인과 기관들이 생산적인 활동에 투자하기보다는 거래를 통해 돈을 벌고, 그래서 실물경제가 어려움에 부딪쳤다는 것이다. 외환시장의 거래량이 늘어나면 기업들이 국제 거래를 더 쉽게 할 수 있다고 믿을 만한 근거는 전혀 없지만, 환율이 갑자기 출렁이면 기업들에 심각한 해를 끼칠 수 있다. 한편 주식시장에서 알고리즘 거래가 유동성을 다소 늘리고 거래비용을 줄여줄지 모르지만, 장기 투자는 거의 활성화하지 못한다. 반면 금융업 종사자들의 보수는 이들이 창출한 경제가치가 실물경제에서 차지하는 비율에 비해 지난 20여 년간 폭발적으로 증가했다.

" —— 오늘날처럼 은행에 위험이 덜 집중된 금융 시스템에서는 전통적인 은행 중심의 시스템보다 구조적 금융위기가 발생할 가능성이 낮을 것이다.

_티머시 가이트너Timothy Geithner(2006년 5월의 연설 내용 중)

이 관점을 지지하는 사람들은 2008년과 2009년의 금융위기가 하나의 증거라고 생각한다. 주택담보대출을 받은 미국인 중 일부가 대출금을 상환하지 못하자 (여러 대출채권을 한데 묶어 '부채담보부증권'이 발행되었으므로) 연쇄적으로 지불정지가 일어났고, 이는 금융 시스템의 신뢰를 떨어뜨렸다. 나중에 보니 시스템 안에서 위험이 공유되지 못했고, 위험을 잘 관리할 수 있는 쪽으로 분산하지도 않았다. 오히려 자신이 무엇을 구매했는지 모를 정도로 무지하거나 어리석은 사람들에게 위험이 전가되었다. 결과적으로 시스템이 불안해졌고, 비교적 작은 문제들도 급속히 퍼져나갔다.

이런 부정적인 견해를 전적으로 지지하지는 않더라도, 금융위기는 현재 금융 시스템에 개혁이 필요하다는 사실을 보여주었다. 은행들이 금융상품을 제대로 이해하지 못하는 사람들에게 어려운 파생상품을 팔지 못하게 함으로써 또는 "대형 금융회사들이 영원히 망하지 않게 해주는" 암묵적 보조금 지급을 금지함으로써, 예측하지 못한 손실에 대비해 더 많은 자금을 보유하도록 규제를 강화해야 한다. 하지만 최근 10여 년 동안 가장 눈에 띄는 점은 금융 시스템에 거의 변화가 없다는 것이다. 규제는 훨씬 많아졌지만(그리고 그 결과 금융 분야와 규제기관에 일자리가 많아졌지만), 그 외에는 확실하게 바뀐 것이 없다. 거래량이 금융위기 이전 수준으로 회복되었고, 은행가들이 받는 보수도 상승했다. 은행은 이전보다 더 많은 자본을 보유하고 있지만, 유사은행업의 규모도 그에 못지않게 커졌다. 정치적 이유에서든 경제적 이유에서든, 현재로서 근본적인 개혁은 요원해 보인다. 바꿔 말해, 또 다른 위기가 오지 않을 거라고 확신할 수 없다.

(20)

유한 책임

"유한 책임 회사에서는 소유와 경영을 분리할 수 있으며,
파산하더라도 소유주는 투자한 만큼만 책임을 진다."

대부분의 대기업은 '유한 책임' 회사이다. 즉 회사가 대출금을 상환하지 못하더라도 소유주와 관리자가 그 상황에 대해 개인적으로 책임을 지지 않아도 된다. 이런 기업 구조는 단점도 있지만, 지금까지 자본주의 경제가 제대로 기능하는 데 중요한 역할을 해왔다.

자신이 가진 모든 부와 명예를 기꺼이 바치는 영웅적 기업가의 이미지는 자본주의 개념의 핵심을 이룬다. 개인이나 가족, 소수의 파트너가 소유하고 통제하는 회사도 많지만, 대다수의 대기업이 주식회사라는 사실을 우리 모두 잘 알고 있다.

회사가 개인의 위험을 제한한다

주식회사가 많은 데는 타당한 이유가 있다. 자본주의에서 위험을 감수하는 것은 대단히 중요하지만, 역설적이게도 현대 자본주의의 핵심 발명품 중 하나가 바로 위험을 '제한'하는 방식이다. 과거에는 사업을 하고 싶으면 자기 재산을 전적으로 걸고 회사를 세워야 했다. 회사에 부채가 많아 상황이 나빠지면 개인이 모든 책임을 져야 했고, 빚을 갚지 못하면 파산했다. 그러니 위험한 벤처 사업을 시작할 때 사람들이 주의를 기울이고, 은행이 그들에게 사업자금을 대출해줄 때 신중을 기했던 것이 놀랄 일도 아니었다.

또 다른 단점도 있었다. 어떤 사람이 회사에 제공하거나 빌려줄 수 있는 금액보다 더 많은 자본이 필요할 경우, 동업자들로 구성된 합명회사를 만들어야 한다. 하지만 동업자들도 기업이 지는 채무에 개인적으로 책임을 져야 했으므로, 서로 신뢰하지 못하면 회사가 제대로 운영되기 어려웠다. 그러다 보니 사업 확장 속도가 더뎌지고 성장에도 제한을 받았다.

> " 기업이 비즈니스에서 별로 중요하지 않은 시절이 있었지만, 이제 그들의 역할은 중요해졌으며 대부분의 사람들이 기업에서 일한다.
>
> _우드로 윌슨Woodrow Wilson

유한 책임

유한 책임 혹은 '공동 자본 회사'가 탄생하면서 이런 문제들이 해결되었다. 핵심 돌파구가 되어준 것은 회사가 소유주나 주주와는 별개로 '법인격'을 가질 수 있다는 생각이었다. 그러면 회사의 소유권(주식)을 사고팔 수 있고 회사의 소유와 경영을 분리할 수 있어서 자본금을 더 쉽게 늘릴 수 있다. 또한 회사에 대한 책임을 유한으로 부담할 수 있게 된다. 즉 회사의 소유주들이 투자한 금액만큼만 회사의 채무에 책임을 지게 되어 회사가 소유주의 의사와 상관없이 파산할 수도 있다.

경제적으로 중요했던 초기의 공동 자본 회사들은 식민지 시대 초기에 국제 거래 자금을 마련하기 위해 설립되었다. 그 회사들은 상당히 많은 설립 자본금이 필요했고 위험도 매우 컸다. 그중 가장

셰익스피어의 교훈

베니스가 국제 무역의 중심지로 전성기를 구가하던 시절이 배경인 셰익스피어의 『베니스의 상인Merchant of Venice』은 당시 무역에 내재되어 있던 위험과 무한 책임의 불리한 면을 잘 보여준다. 주인공 안토니오는 사업 자금을 마련하기 위해 샤일록에게 돈을 빌려야 했다. (이자가 없었으므로) 대출 조건은 관대했지만, 안토니오의 신체 일부가 '담보'로 잡혔다. 만약 그가 민간 투자자에게 지분을 팔아 '베니스 수출입 유한회사'를 설립했다면, 뒤에 이어진 불쾌한 사건들을 피할 수 있었을 것이다.

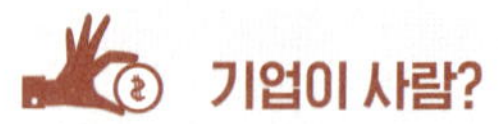

기업이 사람?

과거 미국 공화당 대통령 후보였던 미트 롬니Mitt Romney는 "기업은 사람이자 내 친구다"라는 유명한 말을 했다. 그리고 미국 연방대법원은 헌법에 보장된 언론의 자유를 기업에도 인정한다고 판결했다. 롬니가 말하고자 한 것(기업에는 주주가 있으므로, '기업'에 부과되는 세금은 궁극적으로 개인들이 내는 것이다)은 경제학자들이 자주 하는 주장이다. 하지만 부와 권력이 집중됨으로써 대기업들이 경제를 왜곡하고 정치 발전을 저해한다는 주장이 널리 퍼져 있다. 회사들은 법률에 따라 법인이라는 인격을 부여받고, 실제로 그들은 자체의 문화와 이익, 목표를 가진다. 그런데 이것이 반드시 좋은 것만은 아니다.

유명한 회사는 동인도 회사로, 1600년 영국의 엘리자베스 1세 여왕으로부터 설립 허가(와 무역 독점권)를 받았다. 사실 이 회사는 민간이 소유하고 운영하지만 정부의 지원을 받는, 식민지 벤처 회사와 주식회사의 중간 형태였다. 그러나 곧이어 설립된 네덜란드 동인도 회사는 거래 가능한 지분과 유한 책임을 인정하는 현대의 주식회사에 훨씬 더 가까운 형태였다.

하지만 이 회사들은 여전히 일회성 기업이었다. 법에 근거를 둔 핵심 기업 유형으로서 공동 자본 회사가 설립된 것은 산업혁명과 공장 투자 자금을 안전하게 모집하려는 필요성 때문이었다. 영국은 1844년과 1856년에 제·개정한 '공동자본회사법'에 따라 공동 자본 회사의 설립을 허용했고, 유한 책임도 인정했다. 그 후로 지금까지 대부분의 나라들이 유사 법규를 마련해왔다.

오늘날에는 대다수의 민간 기업이 유한 책임 회사인데, 이들이 모두 공개적으로 주식을 거래하는 것은 아니다. 물론 많은 사람들이 단순 자영업자지만, 유한 책임의 장점은 사업이 번창하기 시작하면 곧바로 주식회사로 전환할 수 있다는 점이다. 많은 직원을 두고 있는 회사들 중 무한 책임 회사는 거의 없다.

단점과 대안

하지만 주식회사라는 기업 형태와 유한 책임에는 단점도 있다. 특히 눈에 보이는 자산이 별로 없는 회사의 주식을 소유하는 것은 대단히 위험하다. 법률과 회계 서비스를 제공하는 회사의 주된 자산은 그 회사에서 일하는 직원들의 지식과 경험 및 고객이다. 따라서 그런 회사의 주식은 직원들이 그만두지 않아야만 가치가 유지된다. 하지만 그들을 한 회사에만 묶어두기란 대단히 어렵다. 이런 이유로, 그런 성격의 회사들은 대부분 주식회사보다는 합명회사의 형태로 운영되며, 핵심 구성원들이 회사에 자기 자본을 투자하고 있으므로 회사가 쉽게 매각되지 못한다. (기계와 다른 고정 자산 등) 물적 자본이 덜 중요해지고 일하는 사람들의 기술과 지식이 더 중요해지면, 합명회사가 다시 일반적인 기업 형태가 될 거라고 보는 시각들도 있다.

또 다른 문제는 유한 책임의 목적이 위험을 감수하도록 장려하는 것인데, (특히 금융 분야에서는) 좋은 것도 지나치면 해로울 수 있다. 2008년과 2009년의 금융위기 때 일부 은행들이 대단히 큰 도박을 했는데, 정상적인 경제 상황에서 실제로 주주들(과 보수를 많이 받는 은행 직원들)은 상당한 이익을 거두었다. 경제가 끔찍하게 나빠졌을 때도, 손실 규모가 막대했음에도 유한 책임 회사의 주주들은 오직 자신이 투자한 만큼만 손해를 보았다. 그 대신 파산한 은행에 돈을 투자한 일반인들(상당히 많은 경우 정부와 납세자들까지 포함해서)이 대가를 치렀다. 그래서 일부에서는 앞으로 금융회사들(특히 각종 위험한 거래에 참여하는 회사들)은 주식회사보다 높은 임금을 받는 핵심 직원들이 회사의 지분을 소유하고 위험도 감수하며 문제가 생겼을 때 책임도 지는 합명회사에 가까운 형태를 취해야 한다고 주장한다.

(21)

효율적인 시장

"시장 변동에서 체계적인 패턴을 찾기란 불가능하다.
그러니 그 누구도 시장을 이길 수 없다."

효율적 시장 가설은 시장의 기능 중 하나가 흩어진 정보들을 모으는 것이라는 오스트리아 경제학자 프리드리히 하이에크Friedrich Hayek의 견해에 기초한다. 특히 하이에크는 금융시장의 참여자들이 각자 가진 정보와 신념에 기초해 서로 거래한다고 주장했다. 결과적으로 여기서 결정되는 시장 가격에는 시장 참여자들이 이용할 수 있는 모든 정보가 반영된다.

누구도 시장을 이길 수 없다

효율적 시장 가설에서 논리적으로 도출할 수 있는 결론은 주가의 움직임이 통계학자들이 '랜덤 워크random walk'라고 부르는 방식을 따른다는 것이다. 따라서 투자자가 시장을 이길 방법이 전혀 없으므로, 주식시장에 거품 현상 같은 것이 일어날 수 없다. 또한 어디에 투자해야 최대 수익이 발생하는지 파악하려고 노력해봤자 소용이 없고, 자신의 투자 자금을 관리해줄 누군가에게 비용을 지급할 필요도 없다. 즉 완전히 되는대로 접근해도 결과는 같다. 어떤 사람들은 금융위기의 원인으로 효율적 시장 가설을 지적하기도 한다. 폴 볼커 전 미국 연방준비제도이사회 의장은 "최근에 발생한 금융위기의 원인 중에는 합리적 가설(과 효율적 시장)에 대한 근거 없는 믿음도 분명히 있다"고 말했다.

하지만 효율적 시장 가설이 말하지 '않은' 것을 명확히 밝히는 일 역시 중요하다. 이 가설은 금융시장이 항상 '옳다'고, 금융시장이 앞으로 어떻게 될지 체계적으로 혹은 일관되게 예측할 수 없다고 말하지 않는다. 또한 일부 투자 전략이 다른 전략보다 더 큰 이익을 거두지 못하며, 고수익에는 고위험만 따를 뿐이라고 말하지도 않는다. 또 (효율적 시장 가설의 열렬한 지지자들조차 동의하지 않을 정도로 '지나친' 내용을 제외하고) 당신이 아무도 알지 못하는 정보(법과 관련된 것이든 아니든)에 접근하더라도 돈을 벌 수 없다고 말하지 않는다. 효율적 시장 가설은 일단 당신이 거래에 필요한 정보를 이용하기 시작하면 순식간에 저절로 그 가격이 조정될 거라고만 주장한다.

정확히 상반된 주장을 한 두 사람에게 노벨상이 수여되는 분야는 경제학뿐이다. 이 농담은 로버트 실러Rovert Shiller와 유진 파마가 2013년에 공동으로 노벨상을 받기 전부터 있었지만, 이 사례만큼 적절한 경우는 없었다. 파마는 효율적 시장 가설을 정립해서 유명해졌다. 반면 실러는 시장이 종종 비이성적이 된다는 점을 증명해서 유명해졌고, 효율적 시장 가설이 "경제이론의 역사에서 가장 주목할 만한 오류 중 하나"라고 설명했다.

“ 나는 시장이 몹시 비효율적이라고 확신한다. 주가가 월스트리트 '사람들'에게서 영향을 받을 때 … 시장이 항상 합리적으로 가격을 결정한다고 주장하기는 어렵다.

_워런 버핏Warren Buffett

오늘날 현명한 투자자가 되려면 효율적 시장 가설에 수복해야 한다는 점을 보여주는 실질적 증거가 있다. 기술 분석(과거의 패턴과 가격 동향을 살펴서 미래의 움직임을 예측하는 방법)은 거의 쓸모가 없어 보인다. 그리고 일관되게 시장보다 앞서 나가려는 공격적인 투자자들도 거의 사라져가는 것 같다. 경제학자 버튼 말킬Burton Malkiel이 정리한, "눈을 가린 원숭이가 신문 경제면에 다트를 던지든 전문가가 신중하게 고르든, 선택되는 포트폴리오는 같다"는 이론은 대체로 정확해 보인다. 이런 점에서 효율적 시장 가설은 영향력이 대단히 크다. 이 가설은 시장을 이기려고 하기보다는 시장의 흐름을 좇는 저비용 인덱스펀드의 인기가 날로 높아지는 현상의 확실한 이유가 된다.

> **“ 그 가설은 시장 가격이 항상 옳다고 주장하지 않는다. 반대로 시장 가격은 주로 틀리지만 어느 시점에 그것이 너무 높은지 혹은 너무 낮은지 알기가 무척 어렵다는 점을 넌지시 알려준다. 월스트리트에서 가장 유능하고 영리한 사람들이 그토록 많은 실수를 저질렀다는 사실은 시장을 이기기가 얼마나 어려운지를 잘 보여준다.**
>
> _제러미 시걸Jeremy Siegel, 《월스트리트 저널》에서

효율적 시장의 역설

하지만 그와 반대로 인덱스펀드의 확산은 효율적 시장 가설에 내재하는 역설을 보여준다. 만약 모든 투자자들이 이 가설을 믿는다면 시장은 효율적으로 움직이지 '않을' 텐데, 그 이유는 아무도 새로운 정보를 찾으려고 애쓰거나 그 정보에 기초해 거래하지 않을 것이기 때문이다. 만약 우리가 모두 인덱스펀드에만 투자한다

면, 인덱스라는 것은 아무 의미도 없게 된다. 그러므로 효율적 시장 가설은 모순되지만 시장보다 앞서가려는 투자자가 적어도 몇 사람은 있어야 존재할 수 있다.

주식시장에 나타나는 수많은 '이례적 현상'으로 이것을 설명할 수 있다. 예를 들어 특정 요일이나 월과 관련된 캘린더 효과에는 "5월에 팔고 떠나라"는 오랜 격언과 1월 효과(일반적으로 한 해가 시작될 때 주가가 많이 오른다는)가 있다. 그런가 하면, 소위 작은 회사 효과는 회사 규모가 작을수록 시장보다 더 나은 결과를 내는 것처럼 보인다는 것인데, 그래서 오히려 위험을 초래한다. 이런 현상들이 정말 사실인지 모르지만, 보통은 이런 효과가 확인되면 일부 투자자들이 이용하려고 하므로, 그 효과가 거의 사라져버린다. 그러므로 실질적으로 이것은 효율적 시장 가설에 모순된다기보다 오히려 그것을 입증하는 증거가 된다.

효율적 시장 가설에 대한 훨씬 큰 도전은 로버트 실러의 주장으로, 그는 인간의 심리를 고려할 때 시장은 틀릴 수 있을 뿐 아니라 일관되고 예측 가능하게 틀린다고 보았다. 그는 이것이 '거품'의 원인이 된다고 주장했다. 즉 효율적 시장 가설과 반대로, 시장 가격은 대중이 이용할 수 있는 정보가 모두 반영된 가격에서 체계적으로 벗어난다는 것이다. 실러는 2005년 미국 주택시장에 거품이 끼어 있어서 앞으로 붕괴 가능성이 있다고 예측해서 유명해졌다. 또

행운의 발견?

효율적 시장 가설은 경제학자들의 오래된 농담으로 잘 요약된다. 어느 젊은 경제학자가 땅을 내려다보다 길에 떨어진 20달러 지폐를 발견하고, "저기 20달러짜리 지폐가 있네요"라고 말한다. 그러자 그 학자보다 나이도 많고 현명한 동료 하나가 보지도 않고 이렇게 대꾸한다. "그럴 리가. 20달러짜리 지폐가 길에 있었다면 벌써 누군가 집어갔을 거야."

한 그는 주가수익률은 장기적으로 평균에 수렴한다고 주장했다. 바꿔 말하면, 투자자는 주가가 (수익 대비) '낮을' 때 주식을 사서 높은 가격에 팔아 돈을 벌 수 있다는 이야기이다.

노벨상 수상자(앞의 상자글 참조)의 사례에서 분명히 밝혀졌듯이, 이런 상반된 견해를 어떻게 조화시킬 수 있을까? 대부분의 경제학자들은 이 문제를 매우 묘한 방식으로 처리한다. 즉 대부분의 사람들이 개인적 수준에서 시장을 이기려고 노력하지 않는 것이 현명하다고 주장하면서, 그와 동시에 시장은 비합리적이므로 거품이 생겼다 꺼질 때 경제가 막대한 손실을 본다고 생각한다.

효율적 시장 가설과 위기

효율적 시장 가설은 정말로 2008년과 2009년에 발생한 금융위기의 원인이었을까? 어떤 면에서 보면 당연히 그렇지 않다. 당시 금융위기는 개인과 기업이 과도한 위험을 무릅쓰고 다른 사람의 돈으로 도박을 하고, 정부가 금융시장을 제대로 통제하지 못했기 때문에 일어났다. 탐욕과 어리석음 때문에 그런 행동이 일어났지만, 둘 중 어느 것도 개인이나 시장이 특별히 비이성적으로 행동했음을 보여주거나 그런 행동을 하게 한 것이 효율적 시장 가설에 대한 믿음 때문이었음을 증명하지는 않는다. 하지만 시장에 자기 수정 기능이 있다는 비현실적이고 순진한 생각과 여러 사람이 참여하는 시장은 '틀릴' 수 없다는 믿음이 시장 참여자들과 정부가 범한 오류의 원인이었음은 의심할 여지가 없다.

(22)

금융위기

"더 많이 더 오래 안정된 경제일수록
위기가 닥쳤을 때 더욱 심하게 불안정해진다."

1997년 영국 재무장관 고든 브라운Gordon Brown은 "더 이상 호황도 없고 불황도 없다"라고 공언했다. 그리고 실제로 2007년까지 약 15년간 영국은 다른 나라들처럼 완만한 경제 성장을 이루었다. 하지만 2008년 말, 세계는 대공황 이후 최악의 경제위기와 금융위기에 빠졌다.

당시 영국은 불과 석 달 만에 경제성장률이 4퍼센트 넘게 하락했고, 은행 시스템의 상당 부분을 사실상 국유화해야만 심각한 경제 붕괴를 피할 수 있는 상황에 처해 있었다. 하지만 당시 영국 총리였던 브라운은 경제학자들이 '대안정기(1980년대 중반부터 시장 변동성이 완화되어 경제가 안정된 상황—옮긴이)'라고 불렀던 상황과 다른 선전 구호를 만들고 있었다고 보는 편이 타당하다. 모든 사람들이 대공황이라는 실수에서 교훈을 얻었다고 생각했다. 금융 시스템을 합리적으로 규제하면서 거시경제적 관점에서 적극적으로 정책을 집행하면 금융위기가 광범위한 경기침체로 전환되는 것을 막을 수 있다고 다들 생각했다. 또한 고정환율제를 채택한 브레턴우즈 체제의 붕괴(16장 〈중앙은행〉 참조)와 재정 정책으로 (세율과 공공지출을 조정해서) 경제를 관리하려 했던 지나치게 단순한 케인스 방식의 실패에서 교훈을 얻기도 했다. 그와 달리, 독립적인 중앙은행이 지휘하는 통화 정책은 경기순환을 완만하게 조정하고 실업이나 인플레이션이 계속 증가하는 것을 막을 수 있었다.

안정이 불안정으로 이어진다

금융 시스템은 어땠을까? 이 시스템은 스스로를 관리할 수 있었다. 어느 정도 규제는 필요하지만, 신용부도 스와프에서 주택저당증권까지 혁신적인 금융상품만으로 시스템은 더욱 안전해졌다. 위험을 겹겹이 포장해 상품을 판매함으로써 개인에게 위험이 덜 집중되었고, 위험을 잘 관리할 수 있는 사람들은 손실 부담을 감내할 수 있었다. 개별 금융기관의 문제도 쉽게 억제될 수 있었다.

아니, 모두들 그렇게 생각하고 있었다. 2008년과 2009년의 금융위기와 그 뒤에 이어진 '대침체기'는 금융 시스템 전체의 구조적 불안정성에 대해 광범위하게 재고하는 계기가 되었다. 미국 경제학자 하이만 민스키Hyman Minsky가 1992년에 주장한 '금융 불안정성 가설'은 대안정기를 설명하려고 만들어졌을 수도 있다.

> "안정이 불안정으로 이어진다. 더 많이 더 오래 안정된 경제일수록, 위기가 닥쳤을 때 더욱 심하게 불안정해진다."

민스키의 주장은 단순하다. 경제가 안정되고 성장할 때는 부채를 상환하는 데 어려움이 없기 때문에 부채를 장려한다. 그리고 '차입 자본' 비율이 높은 투자자(자기자본보다 부채로 투자하는 비율이 더 큰 사람들)는 더 높은 수익을 기대하는데, 그 이유는 주주는 발생하는 이익을 모두 가져가지만, 채권자는 정해진 수익만 가져가기 때문이다. 그러므로 경제가 안정될수록 자기자본보다 부채가 점점 늘어난다. 혁신적인 금융상품들이 이런 현상을 더욱 심화시켜 중앙은행은 이들을 따라잡을 수 없게 된다. 결과적으로 경제는 성장하겠지만, 부채와 자산(주식, 주택, 예술품, 포도주 등 부자들이 '투자'할 가능성이 있는 모든 것)의 가치는 점점 더 빠르게 증가할 것이다.

하지만 결국 상황이 종료되어, 일부 투자 사업이나 일련의 투자들이 잘못될 수 있다. 사업 자금이 주로 자기자본으로 마련된 경우,

(2000년대 초반 처음으로 테크 버블이 터졌을 때 성장이나 고용에 별 영향을 미치지 않았던 것처럼) 경제 전반에 거의 손해를 끼치지 않는다. 하지만 사업 자금이 차입을 통해 마련된 경우, (미국에서 발생한 비우량주택담보대출 사태처럼) 그 파급효과는 금융 시스템 전체에 미칠 것이다. 다른 채권자들이 위험을 줄이고 싶어 하고, 자산 가치가 하락해 일부 시장이 완전히 붕괴할 것이다. 심지어 건전한 투자와 건강한 기업들조차 결국은 영향을 받게 될 것이다.

> **“ 투기자는 기업이라는 수증기에 맺힌 물방울처럼 전혀 해롭지 않을지도 모른다. 하지만 기업이 투기라는 소용돌이 속 물방울이 되면 상황은 심각해진다. 한 국가의 자본 발전이 카지노 활동의 부산물이 되면 잘못될 가능성이 크다.**
>
> _존 메이너드 케인스

바로 이런 일들이 2008년과 2009년에 일어났다. 상환되지 못했거나 상환되지 못하리라 예상되는 채권의 수가 적었는데도, 그것을 취급한 금융기관과 전반적인 금융 시스템에 대한 신뢰가 차례로 추락했다. 그리고 결국 금융시장 전체의 마비, 은행 도산, 세계무역 붕괴로 이어졌다. 대공황을 통해 이미 교훈을 얻은 각국 정부는 신속하게 조치(은행 구제금융, 금리 인하, 재정지출 확대 그리고 마지막으로 중앙은행이 시중에 직접 통화를 공급하는 '양적 완화')를 취해 대공황 때처럼 상황이 나빠지지 않도록 막았다. 하지만 뒤이어 찾아온 극심한 경기후퇴와 더딘 경기회복은 막을 수 없었다(남유럽 국가들은 대부분 전혀 회복하지 못했다). 그 여파로 미국과 영국에서조차 생산과 임금이 2007년 예측치보다 10퍼센트 이상 낮았다.

위기는 불가피할까?

그런데 금융위기와 그 경제적 결과물은 (자본주의) 경제 질서의 자연스러운 일부일까? 정치인과 경제학자들은 당연히 그렇지 않다고 생각하겠지만, '가벼운' 규제만으로 금융 시스템을 원래 모습대로 유지할 수 있다고 생각하는 사람은 아무도 없다. 특별히 차입자본 투자를 제한하고, 1~2개 금융기관의 도산이 금융 시스템 전체를 마비시키지 않도록 수많은 새로운 규제가 도입되었다. 하지만 많은 사람들이 그것만으로는 전혀 충분하지 않으며 금융 시스템 전반을 통제할 대대적인 방법이 필요하다고 생각할 것이다. 자본주의에서 금융은 필요하지만 그 역할을 다소 엄격하게 제한해야 한다고 생각했던 케인스라면, 아마도 그런 견해에 동의할 것이다.

하지만 민스키라면 우리가 지금까지 일으킨 변화로 충분하다는 생각과 훨씬 많은 변화가 필요하다는 생각 모두에 신중한 태도

남해 포말 사건

"막대한 이익을 약속했지만, 아무도 그 회사가 어떤 회사인지 알지 못했다." 이는 1720년 대영제국에서 주식 상장을 한 공동 자본 회사가 불명예스럽게도 역사상 최악의 투기회사로 기록된 사건을 솔직하게 표현한 문장이다. 남해 회사는 1711년에 설립되었고, 영국 식민지와 남미 사이의 급증하는 무역을 독점했다. 그러나 안타깝게도 남미가 스페인제국에 편입되어, 남해 회사가 실제로 돈을 벌 가능성은 별로 없었다. 그래서 남해 회사는 영국 정부의 채권 거래를 두고 잉글랜드은행과 경쟁을 벌였는데, 그 과정에 뇌물 공여와 사기, 실질적인 다단계 판매 등이 횡행했다. 주가가 폭등하자 주식을 사는 사람들이 급증했고, 이 회사와 비슷한 수상쩍은 회사들이 난립했다. 1720년에 당연히 남해 회사는 파산했고, 그 과정에서 재무장관이 투옥되는 등 여러 사람이 몰락했다. 오늘날 우리는 이렇듯 18세기 초에 금품에 매수된 정치인들과 쉽게 속아넘어간 투자자들을 비웃을지 모르지만, 2006년부터 2008년까지 미국의 비우량주택담보대출 사태를 조사해본 사람이라면 인간의 본성이 쉽게 변하지 않는다는 사실을 깨달을 것이다.

를 보였을 것이다. 기본적으로 그의 가설은 정부와 규제 주체가 시스템을 훌륭하게 관리할수록 (그리고 그 시스템을 더욱 안정화할수록) 사람들의 과신을 유도해 위기가 더욱 심화된다고 말한다. 만약 이것이 사실이라면, 인간의 본성과 금융 자본주의가 결합했을 때 금융위기는 불가피한 현상이 되므로, 다음에는 좀 더 나은 비상 대책을 확실하게 마련해야 할 것이다.

(23)

부채

"중요한 것은 부채의 규모가 아니다.
분포, 즉 누가 누구에게 무엇을 빚지고 있는가이다."

항상 수입보다 지출이 많은 사람이 있는가 하면, 지출보다 수입이 많은 사람도 있다. 이런 사람들이 저축한 돈은 주로 은행과 연기금에 모인다. 기업은 이 돈을 빌려 투자하고 개인은 집을 사며, 정부는 증세로도 해결하지 못한 지출을 충당한다.

부채가 너무 많다?

하지만 아무리 좋은 것도 지나치면 문제가 되지 않을까? 골드만삭스에 따르면, "세계는 지금 빚에 허덕이고 있다." 이것은 상당히 모순적인 말이다. 왜냐하면 2000년대에 그리스가 자국의 부채

규모를 감추도록 도와서 위기를 악화시켰고, 그 과정에서 수천억 달러의 수수료를 챙긴 장본인이 바로 골드만삭스이기 때문이다. 하지만 (그리스뿐 아니라 일본처럼 경제적으로 좀 더 건전한 나라들까지) 수많은 나라들이 과도한 부채에 눌려 있는 것은 분명하다. 예를 들어 2015년에 국제통화기금International Monetary Fund, IMF은 일본이 지출을 통제하지 않으면 2030년에 국가 부채가 경제 규모의 3배에 달할 거라고 경고했다.

이런 식의 표현은 흔하지만, 우리는 종종 부채에 대해 말할 때 다음과 같은 두 가지 오류를 범한다. 가장 중요한 첫 번째 오류는 부채도 개념상 자산이라는 사실을 간과한다는 점이다. 부채란 사람 혹은 사물이 '누군가'에게 지고 있는 금전적 의무이다. 일본(및 이탈리아와 같은 다른 채무국들)의 경우, 문제의 자산(정부 부채)은 주로 자국의 국민과 기업의 소유이다. 즉 사실상 '일본'에는 빚이 없다. 오히려 일본 국민들이 대규모 자산을 소유하고 있는 셈이고, 그런 자산 중 큰 부분이 자국 정부가 발행한 채권이다.

" —— **매년 20파운드를 벌어 19파운드 19실링 6펜스를 쓰면 결과는 행복이다. 하지만 매년 20파운드를 벌어 20파운드 6펜스를 쓰면 결과는 불행이다.**

_찰스 디킨스Charles Dickens, 『데이비드 카퍼필드David Copperfield』에서

두 번째 오류는 '저량stock'과 '유량flow'의 개념을 혼동한다는 것이다. 일본 정부의 부채는 수치상으로 연간 생산량의 2배가 넘는다. 이렇게 말하니 부채가 많은 것처럼 들린다. 하지만 그래서 어떻다는 걸까? 1년은 임의로 정한 기간이다. 이 말은 일본 정부의 부채가 주간 생산량의 100배 이상이라는 말과도 같은데, 이렇게 말하니 훨씬 심각하게 들린다. 아니면 100년 동안 생산한 양의 3퍼센트 미만이라고 말할 수도 있는데, 이는 별로 걱정할 수준이 아닌 것처럼 보인다. 사실 이런 비교 자체가 그다지 유용하지 않은데, 이런 식으로 1년간 누적된 양과 어떤 특정 시점에 파악된 총량을 비교하는 것이 의미가 없기 때문이다.

채무자가 누구인지가 중요하다

중요한 것은 부채의 규모가 아니라, 부채의 분포(누가 누구에게 무엇을 빚지고 있는가)이다. 실제로 2008년과 2009년의 글로벌 금융위기는 주식시장이 아니라 부채가 문제였다. 전 세계적으로 보면 중국과 독일 등 몇몇 나라에서는 높은 저축률 때문에 금리가 낮게 유지되고 있었는데, 이것은 다른 나라의 기업과 가계가 자신들이 감당할 수 있는 정도보다 더 많은 부채를 보유하고 있다는 의미였다. 미국 비우량주택담보대출 시장의 붕괴가 위기를 촉발했는데,

당시 미국 정부는 현실적으로 상환할 수 있는 금액보다 더 많은 돈을 빌리도록 저소득 가구들을 부추겼다. 이런 부추김이 꽤 오래 계속되었고, 위기가 유럽으로 확산되어 (그리스) 정부 또는 좀 더 흔하게는 (아일랜드 또는 스페인의) 민간 부문이 지나치게 많은 빚을 지고 있던 나라들에 영향을 미쳤다.

이것은 그저 작은 문제였을까, 아니면 경제를 위협하는 부채의 부정적인 영향력을 보여주는 사례일까? 혹은 미국에서 특히 소득 불평등이 심화하고 있는 현상과 관련이 있을까? 자본주의 경제에서는 소비가 수요를 창출하고 그로 인해 경제가 성장해야 하지만, (더 많이 저축하기 마련인) 부자들이 파이의 많은 몫을 차지하므로, 소비를 늘리는 유일한 방법은 부자가 아닌 사람들로 하여금 결코 상환하지 못할 액수의 돈을 빌리게 하는 것이다. 걱정스러운 점은 불평등을 근본적으로 해결하지 못하면 같은 일을 또다시 겪게 되리

지난 5,000년간 금리의 추이

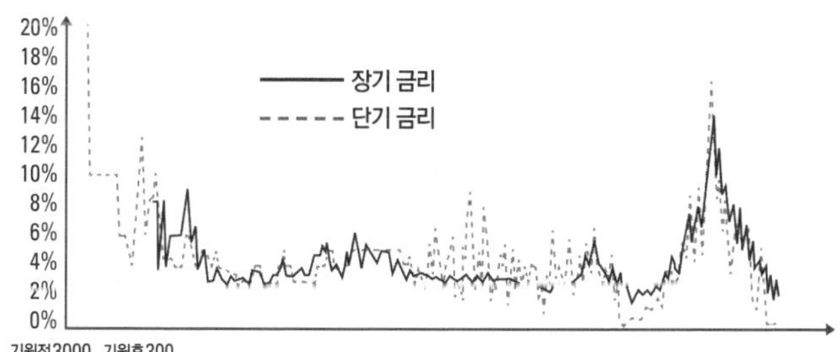

라는 것이다. 경제가 성장하려면 부채가 계속 늘어야 하는데, 이런 경제는 유지되기 어렵다는 사실이 곧 드러날 것이다.

"—— 만약 당신이 은행에 100파운드의 빚이 있다면, 당신에게 문제가 있다. 하지만 당신의 은행 빚이 100만 파운드라면, 은행에 문제가 있는 것이다.

_존 메이너드 케인스

정부 부채

그렇다면 정부 부채는 어떨까? 일부 주장과 달리, 그리스의 경우를 제외하고 높은 정부 부채 때문에 금융위기가 일어나거나 악화된 사례는 실제로 없다. 금융위기는 부채 비율과 재정 적자가 과거보다 높아진 정부에서 일어났는데, 그 부채가 줄어들려면 아마도 수십 년이 걸릴 것이다. 하지만 그런 현상은 단기적으로는 문제가 되지 않는다. (메소포타미아 문명까지 거슬러 올라가더라도) 현재 금리는 역대 최저이므로, 미국이나 영국 같은 나라들이 정부 차입금을 조달하기가 대단히 어렵기 때문이다.

부채를 기반으로 하는 자본주의가 특별히 미래를 위협하는 이유는 어쩌면 저금리 때문일 수 있다. 낮은 금리는 가계와 기업이 빚을 더 지고 '싫어 하지 않는다'는 신호이다. 그것은 이미 부채가 너무 많다고 생각해서 부채를 줄이길 원하기('과잉 채무' 가설) 때문일 수 있다. 이것이 사실이라면, 과잉 채무 문제가 해결될 때까지 투자와 그로 인한 성장은 계속 낮게 유지될 것이다. 아니면 이것은 가계와 기업이 빚을 지면서까지 투자할 만한 매력적인 기회가 없다('구조적 장기 침체' 가설의 일종—45장 〈경기침체〉 참조)고 생각하기 때문일 수도 있다. 혹은 두 가지 이유가 결합했을 수도 있다. 하지만 둘 모두 미래의 성장 전망이 어둡다는 것을 보여주는데, 이는 글로벌 경제가 금융위기 및 뒤이은 경기후퇴의 여파에서 열심히 회복해야 하는 시기에는 부정적인 소식이 된다.

그러면 정부와 중앙은행은 무엇을 할 수 있을까? 이들은 기준금리를 매우 낮게 유지하고, 대출을 늘리기 위해 (중앙은행이 민간 부문으로부터 직접 정부 부채를 사들이는) 양적 완화와 같은 특별 조치를 취했다. 하지만 지금까지 이 대책은 효과가 없었고, 이런 불안 요소를 계속 쌓아둔다면 아마도 역효과가 날 것이다. 정부는 저금리를 활용해 공공투자를 늘리고 수요를 진작시키기 위해 여전히 더 많은 돈을 빌릴 수 있다. 대부분의 경제학자들은 이 방법이 확실히 일리가 있다고 생각하지만, 역설적이게도 국민과 정치권이 공공부채 증가를 두려워한 탓에 지금까지 이 방법은 거의 활용되지 못했다. 과잉부채를 줄이기 위해 '희년제(규칙적인 부채탕감)'와 같은 좀 더

과격한 대안이 제시되기도 했다. 하지만 지금 세계는 과거의 너무 많은 빚에 눌려 미래를 기대하기 어려운 상황에 갇혀 있다.

(PART 4)

정치 경제

자본주의 세계의 구도는
어떻게 재편되는가?

(24)

민주주의

"자본주의와 민주주의의 관계는 꽤 명확하다.
정확히 같은 방향은 아니지만, 나란히 움직인다."

경제가 계속 발전하려면 재산권을 보호받아야 하므로 결국 법규가 필요해진다. 통치자나 귀족들이 국민의 재산을 마음대로 사용한다면, 국민은 부를 창출하고 싶은 의욕을 잃을 것이다. 하지만 이런 상황 때문에만 민주주의가 필요해진 것은 아니다. 대부분의 사람들이 농촌에 살고 최저임금을 받으며 농업에 종사할 때는 경제적 어려움이 별로 없었으므로 통치 체제에 직접 문제를 제기할 필요가 없었다.

자본주의가 권력의 균형을 깨뜨리다

그런데 자본주의가 상황을 바꾸어놓았다. 상인과 공장 소유주 그리고 그 관련자들로 이루어진 신흥 중간계급이 경제를 지배하게 되면서, 농업 부문의 이익을 희생해서라도 자신들에게 정치권력을 나누어달라고 요구했다. 그래서 초기의 자본주의적 '민주주의'는 선거권이 대단히 제한적이었고(일반적으로 상당한 재산을 가진 남자들에게만 선거권이 인정되었으므로), 의도적으로 새로운 자본가 계급의 이익을 우선시했다.

이런 상황에는 불안 요인이 잠재해 있었다. 점점 늘어나는 산업노동자 계급에게는 정치적·경제적으로 나름의 이해관계와 요구 사항이 있었고, 처음에는 이것들이 주로 노조 활동(17장 〈노동조합〉 참조)을 통해 표출되다가 나중에는 정당을 통해 표출되었다. 19세기 초 영국 차티스트Chartists의 주된 요구 사항은 보통선거권이었고, 무력으로 억압당하긴 했지만 역사는 대체로 이들의 편이었다. 마르크스가 '부르주아 계급'이라고 부른 신흥 지배계급은 본질적인 면에서 선택의 갈림길에 섰다. 정치권력을 노동자 계급과 나눌 것인가(그리고 그렇게 해서 경제적 재분배를 어느 정도 인정할 것인가) 아니면 경제에는 부정적인 영향을 미치겠지만 좀 더 강압적인 방식에 기댈 것인가를 두고 선택해야 했다.

"—— 역사는 자본주의가 정치적 자유의 필요조건임을 보여준다. 확실히 충분조건은 아니다.

_밀턴 프리드먼

그리하여 19세기에 농업에서 산업자본주의로 이행하던 나라들 중 전부는 아니지만 대부분의 나라에서 잇따라 선거권이 확대되었다. 그런 과정은 나라마다 다르게 마무리되었다. 영국에서는 그 과정이 대체로 평화롭고 점진적으로 이루어졌지만, 미국에서는 노예제도의 존재와 그 유산 때문에 계급 문제와 더불어 인종 갈등이 민주주의 발달에 영향을 끼쳤다. 서유럽에도 산업화와 민주주의가 함께 이루어진 나라들이 많지만, 그 과정은 사뭇 달랐다.

20세기 전반기에 두 차례의 세계대전이 일어났고, 지구상의 거의 모든 지역이 대공황과 그로 인한 정치적·경제적 소용돌이에 휩싸였다. 혼란이 가라앉은 후에는 사실상 모든 선진 자본주의 국가들(주로 서유럽과 북미)이 민주주의 국가가 되었다. 과거에 주로 농장이나 가정에서 일하던 여성들이 사무실과 공장으로 옮아가 노동시장에 편입되자 선거권도 함께 따라왔다.

민주주의의 발전

20세기 후반에는 민주주의와 자본주의가 더욱 발전했다. 서유럽에서 독재정권이 아직 유지되던 스페인과 포르투갈도 1970년대에 민주화되었고, 1989년에 베를린 장벽이 무너지면서 동유럽도 정치적·경제적으로 놀랄 정도로 급속히(비록 고통이 없지는 않았지만) 변화했다.

그러나 21세기 초인 지금, 모든 자본주의 국가가 민주화된 것은 아니다. 자본주의는 상대적으로 덜 발달했지만 민주화된 곳도 많다. 그렇긴 하지만 자본주의와 민주주의의 상관관계는 비교적 긴밀하다. 정책적으로 자본주의에 적대적인 (북한 같은) 나라들은 민주주의에도 적극적으로 반대한다. (걸프 만 국가들처럼) 민주주의를 채택하지 않은 나라들은 부의 대부분이 천연자원에서 직·간접적으로 나온다. 결국 이제는 강력하고 경제적으로 독립한 세력으로서 재산권을 보호해달라고 요구하는 부르주아 계급도, 정치권력과 경제적 안정을 추구하는 산업노동자 계급도 존재하지 않는다.

자본주의와 민주주의가 나란히 움직인다면, 대부분의 나라에서 필연적으로 둘의 관계가 더욱 가까워질까? 베를린 장벽이 무너지고 몇 년 동안은 당연히 그렇게 될 것 같았다. 하지만 세계 최대 경제국 두 곳을 찬찬히 살펴보면, 이런 견해에는 두 가지의 크고 분명한 문제가 존재한다는 것을 알게 된다.

철학적 관점에서 보면, 자본주의와 민주주의 사이에는 분명한 차이점이 하나 있다. 민주주의 제도는 (직접 민주주의와 국민투표의 역할이 얼마나 큰가에 따라 의원 내각제와 대통령 중심제 등) 다양하지만, 1인 1표라는 핵심 원리는 공통적이다. 돈이 권력과 자원에 대한 접근 가능성을 결정한다는 기본 원칙을 제외하고는 자본주의도 마찬가지이다. 자본주의와 민주주의의 모순이 극명하게 드러나는 나라가 미국인데, 미국에서는 선출직 공무원들이 후원금 모금 활동에 시간의 절반을 사용하므로, 90퍼센트는 돈이 많은 후보자가 승리한다고 다들 생각한다. 그리고 후원금은 주로 기업과 대부호에게서 나오기 때문에, "평범한 미국인의 선호는 국가의 정책에 거의 무에 가까울 정도로 조금만, 통계적으로 의미가 없는 정도로만 영향을 미친다"는 최근의 연구 결과가 별로 놀랍지 않다. 미국은 자본주의와 민주주의의 관계가 다른 나라보다 훨씬 밀접하다. 무언가 바뀌지 않으면, 자본주의가 민주주의를 망가뜨리고 말 것이다.

중국의 역설

첫째 문제는 중국과 관련된다. 중국식 자본주의는 다른 나라들과 상당히 다르지만, 최근 그리고 어쩌면 앞으로도 가장 성공한 자본주의 사례가 될 것 같다. 중국은 지난 30년간 19세기의 영국과 비슷한 경제 성장을 이루어냈는데, 중국 역시 농촌 인구가 공장에서 일하기 위해 도시로 이동하면서(영국보다 훨씬 규모가 크고 속도도 빨랐다) 성장을 이끌었다. 하지만 중국의 정치는 영국처럼 발전하지 못했다. 중국식 자본주의는 '중국식 사회주의'와 같은 개념이며, 아직까지 중국 정부는 이 노선을 확고하게 유지하고 있다(35장 〈중국의 기적〉 참조).

둘째 문제는 부유한 자본주의 국가에서 불평등이 깊어지는 현상이다. 시장은 반드시 자본가에게 부가 집중되도록 움직인다는 마르크스 등의 주장은 노조 활동으로 임금 불평등이 완화되고 민주주의의 발달로 복지국가가 설립되는 등 전후의 크고 작은 경험들을 통해 모든 선진 자본주의 국가에서 사실상 반박되었다. 하지만 최근 특히 과학기술이 고도로 발전한 미국에서 소득과 부의 불평등이 다시 심화하고 있다. 재력가들이 정치에 지나치게 개입함으로써 결국 민주주의에도 영향을 미친다고 주장하는 사람이 많다. 이 문제가 언제쯤 민주주의 자체에 위협이 될까?

(25)

보수주의와 자유주의

"보수주의와 자유주의의 대립은
질서와 전통, 자유와 시장의 대립이다."

현대 정치 담론에서 '보수적'이라는 용어는 종종 친시장적 혹은 친자본주의적이라는 말과 동의어로 간주되지만, 미국에서 '자유주의적'이라는 용어는 정부 역할의 확대와 증세를 선호하는 경향을 의미한다. 이런 식의 용어 사용은 보수의 아이콘이자 명실상부한 친자본주의자였던 레이건 전 미국 대통령과 대처 전 영국 총리가 집권한 시절부터 지금까지 일반적이었다. 하지만 두 용어의 의미는 역사적으로 상당히 달랐다.

애덤 스미스와 존 스튜어트 밀로 대표되는 고전적 자유주의는 영국에서 자유, 즉 정부를 선택하고 법을 제정하며 정부의 간섭 없이 경제활동에 참여할 수 있는 자유 모두를 강조했다. 현대 보수주의의 창시자 에드먼드 버크는 스미스의 경제사상을 받아들였고 자유무역과 자유시장 원리를 지지했지만, 정치·경제·사회 분야에서는 전통과 질서의 중요성을 강조했다. 특히 그는 정부의 간섭이 최소화될 때 경제와 사회가 저절로 가장 좋은 결과를 낸다는 고전적 자유주의 사상을 인정하지 않았다. 버크는 사회의 기본 가치를 반드시 보호해야 한다고 주장했지만, 변화를 거부하지는 않았다.

"변화시킬 수단이 없는 국가는 보존할 수단도 없는 것이다."

19세기는 오랫동안 귀족과 지주 계급이 지배하던 정치·사회질서를 보호하려는 보수주의자들과 새로운 자본가 계급의 이익을 대변하는 자유주의자들이 투쟁하던 시대였다. 이런 분위기는 영국에서 시작해 나중에는 유럽의 다른 나라들로 전파되었다. 각 진영에 속한 철학자들의 생각은 경제적 관점에서 보면 모두 자본주의의 발전과 일치했지만, 정치적으로는 서로 대립했다. 도시 노동자와 산업을 희생시키고 외국산 곡물로부터 자국 농업을 보호할 목적으로 곡물 가격을 통제하던 곡물법의 폐지 여부를 두고 영국 보수당은 분열했다. 나중에 자유주의자들은 노동 착취로부터의 보호(이것은 불가피하게 자유시장의 원리를 침해한다) 및 정치적 의사 표현과 권력을 요구하는 산업노동자들에게 어떻게 대응해야 할지 알지 못했다. 스미스와 밀이 지지했던 자유시장 자본주의는 시간이 흐를수록 버크가 알았으면 두려워했을 방식으로 영국인의 생활과 전통을 해체했다.

> 하지만 지혜도 없고 덕도 없는 자유란 무엇인가? 그것은 가장 해로운 악이다. 왜냐하면 감독이나 제약을 받지 않는 자유는 어리석고 사악하고 터무니없기 때문이다.
>
> _에드먼드 버크

갈등이 계속되다

대처와 레이건이 정권을 잡은 이후, 선진 산업국에서는 이념적으로 보수적이고 경제적으로는 친자본 성향인 정당들이 지배적인 정치 세력을 이루었다. 이들은 대체로 시장 지향적 경제 정책과 감세, 정부 규제 완화와 복지 축소를 지지했는데, 이 모든 정책은 자본주의 시스템이 원활하게 돌아가도록 설계된 경제 운영 방식과 일치한다.

하지만 세계화가 급속도로 진행되는 시대에는 자본주의가 가진 역동성 때문에 기존 사회질서가 유지되지 못하고 흐트러진다. 그래서 이 시기에 자본주의가 주도하지만 친자본주의 정당은 반대

혁명 문학

산업혁명이 일으킨 사회적 분열은 영국 문학에서 급진파와 보수파 모두에게 핵심 모티브가 되었다. 토머스 하디Thomas Hardy의 소설들에는 '웨식스'의 농촌 공동체가 기계 시대와 투쟁하는 모습이 담겨 있다. 『반지의 제왕*The Lord of Rings*』 결말 부분에서 프로도는 (목가적인 영국 시골) '샤이어'로 돌아가지만, 기술이 발달한 외부 세계의 침입자들 때문에 그곳이 훼손된 것을 알게 된다. 에블린 워Evelyn Waugh는 자신의 책 『다시 찾은 브라이즈헤드*Brideshead Revisited*』에서 땅을 가진 귀족의 몰락과 좀 더 상업적인 부르주아 계급의 부상을 한탄한다. 만년에 그녀는 보수당이 1951년 정권을 탈환한 후에도 "시곗바늘을 단 1초도 거꾸로 돌리지 못했다"고 격렬하게 비난했다. 보수주의와 자유주의의 갈등을 압축해서 표현한 말 중 가장 유명한 것은 아마도 주세페 토마시 디 람페두사Giuseppe Tomasi di Lampedusa가 19세기 시칠리아 섬을 배경으로 쓴 소설 『표범*Il Gattopardo*』에서 주인공이 (에드먼드 버크를 따라) 한 "모든 것은 변하지 않기 위해 변해야 한다"는 말일 것이다.

하는 사회변화가 급격히 일어나기도 했다. 예를 들어 보수 정당은 산업 현장에서 남성 노동자의 수를 크게 줄이는 변화를 재촉했지만, 동시에 한 부모 가정이 늘고 '전통적' 가족이 해체되는 현상은 비난했다(전통사회를 지탱해주던 산업모델은 경제변화로 그 기반이 약해졌다). 세계화로 국제 무역과 교류를 방해하던 각종 규제와 기술 장벽이 무너지자, 예상했던 대로 이민자들이 노동시장에 대거 유입되었다. 하지만 이런 현상은 보수주의자들이 매우 싫어하는 사회문화적 결과를 일으킨다.

특히 미국에서 이런 갈등이 두드러지는데, 미국 보수주의자들은 조세와 규제 정책을 통해 '경제적 자유'를 제한하는 것에는 극렬히 반대하면서도, 낙태와 결혼, 이민과 같은 개인적 자유를 제한하는 정책은 지지한다. 영국과 유럽 국가들에서는 내부 갈등이 종종 유럽연합에 반대하는 형태로 표출된다. 유럽연합은 소위 과도한 규제와 간섭을 없애는 것은 물론이고, 자유로운 교류와 이동을 허용하려고 노력한다.

제3의 길

한편 고전적 자유주의는 정치 세력으로서 거의 생명력을 잃었다. 경제적으로는 완전 자유시장을, 사회문제에는 자유주의적 입장을 지지하던 유권자의 수가 줄어들었다. 아마도 고전적 자유주의를 가장 잘 계승한 사례는 빌 클린턴과 토니 블레어가 표방한 사회민주주의 성격의 '제3의 길'일 것이다. 이들은 고전적 자유주의자들처럼 경제와 사회 문제에 일관성을 보였다. 세계화를 환영하고, 대처와 레이건의 탈규제와 민영화 정책을 받아들였으며, 동시에 그에 수반되는 사회변화를 인정하고 적극적으로 옹호했다. 하지만 작은 정부는 믿지 않았다. 이들은 사회변화로 어려움을 겪는 개인과 가정을 적극적으로 돕기 위해 정부의 역할을 확대하는 한편, 시장 메커니즘을 이용해 공공 서비스를 개선하려고 노력했다.

이런 방식은 경제와 선거에서 한동안 효력을 발휘했고, 시장이 자원 배분에는 효율적이지만 기회를 늘리고 불평등을 줄이려면 앞을 내다보고 정책을 세우는 정부가 필요하다고 생각하는 나 같은 경제학자들에게 대단히 매력적으로 다가왔다. 하지만 이 방법 역시 특히 금융위기와 뒤이은 경기후퇴에서 한계를 드러냈다. 이런 방식은 시장 지향적 정책과 약간의 조정을 통해 세계화를 성공적으로 관리할 수 있다는 견해에 이의를 제기했을 뿐 아니라, 정부가 공공 서비스와 사회복지 재정을 확보하는 일을 훨씬 어렵게 만들었다.

이와 반대로 집권당이든 반대당이든 오늘날 가장 성공한 정치 집단은 고전적 보수주의나 자유주의에 거의 의존하지 않는 것 같다. 21세기 유럽에서 가장 성공한 정치인인 앙겔라 메르켈Angela Merkel의 특징은 실용주의로 규정되지만, 프랑스 국민전선French Front National과 미국 티 파티Tea Party 운동(미국에서 일어난 보수 성향을 띤 조세 저항 운동—옮긴이)처럼 대중에 영합하는 단체는 자본주의 혹은 적어도 일부 현대판 자본주의에 모호하게 대응한다.

(26)

사회주의

"경제 체제로서의 사회주의는
이제 운명을 다한 것 같다."

사회주의는 자본주의의 반대말일까? 어떤 의미에서는 그렇다. 자본주의가 생산·분배·교환 수단이 사적으로 소유되고 통제되며, 무엇을 생산할지를 민간 소유주가 결정하는 시스템이라면, 사회주의는 노동자들이 생산 수단을 소유하고 통제하는 시스템이다.

말할 필요도 없지만, 앞에서 사회주의의 정의로 언급한 일반적 기준은 수많은 질문들에 답을 주지 않는다. 노동자는 어떤 사람들이고, 그들은 무엇을 어떻게 소유하는가? 개념상 사회주의란 생산 수단을 국가가 소유하는 모든 체제를 말한다(1989년까지의 동유럽 대부분의 국가가 이에 해당했고, 오늘날에는 쿠바가 그렇다), 혹은 협동조합 운동처럼 노동자들이 자기가 일하는 회사를 직접 소유하는 시스템일 수도 있다. 아니면 초기 사회주의 이론가들이 제시한 것처럼, 땅과 기업을 지역 공동체가 소유하고 관리하지만 여전히 시장 안에서 외부와 거래하는 시스템일 수도 있다.

초창기의 시도들

초기 사회주의 실험은 이 마지막 모델을 따랐다. 영국 글래스고 주변 뉴라나크에서 공장을 운영하던 로버트 오언Robert Owen은 하루 8시간 근로제를 도입하고 최초로 유아학교를 설립했지만, 소유 방식은 기본적으로 여전히 자본주의적이었다. 1825년 그는 미국 뉴하모니에 돈을 '노동티켓'이라는 것으로 대체하는 완벽한 사회주의 공동체를 세웠다. 그러나 이 공동체는 오래가지 못했다. 기업이 형편없이 운영되었고, 공동체의 지배 구조도 뒤죽박죽이었다. 이후에도 미국에서 유사한 여러 실험이 시도되었지만, 그 어느 것도 오래 유지되지 못했다.

1848년 유럽 전역에서 일련의 혁명들이 실패하고 뒤이어 잔인한 진압이 이루어진 후에 사회주의 사회 건설은 완전히 불가능해 보였으므로, 노동자가 지배하는 세상을 추구하던 사람들은 정치권으로 이동했다. 1864년에 마르크스와 뜻을 같이하는 사람들이 '국제노동자협회International Workingmen's Association' 혹은 '제1인터내셔널First

International'이라 불리는 단체를 결성했다. 이 단체의 목적은 평화적이든 폭력적이든 어떤 방법을 사용해서라도 국가로부터 통제권을 가져와 사회주의 사회를 건설하는 것이었다.

"—— 사회주의자는 우리가 비참하고 헛된 수고를 끊임없이 하며 살다 죽는다는 사실에서 받은 충격을 극복하지 못한 사람일 뿐이다.

_테리 이글턴Terry Eagleton

소련의 실험

1917년 공식적인 사회주의 정부가 최초로 러시아에 들어섰다. 러시아는 서유럽에 비해 산업화가 훨씬 덜 진행된 사회였기에, 마르크스 이론에서 말하는 사회주의(27장 〈마르크시즘〉 참조)와는 잘 맞지 않았다. 하지만 볼셰비키Bolsheviks는 신속하게 움직여 산업과 농업을 차례로 손에 넣었고 나중에는 정부까지 장악했다. 이들이 세운 중앙집권적 계획에 따라 (소련에서는 고스플란Gosplan이라고 부르는) 국가 기관이 모든 기업에 생산 목표를 정해주었다. 민간 기업이 수익을 극대화하고자 시장 원리와 인센티브에 반응해 생산량을 결정하는 대신, 국가 기관이 사회가 무엇을 생산할 수 있고 무엇을

'생산해야 하는지' 등 전반적인 우선순위를 결정했다.

이런 중앙집권적 계획경제는 1945년 이후 소련의 지배 아래 동유럽 국가들에까지 점진적으로 확산되었고, 중국에서는 마오쩌둥毛澤東이 독자적 방식으로 그것을 받아들였다. 하지만 이 모델은 결국 완전히 실패작이 되었다. 중앙집권적 계획경제는 농업 중심의 사회를 빠르게 산업화시키는 데는 성공했을지 모르지만(게다가 양차 세계대전 사이 러시아 등에서는 엄청나게 많은 사람들이 희생되었다), 평화로운 시기에는 성장이나 번영을 전혀 가져다주지 못했다.

결함이 있는 모델

중앙집권적 계획경제에는 중요한 문제점이 두 가지 있었다. 첫째, 수요공급의 원리가 존재하지 않으므로, 일부 물건의 부족(과 과잉) 현상이 불가피했다. 훨씬 근본적인 둘째 문제는 노동자의 생산성을 향상시키고 기업가가 생산을 극대화해 좋은 품질을 유지하도록 제공할 인센티브가 부족해 사람들이 혁신하고 개선하려는 동기를 갖지 못했다는 점이다. 실제로 유일한 인센티브는 직장에서 게으름을 피우거나, 생산량을 조작하거나, 반드시 생겨나기 마련인 수많은 불법 시장에서 물건을 사고파는 등 각종 방법으로 속임수를 쓰는 것이었다. 소련 농담 중에 다음과 같은 유명한 말이 있다.

"우리는 일하는 척하고, 그들은 우리에게 돈을 주는 척한다."

> **❝ —— 사회주의는 실패의 철학이고 무지의 신념이며 부러움의 복음이다. 그것의 타고난 미덕은 비참함을 모두 똑같이 나눈다는 점이다.**
>
> **_윈스턴 처칠**Winston Churchill

중앙집권적 계획경제의 실패는 1970년대와 1980년대에 더욱 분명하게 드러났다. 1989년 동구권이 붕괴하기도 전에, 시장원리와 인센티브 기능을 도입한, 중앙집권화가 덜 된 방식에 관심이 쏠리기 시작했다. 그중 가장 전면적인 방식은 유고슬라비아의 '분권형 자율 관리'였다. 하지만 이 방식은 효과가 거의 없었고, 유고슬라비아는 높은 인플레이션과 외채 부담을 견디지 못해 해체되고 말았다. 대규모 농업 운동인 이스라엘의 키부츠kibbutz는 가장 널리 알려진 사례이자 경제적으로도 상당히 성공한 사회주의 공동체이지만, 조직이 가장 활성화되었을 때조차도 이스라엘 인구나 경제에서 차지하는 비율은 높지 않았다.

베를린 장벽이 무너지고 동구권이 붕괴하자, 경제 전반에 걸쳐 공공연히 사회주의 방식을 채택하는 나라의 수가 급감했다. 중국은 여전히 크게 성공한 자기들의 시스템을 '중국식 사회주의'라고

사회주의에 관한 아인슈타인의 생각

지금은 믿기 어렵지만, 2차 세계대전이 끝난 직후에는 '계획경제'가 신뢰할 만하고, 심지어 자본주의보다 더 훌륭한 대안처럼 보였다. 이는 러시아 정치와 스탈린의 리더십에 전혀 공감하지 못했던 지식인들 사이에서도 공유된 견해였다.

> "내가 생각하기에, 오늘날 악의 진정한 원인은 무정부 상태에 빠진 자본주의 경제이다. 이 지독한 악을 제거하려면 사회적 목표를 추구하는 교육제도를 동반한, 이른바 사회주의 경제를 확립하는 방법밖에 없다고 나는 확신한다. 사회주의 경제에서는 사회 전체가 생산 수단을 소유하고 계획한 대로 이용한다. 공동체의 필요에 따라 생산을 조정하는 계획경제는 일할 능력이 있는 모든 사람에게 일자리를 나누어주고, 남녀노소 누구에게나 생활을 보장할 것이다. 교육은 개인의 타고난 재능을 살려줄 뿐 아니라, 사회에서 권력과 성공을 추구하고 싶은 마음 대신 동류에 대한 책임감을 길러주고자 노력할 것이다."
>
> _알베르트 아인슈타인Albert Einstein

칭하지만, 그 체제에서 '사회주의적' 요소는 경제 관리의 주된 권한이 공산당에 있다는 것뿐이고, 점점 더 많은 경제 부문이 민간에 이전되고 있다. 한편 선진국에는 사회주의나 협동의 원리를 일부 도입해 성공한 기업들(바스크 지역의 몬드라곤, 영국의 존 루이스 파트너십, 신용협동조합, 농업협동조합 등)이 많다. 하지만 이 모든 단체는 주로 자본주의 경제 안에서 활동한다. 다시 말해 이제 하나의 완성된 경제 체제로서의 사회주의는 운명을 다한 것 같다.

(27)

마르크시즘

"마르크시즘은 자본주의에 패배한 이념으로 받아들여지지만,
역설적으로 마르크스는 자본주의 이해에 필수적인 인물이다."

나는 마르크시즘이 정치적·경제적으로 자본주의에 패배한, 실패한 이념으로 널리 받아들여지는 것을 당연하게 생각한다. 하지만 역설적으로 자본주의를 파악하는 데 가장 크게 기여한 사람은 카를 마르크스였다. 실제로 나는 이 책을 쓰는 동안 몇 번이고 마르크스가 최초로 소개한 기본 개념들을 들춰보았다.

마르크스가 간파한 두 가지 기본 원리 중 첫째는 경제력이 인간 사회에 매우 큰 영향력을 행사한다는 사실이다. 마르크스가 보기에는 '생산양식(노동과 자본이 어떤 규칙에 따라 어떻게 결합하는가 하는 것)'이 사회의 거의 전부를 설명한다. 정치, 사회관계, 문화 등은 모두 여기에 뿌리를 두므로, 생산양식이 발전할수록 사회도 발전하

고 변한다.

> "인간은 사회적 생산을 할 때 불가피하게 자신의 의지와 무관한 일정한 관계, 즉 물질적 생산력의 발전 단계에 적합한 생산관계를 맺는다. 이 생산관계들의 총체가 사회의 경제적 구조를 형성하고, 그것이 실질적 토대가 되어 그 위에 법률적·정치적 상부구조가 세워지고, 그것에 조응하는 일정한 형태의 사회적 의식들이 생겨난다."

이런 믿음에서 출발했으므로 당연히 마르크스는 산업화와 자본주의가 정치제도부터 도덕성에 이르는 모든 것에 영향을 미쳐 사회에 커다란 본질적 변화를 일으킨다고 결론 내렸다.

> "확고하게 자리 잡은 모든 관계는 낡고 케케묵은 일련의 고정관념들과 함께 완전히 사라지고, 새로 형성된 관계는 굳게 다져지기도 전에 이미 낡아간다. 단단했던 모든 것이 공기 중으로 녹아 없어지고 신성했던 모든 것이 세속적으로 되어, 마침내 인간은 어쩔 수 없이 냉철한 정신으로 진정한 삶의 조건과 인간관계를 마주하게 된다."

마르크스가 간파한 둘째 원리는 자본주의의 역동성이다. 그는 자본주의가 정적이지 않다는 점을 이해하고 있었다. 즉 경쟁 경제에서 이윤 추구 동기란 기술 발전을 통해 자본과 생산력을 증대하려는 압력이 끊임없이 존재한다는 것을 의미한다. 이것은 결국 노동 절약적이거나 자본 집약적인 기술 변화로 이어질 것이다. 훗날 슘페터 같은 사상가들은 이 이론을 발전시켜 창조적 파괴(10장 〈창조적 파괴〉 참조)라는 개념을 만들어냈다. 마르크스가 통찰한 이 두 가지 원리를 하나로 묶으면 자본주의는 일종의 급진적 힘으로 설명된다. 자본주의의 역동성은 경제는 끊임없이 진화하고 변화하며, 결국 이것이 더 큰 사회변화를 일으킨다는 의미를 내포한다.

> “ 우리가 마르크시즘을 인정하지 않아도 우리의 판단과 도덕의 범주들, 미래의 계획과 현재에 대한 생각, 정의와 평화, 전쟁 등 모든 것에 대한 우리의 의견에는 마르크시즘이 잔뜩 스며 있다.
>
> _옥타비오 파스Octavio Paz(시인)

마르크스의 근본적 실수

그렇다면 마르크스 이론은 어디서 잘못되었을까? 경쟁의 결과 자본가들이 생산성을 증대하고 노동을 절약하는 기계에 더 많이 투자하리라는 생각은 옳았지만, 경쟁 때문에 노동자의 임금이 봉건시대처럼 최저 생계비 수준으로 떨어지리라는 예측은 잘못되었다. 사실상 고전 경제학이 (생산성이 높은 새로운 일자리가 출현하므로, 시간이 지날수록 노동자의 임금은 생산성과 비례해 다소 상승한다는 주장을 통해) 최저임금 문제를 바로잡았다.

그리고 결과적으로 이것은 마르크스의 가장 중요한 정치 예측 (노동자와 자본가의 충돌은 불가피하며, 최후에 노동자가 승리하면서 자본주의가 사라질 거라는)이 틀렸음을 의미했다. 산업 노동자의 수가 많아지면 그들이 더 많은 몫을 요구할 것이고, 봉건시대와 달리 노동자들이 공장과 대도시에 몰려 있으므로 그들의 요구를 무한정 거부할 수 없으리라는 마르크스의 생각은 옳았다. 하지만 대부분의 선진국에서는 자본주의 덕분에 생산성이 향상되어, 체제 전복을 하지 않고도 노동자의 요구가 거의 충족되었다. 사실상 적어도 지금까지는 개별 국가들뿐만 아니라 전 세계적으로 생산성 향상과 임금 상승, 그리고 그로 인한 소비 증가가 서로 밀접하게 연관되는 것 같다(46장 〈풍요와 과잉〉 참조).

그러므로 노조 세력의 부상과 보통선거권의 확대는 마르크스가 예견한 착취가 정치적으로 존재 이유가 없어졌고 경제적으로는 불필요해졌음을 의미했다. 실제로 자본주의가 사회 전반에 일으킨 경제적 이익이 충분히 컸으므로, 대부분의 노동자들이 자본주의를 선호했다. 마르크스의 정치적 이상이 성공한 곳은 주로 (러시아처럼) 전쟁에 대한 불안감이 지배하는 나라나 (중국과 베트남처럼) 봉건주의의 잔재가 남아 있는 산업화 이전의 농경 국가들이었다. 이 나라들의 '마르크시스트' 지도자는 자본주의가 아닌 산업화를 도입하려 했으나 실패했다. 역설적으로 이 실패는 마르크스가 예측했던 결과와 비슷하다.

자본주의의 불가피한 위기

하지만 커다란 문제 하나에 대해서는 아직 결과가 나오지 않았다. 마르크스는 자본주의가 본질적으로 위기(과도한 자본 축적, 과잉생산, 수익률 감소 등으로 호황과 불황이 반복되는 상황)에 취약하다고 주장했다. 시간이 흐를수록 호황과 불황의 규모가 커지고 그 주기가 더욱 불안정해져서, 결국 자본주의는 내부의 역동성 때문에 붕괴하리라는 것이다.

이 문제를 심각하게 받아들였던 케인스와 프리드먼은 재정 정책과 금융 정책을 사용한 거시경제적 관리로 경제 주기를 완화하는 방법을 제시했다. 그래서 최근까지 대다수의 경제학자들은 두 사람이 실제로 호황과 불황 문제를 해결했거나 적어도 관리 가능

역사의 종언이라고?

베를린 장벽이 무너진 뒤, 몇몇 자유주의 역사학자와 정치 분석가들은 인류가 '역사의 종말'에 이르렀다고 주장했다. 즉 서구식 자유민주주의만이 계속 살아남을 수 있는 유일한 정부 형태라는 것이다. 여기서 '역사의 종말'이란 공산주의가 자유민주주의를 대체하는 것이라는 마르크스의 사상을 도치한 것으로, 의도적이면서 다소 승리에 취한 표현이었다.

> "우리가 보고 있는 것은 단순히 냉전의 종식이나 전후 역사의 특별한 시기가 아니라 역사의 종말 그 자체이다. 바꿔 말하면 이는 인류의 이념적 진화의 종착역이자 인간의 마지막 정부 형태로서 서구의 자유민주주의가 보편화한다는 의미이다."
>
> _프랜시스 후쿠야마Francis Fukuyama

마르크스가 살아 있었다면 이런 상황을 견디지 못했을 것이다. 아마도 그는 (내 생각에는 억지로) 산업 프롤레타리아가 연합해 지배적 정치 세력이 되리라는 자신의 예측이 실수였음을 인정했을 것이다. 하지만 그는 세계화와 그로 인한 위험, 기술 진보가 가져올 변화와 불안정성을 지적했을 것이고, '자유주의적 자본주의'가 역사적 순간을 거쳐가고 있다고 결론 내렸을 것이다. 1989년 이후에 일어난 사건들은 마르크스가 지적한 내용들이 대체로 옳다는 것을 입증했다. 자유민주주의는 여전히 살아 있고 (어느 정도) 잘해나가고 있지만, 정치적·경제적으로 전 세계에서 승리했다고는 절대 말할 수 없다.

한 수준으로 만들었다고 생각했다. 하지만 2008년과 2009년의 글로벌 금융위기(와 그 원인을 아직도 완벽하게 파악하지 못한 이유 또는 더욱 중요하게는 그런 일이 재발할 위험)가 자본주의의 불안정성 문제를 다시 끄집어냈다.

그렇다면 결국 마르크스가 최후 승자가 될 것인가? 말하자면 자본주의의 역동성 때문에 위기가 계속되고 그것이 전 세계적으로 더욱 크게 확대되어 결국은 자본주의 자체가 무너지게 될까? 지금까지 자본주의는 놀라운 회복력을 보여주었으므로, (도움이 될지 어떨지 모르지만) 내 예상을 말한다면, 우리는 예측 가능한 미래를 위해 마르크스의 통찰력을 이용해 자본주의를 계속 분석하게 될 것이다.

(28)

케인스 혁명

"경기후퇴를 막거나 누그러트리려면
정부가 거시적으로 경제를 관리해야 한다."

나는 마르크시즘이 정치적·경제적으로 자본주의에 패배한, 실패한 이념으로 널리 받아들여지는 것을 당연하게 생각한다. 하지만 역설적으로 자본주의를 파악하는 데 가장 크게 기여한 사람은 카를 마르크스였다. 실제로 나는 이 책을 쓰는 동안 몇 번이고 마르크스가 최초로 소개한 기본 개념들을 들춰보았다.

이 문제를 제기하고 답을 제공한 사람은 세의 법칙으로 유명한 프랑스 경제학자 장 바티스트 세Jean-Baptiste Say이다.

"물건은 만들어지는 순간부터 그 가치가 다할 때까지 팔리는 시장이 존재한다. 모든 사람은 각자 생산한 물건으로 다른 사람들이 생산한 물건들을 구매할 수 있기 때문에(우리가 구입할 수 있는 가치와 생산할 수 있는 가치가 같으므로), 더 많이 생산할수록 더 많이 구매할 것이다."

한마디로 '공급이 수요를 창출한다'는 이야기이다. 이 명제에는 경제 전체에서 과잉생산이나 상품의 일반적 공급 과잉은 나타날 수 없다는 중요한 의미가 담겨 있다. 그러므로 경제활동의 수준은 생산 능력에 좌우된다. 실업이 발생하거나 경기가 후퇴한다면, 그것은 외부의 충격 때문이거나 (실업수당 지급처럼) 정부가 경제에 개입한 결과이다.

당시 세의 법칙은 논쟁을 불러일으켰다. 존 스튜어트 밀은 화폐가 존재하는 것은 총수요와 총공급이 균형을 이룰 필요가 없음을 의미한다고 주장했다. 하지만 세의 법칙은 19세기 내내 유행한, 경제활동에 대한 '자유방임'주의를 정당화했다. 만약 경제 전체가 저절로 균형을 이룬다면, 이따금 정부의 개입이 필요할 때도 있겠지만 그것은 필요악이다. 그리고 세의 법칙은 확실히 경기후퇴의 원인이나 결과를 다룰 수 없는데, 그 이유는 그런 일들이 진정한 경제현상이 아니라고 보았기 때문이다.

특히 정부 지출을 늘려 고용과 수요를 늘리는 것은 무의미하다. 결국 돈에는 출처(세금 또는 차용)가 있기 마련이므로, 정부가 돈을 지출하면 그 돈을 민간에서 쓸 수 없게 된다. 즉 정부 지출과 차입(재정 정책)은 총수요나 고용에 영향을 미치지 못한다.

케인스와 대공황

케인스가 재평가받게 된 계기는 1930년대에 불어닥친 대공황이었다. 실업률이 치솟자 영국 정부는 (세의 법칙의 또 다른 이름인) '재무부 견해Treasury View'를 이용해 정부 지출을 늘리라는 케인스 등의 충고를 무시한 결정을 내렸다.

1936년에 케인스가 자신의 대표작『고용, 이자 및 화폐에 관한 일반이론』을 쓴 주된 이유는 아마도 세의 법칙의 지적 기초를 철저하게 해체하기 위함이었을 것이다. 케인스는 경제 전체의 수요와 공급이 장기적으로 균형을 이룬다 해도, 그 '장기적'이라는 개념은 별 의미가 없다고 주장했다.

> "그러나 이 '장기적'이라는 말은 현 상황을 호도하는 표현이다. 장기적으로 우리는 모두 죽는다. 폭풍우가 몰아치는 계절에 경제학자들이 조만간 폭풍이 몰려가고 바다가 다시 평온해질 거라는 말밖에 할 수 없다면, 그들은 안이하고 쓸데없는 일을 하는 셈이다."

케인스는 '단기적'으로 공급보다 수요가 경제를 견인한다고 주장했고, 간단히 말해서 이것이 바로 경제학자들이 말하는 '케인스주의'이다. 민간 부문 전체가 투자보다 저축을 선호하면, 이는 문제가 될 수 있다. 총투자와 총저축이 같아야 하므로 조정이 필요하고, 그 결과 소득과 생산이 줄어들 것이다. 당시의 재무부 견해와 반대로, 차입을 통해 정부 지출을 늘리면 그것이 가계에 추가 수입이 되므로 소득과 생산이 모두 증가할 것이다. 이는 정부 지출이 특별히 생산적이지 않더라도 사실이다.

> **만약 재무부가 낡은 자루에 은행권을 잔뜩 채워 폐광에 적당한 깊이로 묻고 … 자유방임주의에 따라 민간 기업이 그것을 파내가도록 내버려둔다면, 실업은 사라지고 그 덕분에 공동체의 실질 소득이 … 아마도 지금보다 훨씬 커질 것이다.**
>
> _존 메이너드 케인스

언제 정부가 개입해야 하며, 적절한 개입이 재정 정책(정부 지출과 차입)인지 아니면 통화 정책(금리 조절)인지에 대해 케인스가 늘 명쾌한 것은 아니었다. 하지만 경기후퇴를 막거나 누그러뜨리려면 정부가 거시적으로 경제를 관리할 수 있고 관리해야 한다는 생각은 전후 자본주의 국가들에서 경제 관리의 기본 원칙이 되었다. 리

케인스와 대규모 금융위기

2009년 4월 런던에서 열린 G20 회의에서 세계 최대 경제국 지도자들은 근대 역사상 '최대 규모의 재정 및 통화 부양책'을 발표했다. 하지만 불과 1년 후 세계 경제가 회복되자 IMF는 재정 건전성에 '중점'을 두도록 권고했고, 이에 여러 나라가 적자 감축과 긴축 정책을 발표했다. 그 후의 전 세계 경제 성적표는 몹시 초라한데, 이것은 케인스주의가 옳다는 것을 의미하므로 우리가 그의 이론을 다시 받아들여야 할까? 아니면 절대 시도하지 말아야 할까? 이는 경제학과 정치학에서 여전히 뜨겁게 논의되는 주제이다. 노벨 경제학상 수상자인 유진 파마는 오바마 전 대통령의 경기부양 정책을 다음과 같이 비판했다.

> "구제금융과 경기부양의 재원은 정부 차입을 늘려서 조달된다. 이 때 추가된 부채는 민간에 투자되어야 할 저축을 흡수한다. 결국 유휴자원이 있어도 구제금융과 경기부양책 때문에 그것을 활용할 수 없게 된다."

하지만 내 생각은 케인스와 비슷하다. 폴 크루그먼도 이렇게 말했다.

> "만약 우리가 외계인의 지구 침략 계획을 파악하고 그 위협에 맞서기 위해 대대적인 준비를 해야 한다면, 인플레이션과 재정 적자는 부차적 문제가 되고 불황은 18개월 안에 해결될 것이다."

처드 닉슨Richard Nixon 전 대통령은 "지금 우리는 모두 케인스주의자이다"라고 말했고, 1950년대와 1960년대 정부들은 실업을 최소화하기 위해 경제를 적극적으로 관리했다.

하지만 1970년대에 고용이 안정되고 물가가 상승하기 시작하자, 케인스주의는 실패하는 듯했다. 처음에는 (거시경제적 관리에서 통화 정책이 재정 정책보다 낫다고 주장한) 밀턴 프리드먼의 통화주의가 케인스주의를 대체했다. 케인스와 프리드먼의 이론은 나중에 모두 '신고전파 종합'으로 통합되었다. 경제 전체를 관리할 책임이 정부에게 있다는 원칙은 유지했지만, 그것이 얼마나 효과적인가에 대해서는 상당히 회의적이었다. 케인스주의는 낡은 이론이 되었지만, 세의 법칙은 지난 20년간 경제학계에서 통화 정책과 재정 정책이 단기적으로도 실질적 효과를 내지 못한다고 주장하는 '실물경기변동이론'이라는 이름으로 부활하는 것 같았다. 하지만 현실에서는 아무도 이것을 믿지 않았다.

케인스주의로 회귀?

2008년과 2009년에 발생한 글로벌 금융위기로 논쟁이 재개되었다. 갑자기 통화 정책이 중요해 보였고, 케인스의 옛 재정 정책에 다시 관심이 쏠렸다. 좋든 싫든, 금융위기 이후 찾아온 대침체기는 정부가 적극적으로 개입하지 않으면 경제가 장기간 고실업과 저성장(또는 무성장)에 빠진다는 견해를 부활시켰다(그러나 문제를 해결하는 방식에 대해서는 전혀 합의되지 않았다).

(29)

국유화와 민영화

"민영화의 목적은 기업의 효율성을 개선하는 데 있지만, 경쟁이 제한적인 산업에서는 그 효과가 불명확하다."

산업혁명 이전에는 일반적으로 국가 소유라는 개념을 경제적 측면이 아닌 정치권력의 관점에서 정의했다. 일반 소비재를 생산하는 기업을 국가가 소유해야 한다는 생각은 훨씬 나중에 생겼다. 2차 세계대전 이후 서구 대부분의 국가들(보통 미국은 여기에 포함되지 않는다)에서 국유화가 시작된 이유는 대략 세 가지이다.

- 1918년부터 1995년까지 영국의 국유화는 다음과 같은 노동당의 '당헌 4조'에서 시작되었다. "육체노동자나 정신노동자에게 근로의 대가를 충분히 보장하고 산업 이익을 최대한 공정하게 분배하려면, 생산·분배·교환 수단을 공동 소유한다

는 기초 위에서 모든 산업과 서비스를 대중이 관리하고 통제하는 체제를 확립해야 한다." 바꿔 말하면, 자본주의의 기본 원리가 그대로 남아 있고 생산성이 높은 경제활동은 여전히 시장에서 이루어지는 사회에서 대기업 일부를 국유화하는 것은 자본의 권력을 제한하고 그 이익금을 해당 산업에 종사하는 노동자들과 사회 전체에 재분배하는 하나의 방법이었다(그러나 당헌 4조에도 불구하고 노동당이 자본주의 자체를 전복하려는 시도는 한 번도 하지 않았다는 점은 주목할 만하다).

- 석탄과 철강, 조선 같은 전략산업을 국가가 소유하고 통제해야 한다는 견해는 전후 만신창이가 된 서유럽의 경제를 재건하기 위해서는 당연한 생각이었다.

- 전기, 수도, 철도, 가스, 통신 등 공익사업은 '자연독점' 시장이다. 즉 이런 사업은 투자비용이 많이 들기 때문에 공공 부문에서 공급할 때 가장 효율적이며, 민간 부문에 맡기면 그들이 독점적 지위를 이용해 소비자에게 부당한 비용을 청구할 가능성이 높다.

국유화와 민족주의

일부 개발도상국에서 국유화는 석유와 같은 천연자원의 생산을 국가가 통제하는 방식으로 되돌리는 것을 의미했다. 1938년 멕시코가 석유산업을 국유화한 것은 미국으로부터 경제적 독립을 주장하는 계기가 된 중요한 사건이었지만, 이란에서는 파렴치하게도 미국과 영국이 앵글로-페르시아 석유회사의 국유화를 막기 위해, 민주적으로 선출된 총리에 반대하는 '1953년 쿠데타'를 조종했다.

하지만 전후에는 국유화 논리의 기반이 약해졌다. 재건에 필수적이었던 계획은 점점 덜 중요해졌다. 또 처음에는 산업을 국유화하면 시장의 영향을 덜 받아 장기 투자가 가능하리라 생각했지만, 현실에서는 시장 대신 정치가들이 영향력을 행사하는 바람에 기업이 초단기적 안목으로 운영되었다. 특히 국영 기업의 노조 세력이 너무 강해져서 국민의 세금으로 노조원들의 단기 이익을 보호하는 결과를 낳았다(노조의 행동은 이해할 만한 것이지만, 근본적으로 경제에 해가 된다).

노르웨이의 스타토일 같은 예외가 있긴 했지만, 국영 기업의 실적은 전반적으로 실망스러웠다. 공공서비스가 국유화되는 사례는 기술(특히 통신 부문)과 규제경제학이 발전하면서 줄어들었는데, 그 이유는 새로운 기술과 규제 기법이 독점 이윤을 추구하지 않고 기업을 효율적으로 운영할 수 있도록 민간 기업에 다양한 인센티브를 제공했기 때문이다.

민영화

1980년대에 특히 국영 기업을 제대로 운영하지 못했던 영국에서 민영화의 물결이 일기 시작했다. 전기·가스·수도·통신·철강·항공 등의 산업이 주로 일반인과 민간 시장에 주식을 매각하는 방식을 통해 모두 민영화되었다. 덜 체계적이긴 했지만 다른 나라들도 영국의 뒤를 따랐고, 공산주의의 붕괴로 과거 공산주의를 표방했던 국가들도 국영 기업을 민영화하려고 노력함에 따라 민영화 움직임은 새로운 활력을 얻었다.

> **"—— 이익을 내는 산업을 국유화하면 곧바로 이윤이 사라진다. 황금알을 낳던 거위가 알을 낳지 못하게 된다. 국가라는 거위는 알을 잘 낳지 못한다.**
>
> _마거릿 대처

일반적으로 민영화의 목적은 특히 경쟁시장에서 기업의 경제적 효율성을 개선하는 것이다. 유럽의 민영 항공사인 루프트한자와 영국항공은 알리탈리아나 올림픽항공 같은 국영 항공사보다 좀 더 효율적인 서비스를 제공한다. 특히 통신 기술이 발전하면서 국가가 유일한 독점 공급자라는 생각은 사라지고 있다.

하지만 자연독점이 유지되고 경쟁이 제한적인 산업에서는 민영화의 효과성 여부가 불명확하다. (전력 공급 또는 열차 운행) 서비스의 공급자, 소비자, (전기 시설망이나 철로) 네트워크의 소유권을 따로따로 분리함으로써 철도와 전기 산업에 경쟁을 도입하려는 시도는 엇갈린 결과를 낳았다. 기업들에는 수많은 기회를 주었지만 소비자에게는 복잡함과 혼란을 야기했다. 아이러니하게도 오늘날 (런던에서) 내 컴퓨터에 전력을 공급해주는 업체는 프랑스 국영회사인 EDF 에너지이며, 이 회사는 중국 회사와 제휴해 영국에 원자력 발전소를 지으려고 계획하고 있다. 또한 나는 아리바 버스를 타고 직

생각할 수 없던 것을 생각하다

1983년에 내가 가입하자마자 노동당은 선거에서 참패했다. ('역사상 가장 긴 자살 노트'라고 알려진) 노동당의 공약집은 영국 산업의 많은 부문을 국유화해야 한다고 주장했다. 25년 뒤, 노동당과 나는 한발 더 나아갔다. 노동당은 오래전부터 경제 정책의 도구로 국유화 정책을 포기했고, 나는 정치적 중립성을 엄격하게 유지해야 하는 국가 공무원, 즉 영국 내각 사무처 소속의 수석 경제학자가 되었다. 그리고 2008년 10월, 총리, 재무장관, 잉글랜드은행장이 다우닝 가 10번지에서 영국의 금융 시스템 그리고 어쩌면 자본주의 자체의 붕괴를 막기 위해 영국 은행 시스템의 상당 부분을 국유화하기로 결정하는 자리에 나도 동석했다. 이런 결정은 1983년에 노동당도 생각하지 못했던 일이다.

장에 가는데, 이 운송회사는 독일 국영 철도회사의 소유이다.

이런 일반적인 추세에도 불구하고, 최근에는 이념적 이유에서가 아니라 금융위기 때문에 다시 국유화 움직임이 급격히 일고 있다. 유럽 전역에서 크고 작은 국유화가 진행되고 있으며, 특히 골치 아픈 금융 분야에서 매우 활발하게 이루어지고 있다. 미국에서는 대형 주택담보대출회사가 국유화되었을 뿐만 아니라, 한때 세계 최대 기업이었던 GM의 지배지분도 정부가 인수했다. 일부 국유화 계획이 완전히 혹은 부분적으로 뒤집힌 경우도 있지만, 이런 국유화 움직임은 사적 소유권도 언제든 변경될 수 있다는 사실을 상기시킨다. 즉 상황이 심각해지면 여전히 국가는 그것을 바로잡을 의무가 있는 것이다.

(30)

복지국가

"시민으로서 우리는 늙고 병들 때를 대비해 국가에 더 많은 도움을 요구해야 한다."

인구증가와 경제 성장이 대체로 더딘 지역이나 농촌 사회가 사회적·경제적으로 계속 유지되려면 불가피하게 자선단체에 의존할 수밖에 없었다. 경제위기나 기근이 닥치면 통치자는 그들에게 음식을 배급하고, 때때로 고용을 늘리기 위해 일자리 창출 계획도 함께 시행했다. 하지만 어떤 정책을 시행해도 거의 모든 사회와 시대에서 가난과 극심한 고통이 확산되는 것을 막지 못했다. 산업화 이전에는 모든 곳에서 유아사망률이 대단히 높았는데, 그것은 빈곤의 직·간접적 결과였다.

산업화 시대에 들어서면서 대안이 필요해졌다. 마르크스는 자본주의 논리에 따라 자본가가 자신의 잉여가치를 극대화하기 위해 노동자들에게 최저임금만 지급하리라 추측했다. 그리고 그런 상태를 견디지 못한 노동자들이 결국 평화적 혹은 폭력적 수단을 써서 체제를 전복할 거라고 주장했다. 하지만 실제로 정치가 발전한 모습은 다소 달랐다. 노동자들이 단체를 조직하긴 했지만, 그들은 생산 수단을 직접 소유하기보다는 더 나은 임금과 근로조건을 확보하고 질병과 실직, 노후에 대비해 고용주나 국가로부터 복지 혜택을 받는 것을 우선시했다. 그러자 고용주들(과 이들이 직·간접적으로 통제하는 정부)이 반응을 보였다. 고용주들과 정부는 경제 불안이, 그리고 어쩌면 혁명이 일어날까봐 두려워했다. 그리고 좀 더 선견지명이 있는 사람들은 비교적 건강하고 넉넉하게 사는 노동자들이 일도 잘한다는 사실을 인정했다.

국가 주도형 사회보험제도가 최초로 도입된 곳은 (당시 노조가 근로조건을 개선하려고 총력을 기울였지만 정치적 힘은 약했던) 영국이 아니라, 동일의 주역인 비스마르크 총리가 집권하던 독일이었다. 독일의 사회보험제도는 세계 최대의 노동자 정당인 사회민주당Social Democratic Party의 정치적 위협을 부분적으로 막는 한편, (미국으로 떠나는 사람들의 수를 현저히 줄임으로써) 국가 산업을 발전시키는 데도 기여했다. 물론 혜택을 받지 못하는 사람들이 여전히 남아 있어서 많은 복지 서비스가 국가보다는 노조나 다른 '상호부조론자' 단체를 통해 제공되고 있지만, 다른 유럽 국가들도 대체로 독일의 방식을 따르고 있다.

> “ 시간이 흐를수록 복지국가는 놀라울 정도로 제 기능을 하지 못한다. 하지만 어떤 면에서 그것은 성공이 가져다주는 대가이기도 하다. 사람의 수명이 크게 연장되었으므로, 은퇴 연령 조정과 같은 대대적인 변화를 꾀하지 않는 한 정부 재정이 고갈될 것이다.
>
> _니얼 퍼거슨Niall Ferguson

전후 성장

대공황으로 기존의 복지 체계가 부적합하다는 사실이 증명되었으므로, 전후에는 오늘날 거의 모든 선진국에서 찾아볼 수 있는 보편적 복지제도가 만들어졌다. 하지만 재분배 방식(형편이 나은 사람에게 돈을 걷어서 형편이 나쁜 사람에게 주는 것)은 오늘날 복지국가의 원래 목적도 아니고 주된 기능도 아니라는 점을 기억해야 한다. 경제적 관점에서 보면 복지국가는 실질적으로 다음과 같은 세 가지 핵심 기능을 한다.

- 일반적으로 노인복지는 대부분의 선진국에서 정부 지출의

다른 모형 

거의 모든 선진국이 일정한 형태로 복지를 제공하지만, 그 규모와 운영 방식은 사뭇 다르다. 영국은 국가가 직접 모든 국민에게 무상으로 의료 서비스를 제공한다. 다른 나라는 보험제도를 이용하는데, 고용주나 노조가 참여해서 재원을 조달하고 관리의 일부를 정부가 맡는 형식이다. 스칸디나비아 국가들은 실업 및 질병 수당을 넉넉하게 제공하는 반면, 미국에서는 직업이 없는 독신 가구는 재정 지원 혜택을 거의 받지 못한다. 일반적으로 온 국민에게 일정한 금액을 지급하는 보편적 복지제도에도 차이가 존재한다. 보험처럼 운영하는 방식이 있는가 하면, 개인 분담금에 따라 차등적으로 혜택을 주는 비스마르크 방식도 있다. 현실에서는 거의 모든 나라가 두 방식을 혼용하고 있다.

가장 큰 부분을 차지하며 일부는 부유층에서 빈곤층으로 돈이 재분배되지만, 대개는 젊은 노동자에게서 은퇴자에게로 돈이 이전된다. 일반적으로 사람들은 인생을 사는 동안 이 두 시기를 모두 거치기 때문에, 노인복지는 은퇴에 대비해 의무적으로 저축하는 제도로 볼 수 있다.

- 질병이나 장애로 인해 발생하는 비자발적 실업에 대비한 보험제도를 마련한다. 한 번 더 말하지만, 이것은 재분배보다 위험을 좀 더 많이 공유하는 방식이다.

- 대부분의 나라에 재분배 성격의 제도가 있긴 하지만 수치상 매우 적은 부분을 차지하므로, 보통 문제가 되는 것은 복지 예산을 얼마나 지출하는가가 아니라 재원을 어떻게 마련할 것인가(어떻게 고소득자로부터 더 많은 세금을 걷을 것인가)이다.

이 외에도 아동복지제도가 있는데, 여기에는 여러 목적이 있다. 이 제도는 자녀를 양육하기 위해 직장을 그만둘 때를 대비한 '보험'의 역할을 하고, 사람들이 아이를 더 많이 낳도록 장려함으로써 경제 전반에 이익이 되기도 하며, 충분히 일하지 못하거나 벌지 못하는 가정의 아이들이 겪을 극심한 어려움을 막아주기도 한다. (적어도 최근까지) 미국이라는 분명한 예외를 제외하고 거의 모든 나라에서 온 국민이 누리는 의료 서비스 역시 복지국가의 핵심 요소로 간주된다.

복지국가의 미래

지난 10년 동안 좌파와 우파 모두 복지국가의 종말을 자주 언급했다. 적어도 우파는 다음의 세 가지 이유를 들어 복지국가에 반대한다.

• 어쨌든 민간 시장이 고령(수많은 민간 연금제도가 있다)과 건강 악화(정부는 민간 건강보험회사가 제대로 기능하도록 보장만 하면 된다)처럼 예측 가능한 위험에 대비하는 보험을 제공할 수 있다.

• 인구 변화 양상을 보면, 연금 수급자는 늘어나고 일할 사람은 줄어들며 기술의 발달로 의료비가 더욱 비싸지고 있어서 국가가 그 비용을 감당할 수 없다.

• 과도한 복지는 일하려는 의욕을 줄이므로 해롭다.

한편 좌파에서는 선별적 복지제도로 바꾸면 사회에 악영향을 끼칠 뿐 아니라 우파나 심지어 중도 정부가 들어선 나라에서조차 복지국가의 개념 자체가 파괴되고 있다고 생각한다. 하지만 이런 관점은 현실과는 거리가 멀다. 노령연금의 경우 여러 나라에서 정부와 민간 부문이 함께 공급하고 있지만, 서비스를 제공하는 방식은 일반적으로 정부가 결정한다. 의료 서비스도 마찬가지이다. 미국에서조차 정부가 GDP의 8퍼센트를 의료 서비스에 지출한다. 보수당이 이끄는 영국은 최근에 일부 복지 서비스가 대폭 축소되어 극심한 어려움이 발생하기도 했지만, 복지와 의료, 교육에 대한 정부 지출 비율은 그 어느 때보다 높았다. 인구분포의 변화와 과학기술의 발전이 복지국가의 재정과 조직을 크게 위협하고 있지만, 시민으로서 우리는 장래에 늙고 병들 때를 대비해 국가에 더 많은 도움을 요구할 것이다.

31

산업혁명

"18세기 중반까지 대부분 농업에 종사하던 인류에게
19세기의 산업혁명은 위대한 도약을 가져왔다."

16세기 이후 서유럽의 인구는 서서히 증가했지만, 산업화 이전에는 그 속도가 너무 느려서 1인당 소득이 꾸준히 증가하지 못했다. 국민 대부분이 영양실조와 질병에 걸려 있었고, 삶은 끔찍하고 잔인하며 짧게 끝나곤 했다. 오늘날처럼 경제 '발전'이나 성장이라는 개념을 당연시할 만한 이유가 전혀 없었다. 그러다 새로운 생산 과정이 도입되면서 마침내 변화가 생기기 시작했다. 특히 제조업의 기계화가 영국을 시작으로 나중에는 세계 경제까지 완전히 바꿔놓았다. 그리고 그것은 전례 없는 경제 성장과 인구증가로 이어졌다. 도시화가 일어나고, 덕분에 많은 사람들의 생활 조건이 점차 개선되었다.

증기의 시대

산업혁명 시대에 들어와 증기 동력(증기 동력으로 공장을 가동할 수 있게 되면서 기계화가 가능해졌다)과 그것을 활용한 새로운 발명품들이 등장하는 획기적인 사건이 일어났다. 특히 정방기와 역직기 덕분에 그동안 가내 수공업으로 생산하던 직물을 대규모 공장에서 기계화 과정을 통해 생산할 수 있게 되었다. 또한 철을 제련하고 주조하는 방식이 개선되어 농업용 기계 생산이 더욱 쉬워졌고, 이는 기존의 농업 종사자가 공장에서 일하게 되는 결과로 이어졌다. 한편 도로와 운하, 철도 등 교통기반시설이 발달하면서 물품들을 좀 더 쉽게 시장으로 운송할 수 있게 되었다.

이러한 기술 발전이 가져온 경제·정치·사회적 결과는 오늘날에도 여전히 우리 생활에 영향을 미치고 있으며, 이것이 현대 자본주의의 근간을 이루었다. 산업화는 자본주의를 필요로 했고, 자본주의의 발전을 촉진했다. 농업과 달리 공장을 지으려면 대체로 많은 투자 자금이 필요했고, 자금을 조달하려면 회사법과 금융 시스템이 필요했다. 농업이 효율화될수록 더 많은 농촌 노동자들이 도시로 이주해 공장에 노동력을 제공했다. 생산성 높은 새로운 기계와 공정에 투자하고 개발하려는 공장주들의 경쟁이 치열했다. 그리하여 성공한 사업가는 막대한 이익을 거두었지만, 실패한 사업가는 업계에서 퇴출당했다.

> 산업혁명은 인류 역사의 분수령이 되었다. 기술, 경제조직, 과학 이 세 가지 힘은 거의 100년 전 각각 다른 평범한 조상에게서 차례대로 나와 … 서로 연합해 사회에 대혼란을 불러일으켰고, 여전히 저항할 수 없을 만큼 빠른 속도로 수백만 명의 새로운 사람들을 집어삼키고 있다.
>
> _칼 폴라니Karl Polanyi

정치적 의미

산업화에 자본주의가 필요했던 것처럼, 자본주의는 결국 민주주의로 이어졌다. 경제력과 정치권력이 농촌에서 도시로, 땅을 가진 귀족에서 공장주와 기업가 등 새로운 자본가 계급으로 이동했다. 이는 결국 정부가 산업을 발전시키는 방향으로 정책을 추진한다는 의미였다. 예를 들어 영국에서 수입 곡물에 무거운 관세를 부과하던 곡물법을 폐지하자 국내 농업에서 얻는 이윤은 줄어들었지만, 도시 노동자의 먹거리는 늘어났다.

공장에서 생산하는 상품이 늘어났다는 것은 과거보다 좋은 물건을 더 많이 이용할 수 있게 되었다는 의미였다. 18세기에 평범한 영국인들은 고작 한두 벌의 셔츠를 소유했지만, 19세기 들어 공장에서 셔츠를 생산하자 거의 모든 사람들이 셔츠를 넉넉히 갖게 되었다. 굶주리거나 영양실조에 걸린 사람도 시골보다 도시에 훨씬 적었다. 1845~1849년에 아일랜드에서 발생한 감자 기근 사태의 정확한 원인과 책임에 대해서는 논란의 여지가 있지만, 이 사태가 산업화 중이던 영국이 아니라 시골과 농지가 많은 아일랜드에서 발생했다는 사실은 당시 농촌과 도시 사이에 존재하던 경제력과 정치력의 불균형을 분명하게 보여주었다. 아일랜드는 기근이 든 상황에서도 영국의 증가하는 도시 인구를 먹이기 위해 영국에 계속 식량을 수출했다.

하지만 산업화 초기 노동자들의 상황은 시골보다는 낫다 해도 여전히 끔찍했다. 이론의 여지는 있지만 정방기를 발명한 리처드 아크라이트Richard Arkwright는 아마도 현대적인 공장 시스템을 개척한 인물일 것이다. 그의 공장에서는 7세 어린이를 포함해 노동자들이 위험한 환경에서 하루 13시간씩 일했고, 치명적인 사고를 비롯해 각종 사건·사고가 흔하게 일어났다. 당시의 생활환경 역시 끔찍했다. 맨체스터와 브래드퍼드 같은 도시들은 인구가 너무나 빠르게 증가해서 주택과 위생시설이 턱없이 부족했기 때문에 환경이 불결하고 질병이 들끓었다.

하지만 노동자들은 점차 정치·경제적으로 조직화되어, 산업화로 얻은 경제적 이익에서 더 많은 몫을 획득했다. 특히 1830년 즈음부터 이들의 실질임금과 생활수준이 높아졌다. 또 자유시장 신

왜 18세기 중반 영국에서 산업혁명이 일어났을까? 확실하게 말할 수는 없지만, 1707년에 스코틀랜드와 잉글랜드가 통합되면서 영국은 오랜 기간 (대내적으로) 평화와 안정을 누렸고, 내부의 무역장벽이 사라져 비교적 규모가 큰 국내 시장이 형성되었다. 상당히 안정적이고 신뢰할 만하며 변화하는 경제 환경에 쉽게 적응할 수 있는 법률제도를 갖추고 있었던 점 등도 분명 도움이 되었을 것이다. 그러나 과거 다른 나라에도 이와 유사한 환경이 조성되었지만 영국처럼 극적인 결과를 낳지는 못했다. 논란의 여지는 있지만, 식민지가 영국의 산업혁명에 기여했다는 설명도 있다. 식민지가 수입원(특히 카리브 해 연안에서 노예를 활용해 지은 플랜테이션 농업), 원자재 공급처, 제조품을 사주는 전속 시장(특히 영국이 의도적으로 섬유 생산을 억제했던 인도) 역할을 해서 도움이 되었다는 것이다.

봉자들의 반대에도 불구하고, 노동 시간을 제한하고 아동 노동을 금지하는 등 근로조건이 규제되기 시작했다.

영국의 산업화는 다른 나라들로 급속히 전파되었다. 19세기 말에 미국은 이미 세계 최대의 산업국이 되어 있었다. 산업화에 따른 도시화 역시 기술 발전을 자극하고 정부의 역할을 확대했다. 처음에는 현대적인 상·하수도 시스템이, 나중에는 전기와 대중교통이 도입되어, 19세기 후반부터 일반 국민의 삶의 질이 크게 높아졌다. 이 모든 것이 2차 산업혁명으로 자주 언급되는 도시화가 촉진되는 계기가 되었다. 1851~1891년에 런던의 인구는 200만 명 남짓에서 500만 명 이상으로 늘어났다.

현대 자본주의의 근간이 되는 법률 및 정치 제도 중 대부분(기업, 주식시장, 노조, 복지국가, 대의민주제 등)은 산업혁명의 직·간접적 결과이자 산업혁명이 필요로 했던 경제조직들이다. 하지만 오늘날에는 공장 노동자가 많지 않고, 선진국에서 대량 생산이 차지하는 비율도 줄어들고 있다. 여기에 정보통신기술까지 발전하면서 경제 양상이 이미 크게 변화하기 시작했다. 어쩌면 이 변화는 시작에 불과할지도 모른다. 이것을 또 다른 산업혁명이라고 불러야 할지 아직은 모르겠지만, 이런 현상은 과학기술만큼이나 사회·경제적으로 의미가 크다. 그러므로 앞으로 다가올 변화는 19세기처럼 엄청난 규모의 변화일지도 모르겠다

(32)

제국주의와 식민주의

"제국은 자본주의 발달 전에도 존재했지만,
19~20세기 초 '제국의 시대'는 자본주의 확산과 함께 일어났다."

로마제국에는 '자본주의적' 요소가 전혀 없었다. 로마인은 다른 민족과 영토를 정복했지만, 군사력으로 그들을 통합하고 하나의 제국 안에 품었다. 이후 로마제국은 정복지에 법과 질서를 세우고 그곳 주민들을 외부의 위협으로부터 보호함으로써 경제 발전을 촉진했지만, 거기에 특별히 자본주의적 특징이 있지는 않았다. 반면 스페인처럼 전적인 착취가 목적이었던 제국들은 지배계급의 이익을 위해 정복지로부터 자원(특히 금과 은)을 수탈했다. 하지만 금과 은은 비생산 자산이므로, 이것 역시 자본주의 발달에 필요한 물적 자본의 축적과는 관계가 없었다.

제국주의 시대

현대 자본주의는 19세기 영국에서 시작되었다. 대영제국이 확장되고, 신흥 자본가들의 지원을 받는 신생 제국주의 국가들(벨기에, 프랑스, 독일 그리고 제한적 범위에서 미국)이 등장하면서 자본주의가 본격적으로 발달했다. 즉 제국주의 시대가 도래했다.

마르크스가 (일부) 제기했고 나중에 레닌Lenin도 언급한 주장이 하나 있다. 자본주의는 불가피하게 제국주의로 진화한다는 주장이다. 자본주의 논리에 따르면, 생산력의 향상 속도가 수요 증가 속도보다 앞서므로, 국내에서 이익을 낼 기회가 없어지면 해외 투자로 눈을 돌려야 한다. 그런데 모든 산업국가들이 같은 문제에 부딪칠 것이므로, (강압적이든 아니든) 자본주의 시스템 안에 새로운 국가가 편입되어야만 문제를 해결할 수 있었다. 적어도 19세기 영국에서는 이런 논리가 사실이었던 것 같다. 실제로 영국에서는 새로운 제조업에서 발생하는 무역 흑자 규모가 엄청났으므로, 모든 상품이 공식적으로 대영제국에 속한 국가들로 유입되지는 않더라도 대규모의 해외 투자가 필요했다.

제국주의에서는 정치와 경제, 군사 간의 상호작용이 항상 핵심이었다. 영국은 국내의 정치적 통합을 촉진하고, 독일과 미국이 부상하는 상황에서 세계 최대 상업 국가의 지위를 유지하기 위해 '대영제국 특혜관세' 제도를 마련했다. 그런데 영국 내에서 제국주의

직물 거래

제국주의와 자본주의가 결합해서 가장 강력한 힘을 발휘했던 예는 아마도 영국과 인도 사이의 직물 거래일 것이다. 산업혁명 이전에 인도는 세계 최대의 직물 생산국이었고, 동인도 회사의 관리 아래 상당량의 직물을 영국에 수출했다. 하지만 이후 100년 동안 무역의 양상이 완전히 바뀌었다. 이전에는 목화를 재배해서 실을 잣고 옷감을 짜고 염색해서 옷을 만드는 일을 인도에서 했지만, 산업혁명 이후에는 미국에서 (노예를 부려) 목화를 재배하고, 그것을 (기계를 갖춘 공장이 있는) 영국으로 실어와 실을 뽑고 천을 짜서 옷을 만든 다음, 일부는 영국에서 소비하고 나머지는 전속 시장인 인도로 수출했다. 그 결과 인도의 직물산업은 거의 파괴되었다.

정책은 인기가 있었지만, 보호무역주의의 결과로 노동자가 사용하는 소비재 가격이 상승하는 상황은 그렇지 못했다. 결국 관세 특혜는 2차 세계대전이 발발하기 전에 폐지되었다.

> “—— 잔인한 내전으로부터 4,000만 영국인을 보호하려면, 우리 식민지 시대 정치인들은 이 나라의 잉여 인구를 정착시키고 신규 시장을 개척하기 위한 새로운 땅을 손에 넣어야 한다. … 내가 늘 말했듯이, 제국은 빵과 버터의 문제다.
>
> _세실 로즈Cecil Rhodes

탈식민지화

레닌 사상의 기초가 된 책을 쓴 영국 경제학자 J. A. 홉슨J. A. Hobson은 레닌보다 앞서 국내 수요가 생산력과 보조를 맞춘다면 자본주의가 저절로 제국주의적 팽창으로 흐르는 상황을 막을 수 있다고 지적했다.

실제로 2차 세계대전 이후 자본주의 발전이 새로운 국면을 맞이하면서 제국이 해체되고 탈식민지화가 진행되었다. 자본가보다 노동자에게 파이를 더 많이 떼어주자, 성장 이익을 국내에서 공유할 수 있게 되어 대부분의 선진국에서 국내 수요가 생산력과 비슷한 수준으로 늘어났다. 예컨대 이때 이후로 영국은 국제 수지가 지나치게 흑자를 기록하지 않도록 관리하고 있다.

이에 따라 제국주의와 관련된 경제활동의 중요성이 작아졌다. 일부에 제국주의적 요소가 여전히 남아 있긴 했지만(2차 세계대전 후 1990년대까지 영국과 프랑스에 이민 온 사람들은 대부분 과거 영국과 프랑스의 식민지 출신이었다), 무역에서는 그렇지 않았다. 영국은 유럽경제공동체European Economic Community에 가입하면서 마지막으로 남아 있던 제국의 관세 특혜를 포기했고, 그 결과 지금은 인도와의 교역량이 벨기에와의 교역량보다 훨씬 적다.

오늘날 제국주의는 국제 질서의 주요 특징이 아니다. 강대국이 약소국을 침략하더라도, 그 주된 동기는 대체로 경제와 무관하다.

예를 들어 아프가니스탄이 당장 미국에 중요한 시장은 아닐 것이다. 또한 이라크가 엄청난 양의 석유를 보유하고 있다 하더라도, 비용과 편익을 합리적으로 분석해보면 이 나라를 침략할 경우 비용만 엄청나게 들 뿐이다(물론 특정 회사와 경제 부문은 실질적 이익을 얻을 수도 있다). 특히 미국은 (걸프 만의 산유국들처럼) 자원이 풍부한 나라에 무력을 사용하기보다 그 나라의 엘리트들을 끌어들여 경제적 이익을 창출하는 쪽을 훨씬 선호한다.

> “ 제국주의를 가장 간단하게 정의한다면, 독점자본주의 단계라고 말해야 할 것이다.
>
> _레닌

신식민주의

하지만 그렇다고 해서 국제 관계에서 힘의 불균형이 더 이상 경제에 영향을 미치지 않는 것은 아니다. 선진 자본주의 국가들이 직접적인 정치적·군사적 통제 방식이 아니라 정치적·경제적 영향력을 통해 저개발 국가들을 저렴한 원자재 공급처와 수출시장으로 계속 이용하는 현상을 설명하기 위해 ‘신식민주의’ 이론이 등장했다. 탈식민지 이후 콩고민주공화국의 역사에서 알 수 있듯이, 이런 주장에는 어느 정도 설득력이 있다. 콩고는 광물자원 때문에 아프리카 안팎의 국가들로부터 간섭을 받으며, 그들과 끊임없이 싸우고 있다.

하지만 극빈국에 대한 이런 직접적 수탈은 상당히 예외적인 경우이다. 아마도 선진국들이 자국 산업에 혜택을 주기 위해 자신들의 경제력을 이용해 국제 무역 질서에 영향력을 행사하는 경우가 더욱 해로울 것이다. 예를 들어 미국은 자국의 제약회사를 보호하기 위해 인도에서 저렴한 복제 약품을 생산하지 못하도록 상당한 노력을 기울이고 있다. 이는 인도와 다른 개발도상국 제조업자들뿐 아니라 미국 소비자에게도 손해를 끼치는 행위이다. 무역이 공정하고 자유로워야 모두가 이득을 얻는다.

(33)

전쟁

"세계화의 진행으로 경제적 의존도가 심해졌기에
전쟁이 일어나면 관련된 모든 국가는 손해를 입는다."

"두 나라에 모두 맥도날드가 들어서면 이후 두 나라는 서로 전쟁하지 않는다." 토머스 프리드먼Thomas Friedman은 이렇게 주장했다. 정말로 자본주의에는 국가 간 무력 분쟁을 막거나 적어도 많이 줄이는 특별한 힘이 있을까?

《뉴욕타임스》의 칼럼니스트였던 프리드먼은 1999년 자신이 확인한 이 사실을 '황금 아치 평화론'이라고 불렀다. 그의 논지는 이렇다. 세계적으로 자본주의가 발달하면 전쟁이 줄어들어 결국 아예 사라질 것인데, 그 이유는 이를테면 한 나라의 경제가 맥도날드를 시장에 들여올 정도로 발전했다면 경제력을 어느 정도 갖춘 중산층이 그만큼 많아졌다는 뜻이므로 그들이 인구 대다수의 경제적 이익에 해를 끼칠 전쟁에 반대할 것이기 때문이다.

“ 상업 정신이… 머지않아 모든 나라를 사로잡을 것이며, 이는 전쟁과 양립할 수 없다.

_임마누엘 칸트 Immanuel Kant

하지만 그 직후에 미국 전투기가 세르비아의 수도인 베오그라드를 폭격했는데, 이곳에서는 1988년부터 맥도날드 매장 몇 개가 성황리에 영업 중이었다. 자본주의와 세계화의 경제원칙을 무시한 미국의 행동에 실망한 군중이 격분에 차 베오그라드의 맥도날드 매장을 공격하고 불을 질렀다.

하지만 프리드먼의 이론은 그리 새로운 것이 아니었다. 1909년에 노먼 에인절Norman Angell이 이미 자신의 책 『위대한 환상*The Great Illusion*』에서 정복으로 얻을 수 있는 경제적 이익은 더 이상 없다고 주장했다.

“(정복지 주민들의) 생산 의욕이 꺾여서 정복지는 쓸모없는 곳이 될 것이다. 정복과 점유에는 대가가 따르므로, 정복 세력은 정복지 주민들의 재산을 그들 손에 그대로 남겨두어야 한다.”

자본주의가 정복을 무익하게 만든다

다시 말해, 산업화 이전에 승전국은 패전국에서 쉽게 (금이나 보물 같은) 물질자산과 천연자원을 약탈하고, 심지어 그 나라 사람들을 노예로 만들 수 있었다. 하지만 자본주의 체제에서 한 국가의 부는 생산력에 좌우되므로 몰수하기가 쉽지 않다. 오늘날 복잡한 생산기술로 부를 창출하려면 노동력과 전문성이 필요하므로, 결국 협력할 수단을 마련해야 한다. 이제는 정복할 목적으로 일으키는 전쟁은 유익하지 않다.

더구나 20세기 들어 세계화가 급격히 진행되어 산업국가들 사이에 경제적 의존도가 높아졌기 때문에, 전쟁이 일어나면 관련된 모든 국가들이 손해를 입게 된다. 이는 자유무역이 모든 참여자에게 혜택을 준다는 애덤 스미스의 주장과 연결된다. 즉 다른 나라의 경제를 파괴하면 (경쟁자가 제거되기 때문에) 승리한 나라도 손해를 보고, 무역이 줄어들기 때문에 승리한 나라를 포함해 모든 나라가 타격을 입는다. 1913년《이코노미스트》는 '문명 세계에서 전쟁은 불가능하다War Becomes Impossible in Civilized World'라는 제목의 논설을 실었다. 다음은 그 일부이다.

"최근 우리나라와 독일 사이의 상업적 이익 연대가 매우 강화되면서 … 독일이 우리의 잠재적 적 목록에서 빠졌다."

그러나 자본주의는 국가 간 충돌을 막지 못했고, 1차 세계대전이 일어나 그런 낙관주의에 종지부를 찍었다. 확실히 전쟁은 장기적으로 참전국들에 경제적 이익을 가져다주지 않았지만(이득을 본 나라가 있다면 오히려 유럽에서 상당히 멀리 떨어져 있는 미국과 일본이었다), 그런 사실이 전쟁의 재발을 막지는 못했다.

불타는 야망

비교적 평화로웠던 시대가 짧게 끝나고 2차 세계대전이 발발했다. 수많은 무력 충돌이 있었지만, 역사의 기록을 살펴보면 사람들이 끔찍하게 죽을 확률은 다른 시대에 비해 많이 줄어들었다. 1945년부터 1989년까지는 동구권과 북대서양조약기구NATO 사이에 직접적 충돌의 위험이 끊임없이 드리워져 있었는데, 이런 위협은 자본주의가 경제 안정과 성장을 위해 필요로 했던 것과 정확히 일치했다. 결국 미국과 유럽이 대공황에서 벗어날 수 있었던 것은 재무장 덕분이었고, 2차 세계대전이 실업 문제를 해결했다. 전쟁이 끝난 뒤 특히 미국은 '군사적 케인스주의'라고 말할 수 있는 경제 정책을 추진했다. 말하자면 이것은 마르크스가 언급했던 과잉생산 문제와 영원히 팽창하는 시장의 필요성을 케인스식으로 정부가 군사 장비에 엄청난 돈을 지출해서 해결하는 것이었다.

이런 관점에서 볼 때, 만약 미국이 소련과 대규모의 전면적 파괴전을 펼쳤다면 비참한 결과가 발생했을 것이다. 반면 미국이 한국전과 베트남전과 같은 국지전에 이따금 개입하고 작은 중남미 국가들이 공산화하지 않도록 수차례 개입한 것은 군비지출 증가에 찬성하는 집단으로부터 정치적 지지를 확보하는 데 대단히 유용했다. 공화당원이자 전직 장군이었던 드와이트 아이젠하워Dwight Eisenhower 대통령은 이것을 '군산 복합체'라고 불렀다. 더구나 군대는 언제나 첨단무기를 개발하려고 하므로, 군비 지출을 늘리면 기술이 발전하고 그 결과가 서서히 경제 전반으로 스며들었다. 소련이 세계 최초로 인공위성 스푸트니크 1호를 쏘아올리자 미국에는 이에 대한 대응으로 미국 방위고등연구계획국DARPA, Defense Advanced Research Projects Agency이 설립되었고, 이 기관은 훗날 인터넷을 가능하게 한 기술을 개발하는 데 중요한 역할을 했다고 알려져 있다.

이라크 전쟁은 자본주의적 전쟁이 아니었다

아이러니하게도 소련의 체제 붕괴를 가져온 것은 전쟁이 아니라 자본주의의 월등한 경제적 성과였다. 공산주의가 몰락하자 자본주의 국가들에는 군비 지출 증가(와 소규모 전투)를 지지하는 정치 세력이 급격히 줄어들었다. 2003년에 일어난 이라크 전쟁은 부시

행정부와 긴밀한 관계였던 몇몇 기업에 실제로 상당한 이익을 안겨주었지만, 전쟁에 들어간 막대한 비용(노벨 경제학상 수상자 조지프 스티글리츠Joseph Stiglitz에 따르면 약 3조 달러)을 제외하면 미국 경제에 득이 된 것은 거의 없었다. 미국 등이 이슬람 극단주의 무장단체에 맞서 군사 행동에 나서고 있긴 하지만, 그것이 규모와 범위 면에서 경제에 미치는 영향은 크지 않다. 또한 군산 복합체가 미국에서 정치적으로 여전히 중요하긴 하지만, 그 경제적 영향력은 대폭 줄어들었다. 1950년대와 1960년대에는 GDP의 10퍼센트 정도를 차지했지만, 오늘날에는 약 3.5퍼센트를 차지한다. 그러니 아마도 프리드먼의 생각이 옳았던 것 같다. 자본주의 국가들은 서로 전쟁을 하고 싶을지도 모르지만, 자국민을 보호하려는 목적으로만 군사 행동을 취하기 때문에 과거와 같은 대규모 전쟁과 비슷한 어떤 전쟁도 일

유럽의 평화

인류 역사가 시작된 이후 1945년까지, 유럽은 (전쟁과 내전, 대학살과 종교 분쟁, 민족주의자들과 분리주의자들의 폭력 행위 등) 크고 작은 무력 충돌이 끊이지 않았던 지역이다. 비교적 평화로웠던 시대에도 전쟁의 위협이나 국가 폭력은 사라지지 않았다. 하지만 오늘날 유럽 국가들(특히 프랑스, 독일, 영국, 이탈리아, 스페인 등 역사적으로 적대관계에 있던 나라들) 사이에서 전쟁은 단지 오래전에 사라진 과거일 뿐 아니라 이제는 거의 생각조차 할 수 없는 일이 되었다. 이것은 상당 부분 유럽연합을 통해 유럽 내 정치와 경제가 통합된 덕분이며, 이와 달리 세계에는 분쟁 지역이 여전히 많다.

어날 가능성은 없을 것이다.

하지만 이렇게만 생각하는 것은 세계대전을 통해 얻은 교훈을 간과하는 것이다. 오늘날 세계 최대의 자본주의 국가인 미국과 중국은 서로에 대한 경제적 의존도가 높다. 두 국가 모두 상대국의 영토를 점령하고 싶어 하지는 않으며, 미국과 중국이 여러 시장에서 경쟁하는 동안에는 양국 사이의 무역이 경제적으로 서로에게 득이 된다. 경제적 관점에서 보면 군사적 충돌은 양국에 손해만 입힐 뿐이다. 하지만 두 나라의 이익이 모든 영역에서 균형을 이루는 것은 아니므로, 이들은 20세기 초 열강들의 모습과 비슷한 방식으로 힘겨루기를 하고 있다. 그뿐만 아니라, 미국과 중국은 기술 발전을 통해 계속 군사적 우위를 확보하려고 할 것이다. 전쟁이 비합리적 행동임은 의심할 여지가 없지만, 역사를 통해 보면 전쟁이 절대로 일어나지 않는다고 확신할 수도 없다.

34

세계화

"전 세계가 연결되었다는 것은 글로벌 위기 또한 더욱 빠르게, 더 넓은 범위로 확산된다는 의미이다."

1600년부터 유럽 제국들이 성장하면서 세계 무역이 증가했지만, 오늘날과 같은 방식은 아니었다. 실크로드처럼 시장이 주도했던 교류와 달리, 이때의 무역은 아메리카 식민지와 아시아 그리고 특히 인도에 손을 뻗친 제국들이 주도했다. 남미의 경우 귀금속을 스페인으로 실어가는 것이 무역의 주를 이루었다. 초기 현대적 세계화의 가장 상징적인 예는 '삼각무역'이었다. 이는 영국의 금과 보석, 총기류를 아프리카로 실어가 카리브 해 및 아메리카 식민지에서 데려온 노예들과 교환한 다음, 그 노예들을 다시 유럽의 목화와 담배 농장에서 일하게 하는 방식이다.

1차 세계화의 시작과 끝

하지만 정말로 '세계적인' 1차 세계화는 19세기 후반 산업혁명과 집단 이주, 현대적 금융 시스템이 결합하면서 시작되었다. 제조업을 통해 만들어내는 상품이 급증하면서 신규 시장이 필요해졌다. 또한 증기선이 발명되어 상품을 훨씬 신속하고 안전하게 운송할 수 있게 되었다. 시티 오브 런던(런던의 금융 중심지—옮긴이)에서 흘러나온 자본으로 아메리카 대륙과 인도에 철도를 건설한 덕분에, 이 나라들의 항구까지 물건을 실어가고 실어올 수 있었다. 예를 들어 1848년 인도에는 철도가 없었지만, 30년 후에는 철로의 길이가 1만 5,000킬로미터에 이르렀다. 영국은 제조품을 전 세계에 팔아 막대한 무역 흑자를 냈다. 그 바람에 무역 수지의 균형을 맞추기 위해 대규모 자본 유출이 필요해졌고, 그 자본을 아르헨티나와 인도에 투자했다. 또한 유럽에서 아메리카 대륙으로 사람들이 대거 이동했다.

" 경제적 세계화에 탄력이 붙으면, 중국과 미국은 경제적 상호 의존도가 대단히 높아질 것이다. 그리고 이런 관계가 상호 이익에 기초하지 않거나 미국에 커다란 혜택을 주지 못한다면, 관계가 꾸준히 증진되지 못할 것이다.

_시진핑習近平

이 세계화는 1차 세계대전이 일어남으로써 붕괴되었고, 2차 세계대전 전까지 무역과 자본 이동, 이민이 제한되었다. 2차 세계대전이 끝난 후에도 무역이 회복되기까지는 오랜 시간이 걸렸고, 자본 이동에도 여전히 규제가 심했다.

급증

오늘날의 세계화 역시 기술 발전과 정치 변화의 산물이다. 정보통신 기술의 확대와 상품 운송 방식의 혁명인 컨테이너화가 그 기술 발전의 핵심이다. 한편 브레턴우즈 체제의 붕괴(16장 〈중앙은행〉 참조), 대부분의 산업국가에서 이루어진 자본 통제 해제, 베를린 장벽의 붕괴, 그리고 무엇보다 1979년 시장 경제를 도입하기로 한 중국의 결정 등이 무역과 자본 이동의 장벽을 크게 낮췄다.

이런 변화들은 1980~2007년에 무역과 자본 이동이 세계 생산량보다 훨씬 빠르게 증가했다는 의미였다. 바꿔 말하면 더 많은 생산품이 다른 나라에서 소비되었고, 금융 시스템은 무역에서 발생한 흑자를 환류해 적자를 메웠다. 세계화에서는 물건만 거래되는 것이 아니었다. 콜센터부터 관광과 고등교육까지, 사상 최초로 각종 서비스가 세계 무역의 중요 품목이 되었다. 두드러지지는 않지만 확실한 현상은 영어가 사실상 세계 공용어가 되고 미국 문화가 거의 보편적인 공통분모가 되자 통신 비용이 급감하면서 사람과 문화의 상호연결성이 증가했다는 사실이다. 사람의 이동(이민)만 여전히 제한을 받고 있는데, 특히 가난한 나라에서 부유한 나라로 이주하려는 경우에 그렇다.

> **"—— 그날그날 먹을 것이 없는, 세계에서 가장 가난한 10억~20억 명은 현재 세계화 결핍증이라는 최악의 질병을 앓고 있다. 세계화는 진행 방식이 좀 더 개선될 수 있지만, 그 최악의 질병은 그렇지 못하다.**
>
> _한스 로슬링Hans Rosling

세계화는 자본주의가 발전하고 전 세계로 확산하면서 자연스럽게 발생했을 것이다. 하지만 신고전주의 경제학이나 마르크시즘이 예측하지 못한 중요한 사실 하나는 19세기와 달리 최근의 이동은 부유한 나라에서 가난한 나라로 상품과 자본이 이동하는 것이 '아니라는' 점이다. 오히려 부국 간의 무역이 증가했고, 중요하게는 빈국에서 미국 같은 부국으로 대규모 자본 이동을 동반한 수출이 크게 증가했다. 결과적으로 현재 미국은 재무부 증권으로만 1조 달러가 훨씬 넘는 '빚'을 중국에 지고 있다.

세계화와 불평등

아마도 세계화를 둘러싼 가장 큰 문제는 그것이 임금과 불평등에 끼친 영향일 것이다(42장 〈불평등〉 참조). 어떤 면에서는 신고전주의 경제학과 마르크시즘의 분석이 옳았다. 이들이 예측한 대로, 교통과 통신 비용이 줄어들자 저임금을 받더라도 일할 의사가 있는 수백만 명의 노동자들이 중국 등에서 나와 세계 경제에 편입되었고 '요소가격균등화'가 일어났다. 즉 치열한 경쟁 상황을 맞닥뜨린 선진국의 미숙련 노동자들은 임금이 감소했고, 가난한 나라의 노동자들은 임금이 상승했다. 그 결과 세계적으로는 불평등이 크게 줄었지만, 선진국에서는 불평등이 급증했다. 미국과 영국의 육체노동자들에게는 확실히 좋은 시절이 아니다.

앞으로는 어떻게 될까?

2008~2009년의 금융위기 결과로 나타난 세계 무역과 자본 이동의 축소(지금은 무역과 자본 이동의 증가가 총생산의 증가보다 느리다)는 세계화가 멈추었거나 심지어 역행한다는 의미일까? 그런 것 같지는 않다. 세계화를 추동하는 기술력과 정치력은 사라지지 않을 것이고, 특히 서비스와 같은 일부 부문에서는 교류가 강화될 것이다. 선진국 노동자를 위협하는 새로운 일자리는 아마도 기술을 어느

6년 전 나는 아내와 함께 지금은 시리아에 속해 있는 팔미라라는 고대 도시 끝자락에 있는 한 과수원에서 차를 마신 후, (당시 서양에서는 이국적인 재료였던) 석류 당밀을 산 적이 있다. 오늘날 이슬람 무장단체가 팔미라를 점유하고 일부는 파괴했는데, 그들은 이슬람 세계의 문화적 타락을 서구의 영향과 결부시키며 서구 자본주의의 영향력을 몰아내려 한다. 지금은 테스코 슈퍼마켓에서 석류 당밀을 살 수 있다. 바로 이것이 문화적 세계화의 모순이다. 문화는 우리의 시야를 넓히지만, 문화가 유발하는 반응이 반드시 긍정적인 것만은 아니다.

정도 갖추고 서비스 산업에서 일하는 노동자들에게도 위협이 될 것이다. 그러나 우리는 고통 없이 매끄럽게 발전이 이루어질 거라는 환상을 버려야 한다. 전 세계가 연결되었다는 것은 글로벌 위기가 더욱 빠르게 확산되고 영향을 주는 범위도 더욱 넓어진다는 의미이다. 결코 순탄하지 않을 것이다.

(35)

중국의 기적

"중국은 시장주의 개혁을 단행해 극적으로 성장했으나
이것은 '일반적인' 자본주의와는 거리가 멀다."

1984년 내가 열여덟 번째 생일을 보낸 직후 상하이를 방문했을 때, 20세기 초의 자유분방한 자본주의의 흔적이 그곳의 스카이라인을 지배하고 있었다. 당시 (사실상 외세의 식민 통치를 받고 있던) 상하이는 동아시아의 금융 중심지 중 한 곳이었고, 번드 지역에는 푸동의 평화로운 논들을 바라볼 수 있는 아르데코풍의 건물들이 줄지어 서 있었다. 지금 푸동에는 번드에 있는 건물들보다 족히 5배는 높은 마천루들이 들어서서 번드를 작아 보이게 하며, 세계 최대의 컨테이너 항구를 가진 상하이는 세계에서 둘째로 큰 경제 중심지가 되었다.

과거에는 중국인의 절대 다수가 국가의 통제를 받으며 시골에 살았고, 비효율적인 집단 농장이나 공장에서 일하면서 대체로 싸구려 물품들을 생산했다. 거의 모든 사람이 가난했지만, '철밥통'이라는 시스템이 있어서 아무도 굶어 죽지 않았다(이는 공산주의 초창기 시절 마오쩌둥이 대약진 정책으로 강압적인 집단화와 산업화를 강행하는 바람에 기근이 발생했던 일과 뚜렷이 대비된다).

하지만 1979년에 시장주의 개혁을 시작한 이후로, 중국 경제는 매년 평균 9퍼센트가 넘게 성장하고 있다. 이것만으로도 인상적인데, 그런 고공 성장 덕분에 현재 중국의 경제 규모가 과거에 비해 '40배' 이상 커졌다는 사실을 알면 더욱 놀랄 것이다. 같은 기간 약

세계적 영향력

2013년 마거릿 대처가 사망한 다음날, 나는 그녀가 지닌 역사적 중요성을 경제학적 관점에서 논하는 BBC 라디오 프로그램에 출연했다. 나는 이렇게 말했다. "1979년에 한 정치인이 시장 지향적 개혁이라는 급진적 정책을 표방하며 권력을 잡았습니다. 그 정책은 국가의 통제력을 축소하고 억눌려 있던 경제적 역동성을 해방하려는 것이었지요. 그것이 세상을 바꿔놓았고, 우리는 여전히 그 영향력을 느끼고 있습니다. 물론 그의 이름은 덩샤오핑입니다."

중국 경제가 국가 중심에서 시장 중심으로 움직인 기간은 (대처와 레이건이 등장하기 전) 서구의 혼합 경제가 민영화와 탈규제 쪽으로 비교적 완만하게 움직이던 때보다 훨씬 빠르게 자본주의의 세계화를 향한 시동을 걸었다. 그러나 당시 서양인들은 주로 스태그플레이션(42장 〈불평등〉 참조)과 냉전의 마지막 단계 같은 내부 문제에 지나치게 몰두한 나머지 그것을 알아차리지 못했다.

4억 명의 인구가 농촌에서 도시 및 중국 남서부 해안의 공장지대로 이주했고, 5억 명 이상이 가난에서 벗어났다.

중국은 다르다

이런 극적인 결과에도 불구하고, 중국이 자본주의 체제로 이행하는 과정은 국가, 즉 공산당의 통제를 받고 있으며 점진적이고 신중하다. 1989년까지 개혁에 착수하고 앞장섰던 덩샤오핑은 이렇게 말했다.

> "우리에게 사회주의란 중국의 상황에 맞게 재단되고 특별히 중국적 특색을 지닌 사회주의를 의미한다. 생산력을 고도로 향상시키고 압도적으로 풍부한 물질적 부를 이루려면 이런 사회주의가 필요하다."

중국은 먼저 농업 부문의 제약을 풀고, 나중에는 사업가들이 소규모 회사를 세울 수 있도록 허용하는 한편, 국영 기업의 직원 수를 줄였다. 하지만 노동력이든 자본이든 모든 것을 자유화하지는 않았다. 농촌에서 도시로, 생산성이 낮은 대형 국영 기업에서 생산성이 높은 민간 기업으로 노동자들이 이동하는 규모가 커지기는 했지만, 이것 역시 통제를 받았다. 일종의 주민등록제도인 '후커우戶口 제도' 때문에, 농촌에서 도시로 이주하기가 여전히 쉽지 않다. 그래서 중국의 도시들이 커지고 있긴 하지만, 인도나 브라질, 나이지리아와 같은 다른 개발도상국에서 일어나는 무분별한 도시 이주 현상은 비교적 덜 나타나고 있다.

" 중국 역사에는 나침반과 화약, 침술과 인쇄기 등 수천 년 동안 세계를 변화시킨 혁신들이 가득하다. 중국이 경제 초강대국으로 재등장한 사실에 놀랄 사람은 아무도 없다.

_게리 로크Gary Locke(주중 미국 대사)

또한 여전히 국가가 자본 시장 접근성을 통제하고 있다. 아직 국가가 대형 은행들을 소유하고 있고, 외국인 투자는 제한된다. 고전 경제 개발 모형은 중국이 저임금 노동자가 많은 비교적 가난한 나라이므로, 급성장하는 동안에는 무역 적자를 감수하면서 외국으로부터 상당한 규모의 투자를 끌어들여야 한다고 주장했다. 하지만 이런 예측과는 전혀 다르게, 중국의 높은 저축률은 사실상 이 나라의 무역 수지가 흑자라는 것을 의미한다. 그 결과 오히려 중국이 미국에 투자하고 있다. 더구나 엄밀한 의미에서 전통적인 케인스 방식은 아니지만, 중국은 (재정 정책과 통화 정책뿐만 아니라 국책은행을 통한 신용 통제까지) 가능한 거시경제적 관리 도구들을 모두 사용하고 있다. 노동과 자본의 갈등 역시 공산당의 통제 속에 주로 노조를 통해 신중하게 관리되고 있다.

중국의 미래

중국은 '일반적인' 자본주의와는 거리가 멀다. 하지만 중국이 과도기를 겪고 있는 것이 아니냐는 견해가 있다. 중국의 자본 시장이 시간이 갈수록 더욱 자유화되고, 정치와 경제에서 국가의 통제도 줄어들 거라는 이야기이다. 물론 중국의 가정들이 소비를 늘리고 저축을 줄일 것이므로, 중국 경제는 서서히 일반적인 자본주의 모형으로 수렴할 것이다. 중국 당국이 성장과 안정을 함께 이루어낸 놀라운 전력을 보면, 중국 국민(과 우리)은 희망을 품어도 좋다.

하지만 지금까지의 발전 양상으로 보건대, 중국 내에 엄청난 불균형이 축적되었으리라는 비관적인 견해도 있다. 경기침체의 위협이 있을 때마다 정부가 규제를 완화함으로써 많은 기업이 저리로 대출을 받았다. 하지만 이것은 중국 국민의 예금액 중 상당 부분이 국책은행이나 유사은행업을 통해 절대 상환되지 못할 대출로 흘러들어가고 있음을 의미한다. 이런 현상은 예측하기 어려운 정치적·경제적 결과를 불러일으킬 것이다. 또한 아무 갈등 없이 그런 상황에서 벗어나기는 쉽지 않을 것이다.

“ —— 검은 고양이든 흰 고양이든, 쥐만 잘 잡으면 된다.

_덩샤오핑

이와 동시에 중국이 ‘중진국 함정’(11장 〈성장〉 참조)에서 벗어날 수 있을지에 대해서도 의문이 제기된다. 지금까지 중국의 주된 성장 동력은 자본 투자와 농촌에서 도시로 이동한 노동력이었다. 따라잡아야 할 것이 너무나 많았기 때문에, 그동안은 이것만으로도 충분했다. 하지만 중국이 선진국과의 차이를 좁히게 된다면, 앞으로는 혁신과 기술 발전을 통해 성장해야 할 것이다. 중국에 인적 자원이 풍부하다는 데는 의심의 여지가 없지만, 시스템은 바뀌어야 할 것이다.

이것은 전 세계에 무엇을 의미할까? 현재 중국과 미국의 무역은 역대 최대 규모이자 역대로 중요하다. 선진국에 대한 중국의 수출은 물가를 낮게 유지하는 데 도움이 되었지만 중국은 임금 인상을 억제했고, 수출로 인한 흑자 덕분에 중국이 미국 정부 채권을 1조 달러 이상 보유하는 바람에 전 세계적으로 금융 불균형이 일어났다. 이것이 세계 최대의 경제국인 두 나라 사이의 경제 의존도를 높이고 있으므로, 중국에 정치적·경제적 격변이 일어날 경우 잠재적으로 전 세계에 지대한 영향을 미칠 수 있다. 따라서 중국의 미래는 장기적으로든 단기적으로든 우리 모두에게 중요하다.

(36)

자유로운 사람들의 땅?

"미국식 자본주의의 가장 큰 특징은 '역동성'에 있다.
공정한 기회를 믿으며 실패할 위험도 기꺼이 받아들인다."

1861~1865년에 벌어진 남북전쟁에서, 급격히 산업화가 진행되던 북부가 노예를 소유하고 농업 중심의 경제를 꾸려가던 남부에 승리한 것은 자유의 승리인 동시에 자본주의와 산업의 승리이기도 했다. 이 전쟁은 향후 150년이 넘는 기간 동안 미국에서 자본주의가 지배적 지위를 확립하는 기초가 되었다.

다른 모형

미국의 자본주의는 유럽과는 상당히 다른 모습으로 발전했다. 유럽에서는 산업 노동자의 이익을 대변하는 노조와 정당들이 근로

줄어드는 미국의 영향력

미국은 여전히 세계 경제에서 가장 크고 중요한 나라지만, 전후 대부분의 기간 동안 유일한 지배 세력은 아니었다. 과거에는 세계 경제의 3분의 1 이상을 차지했지만, 지금은 6분의 1에도 미치지 못한다. 그렇다고 미국 경제가 위축되고 있다는 이야기는 아니다. 미국은 그저 뒤따라오는 중국 같은 나라들보다 훨씬 천천히 성장하고 있을 뿐이다.

여기에는 경제적·지정학적으로 큰 의미가 담겨 있지만, 아마도 심리적 의미가 더 클 것이다. 우리는 미국을 자본주의 경제의 대표 모델로 여겨왔고 미국은 여전히 중요한 나라지만, 이제는 여러 자본주의 국가 중 하나일 뿐이다.

전 세계 GDP에서 미국이 차지하는 몫

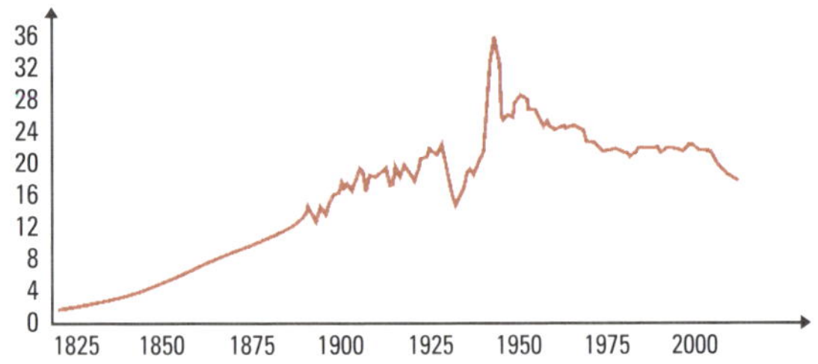

조건을 규제하고 정치권력을 나누어달라고 요구했다. 그래서 19세기 후반 유럽의 자본주의는 자본과 노동이 정치·경제적으로 갈등하는 가운데 (이따금 억압적 방식을 통해) 발전했다.

미국에서는 그런 일이 거의 일어나지 않았다. 미국에도 대중에 영합한 반反자본주의 운동과 노조 활동이 있긴 했지만, 유럽처럼 권력을 쟁취하거나 세력을 확대하지는 못했다. 또한 노동자의 이익을 대변하는 주류 정당도 출현하지 않았다(이는 노예제도의 유산이 부분적으로 남아 있었기 때문이며, 민주당은 1960년대까지 남부 분리주의자들의 지배를 받았다). 사회주의와 노동조합주의, 무정부주의와 같은 유럽의 이념들이 (특히 독일과 이탈리아에서) 이민자들과 함께 대서양을 건너가기는 했지만, 그들에게 미국은 산뜻하게 새출발할 기회의 땅이었다. 미국이 누구나 스스로 운명을 개척할 수 있도록 공평한 기회를 제공한다는 이미지는 지금도 강하게 남아 있다.

그 결과 미국의 자본주의는 여러 면에서 유럽과 같은 다른 선진 자본주의 국가들과 상당히 달라졌다. 노동자의 권익은 훨씬 적게 보호받았고, 회사를 운영하는 기업 소유주와 경영진의 권한은 더욱 강해졌다. 또한 노동자들을 자유롭게 해고할 수 있는데, 이것은 유럽이나 일본 같은 나라에서는 생각할 수 없는 일이다. 사회적 안전망 역시 상당히 취약하다. 미국에는 여전히 국민건강보험제도가 없고, 유럽보다 노동 시간이 훨씬 길지만 유급휴가는 더 짧다.

미국 예외주의

가장 중요한 부분은 문화적 차이일 것이다. 미국에는 자기 사업을 하고 싶어 하고, 성공할 기회를 공정하게 가지고 있다고 믿으며,

실패의 위험을 기꺼이 받아들이는(또한 실패했을 때 다시 시도하려는) 사람들이 훨씬 많다. 이것은 미국식 자본주의의 강점이기도 하고 약점이기도 하다. 미국은 유럽보다 훨씬 역동적이다. 미국과 유럽에 있는 대기업의 수는 비슷하지만, 지난 30년 동안 유럽에서는 신생 대기업이 거의 생겨나지 않은 반면, 미국에서는 대기업의 7분의 1이 새로 설립된 회사였다. 애플과 아마존, 페이스북 같은 회사들이 미국 밖에는 존재하지 않는다. 이런 기업들을 위협할 만한 세력은 오히려 아시아에 있다.

> **“ —— 아메리카니즘이라 부르든 자본주의라 부르든, 우리의 미국식 시스템은 우리 모두에게 엄청난 기회를 주므로, 그 기회를 양손으로 붙잡고 최대한 활용하기만 하면 그만이다.**
>
> _알 카포네 Al Capone

하지만 역동적인 미국의 모습을 들춰보면, 최근 몇 년 사이에 부와 권력이 비정상적으로 집중된 현상을 발견할 수 있다. 지금과 같은 호황기에 성장을 통해 얻은 이익이 실질적으로 상위 1퍼센트에게만 돌아가고, 99퍼센트의 평균 소득에는 변동이 없다. 물론 기업가들이 회사를 성공적으로 운영한 것은 사실이지만, 금융 분야 또는 기업의 다른 부문에는 맡은 업무가 실제로 발생한 경제적 가치와 직접 관련이 없더라도 자기 일을 잘하고 있는 사람이 많다.

어두운 면

한편 기술이 부족하거나 일터에서 자동화에 밀리거나 무역 확대로 경쟁이 치열해진 산업에 종사하는 운 나쁜 사람들은 그동안 고통을 겪어왔다. 미국식 자본주의 모형은 오래되거나 망해가는 기업에서 새롭고 역동적인 기업으로 자본을 신속히 재분배하는 데 대단히 유리하지만, 최근에는(특히 급성장하는 첨단기술 기업 중 다수가 노동 절약형이 되어가므로) 노동자를 재분배하는 데 별로 효율적이지 못했다. 더구나 미국의 정치제도는 선거 비용을 거의 통제하지 않기 때문에, 다른 나라들에 비해 돈이 정치권력에 미치는 영향력이 훨씬 크다(24장 〈민주주의〉 참조).

그러므로 지금 미국이 보여주는 모습은 역설적이다. 한편에서 보면 미국의 자본주의는 건전한 상태이다. 미국은 세계에서 가장 부유하고 생산성이 높기 때문이다. 미국의 기업들은 현재 가장 성장이 빠르고 혁신적인 산업, 특히 기술 분야를 지배한다. 하지만 다른 한편에서 보면 미국 국민의 생활수준은 경제 수준에 비해 한참 뒤처져 있고, 정치제도가 이 문제에 제대로 대응하지 못했다. 놀랄 일도 아니지만, 이런 상황은 좌파와 (특히) 우파 모두에서 소위 '티 파티'부터 도널드 트럼프Donald Trump의 등장에 이르기까지 대중에 영합하는 운동의 증가로 이어졌다. 국제적으로는 미중 무역이 유사 이래 최대 규모이고, 이것은 미국과 중국의 경제 발전에 대단히 중요하지만, 양국 사이에 정치적 긴장도 높아지고 있다.

> "그러므로 출생과 상관없이 모든 사람에게 주어지는 황금 같은 찬란한 기회, 살고 일하며 자연스럽게 행동할 권리, 인격과 비전을 결합해 무엇이든 원하는 모습이 될 권리, 이것이 바로 구하는 자에게 하는 미국의 약속이다.
>
> _토머스 울프Thomas Wolfe

미국은 20세기 초와 대공황 시기에 지금과 비슷한 어려움을 겪은 적이 있고, 두 경우 모두 자본주의의 근본 원리를 훼손하지 않으면서 문제를 성공적으로 해결했다. 그러나 오늘날 미국의 정치 체제는 문제에 대처할 능력이 있을까? 있다면 어떤 모습으로 대응할까? 과도한 금융시장을 억제해서 기술 분야에서 발생하는 이익을 좀 더 광범위하게 분배할까? 아니면 국제 정치와 무역에서는 중국과 각을 세우고, 국내에서는 좀 더 대중 영합적인 정책들을 추진할까? 미국은 20세기 후반처럼 세계 경제를 지배하지는 못할 테지만, 여전히 자본주의를 선도하는 위치에 있다.

(PART 5)

사회와 문화

이 모든 문제가
정말 자본주의 탓일까?

(37)

소비지상주의

"소득과 부를 얻어 경제적 여유를 누리고 싶은 욕망은
일하고 저축하고 발명하고 투자할 동기를 부여한다."

물질적 여건을 개선하고 싶은 본능은 인간 진화의 역사에 깊이 뿌리박혀 있다. 특히 음식과 주거지 같은 자원에 대한 통제력은 초기 인간의 생식 가능성을 크게 높여주었다. 이와 같은 본능이 우리가 자본주의를 생각하는 방식과 현대 경제학의 기초를 이룬다. 소득과 부를 얻어 경제적 여유를 누리고 싶은 욕망은 일하고 저축하고 발명하고 투자하도록 사람들에게 동기를 부여한다.

애덤 스미스는 그런 동기가 개인뿐 아니라 사회 전체에 도움이 된다고 설명했다. 하지만 이 대목에서 "어느 정도면 충분한가?"라는 뻔한 질문이 출현한다. 선진국 (그리고 다른 많은 지역)에서 점점 많은 사람들이 음식과 주거지, 다른 필요한 물건들을 충분히 사고도 남을 만큼 소득을 올린다. 여기서 자본주의에 잠재된 문제가 제기된다. 대부분의 사람들이 적당히 벌고 적당히 소비할 만큼 충분히 생산할 수 있다면(46장 〈풍요와 과잉〉 참조), 무엇으로 사람들에게 동기 부여를 할 것인가? 그런 상황이 오면, 성장이 멈추고 경기는 침체될 것이다. 그것이 반드시 나쁜 것은 아니다. 사람들이 자신이 가진 것에 만족하고 있어서 개선하기 위해 노력할 필요가 없다는 것을 의미하기 때문이다. 하지만 이것이 경제와 사회에 뜻하는 바는 상당히 다르다.

과시성 소비지상주의

다행히 이런 상황이 아직 현실로 나타나지는 않았다. 소비할 수 있는 상품과 서비스의 가치로 판단해보면, 지금 우리는 50년 전보다 2배 정도 잘살고 있지만, 더 많이 소비하고 싶은 욕구는 줄어들지 않은 것 같다. 미국의 사회학자 소스타인 베블런Thorstin Veblen은 저서 『유한계급론*The Theory of the Leisure Class*』에서, 계층화된 사회에서 과시성 소비는 경제적 지위를 표현하는 수단이라고 주장했다. 특히 다른 사람들이 어쩔 수 없이 생업에 매달릴 때, 잘사는 사람들은 전혀 쓸모없는 물건들을 소비하거나 비생산적인 활동에 시간을 보냄으로써 경제력을 과시할 수 있다.

하지만 이제는 베블런의 설명이 그럴듯해 보이지 않는다. 우리 주변에서 과시성 소비 행동을 많이 볼 수 있지만, 사회는 과시적 여가 활동이나 비생산적 활동에 가치를 부여하지 않는다. 기술 스타트업이나 투자은행에 다니는 사람들이 열심히 일하지 않는다고 말할 사람은 아무도 없다. '불필요한' 물건과 서비스를 통해 돈을 번다는 이유로 많은 사람들이 최첨단 소비 자본주의라고 지적하는 분야에서 일하는 사람들도 마찬가지로 열심히 일한다. 킴 카다시안Kim Kardashian을 떠올릴 때 당신이 무엇을 생각하든, 아니면 좀 더 광범위한 차원에서 그녀가 현대 사회에서 무엇을 상징하든, 그녀는 전혀 게으르지 않다.

> “ 원하는 것을 항상 얻을 수는 없다. 하지만 가끔은 노력하면 필요한 것을 얻을 수 있을 것이다.
>
> _롤링 스톤스The Rolling Stones

남에게 뒤지지 않으려고 애쓰기

최근에 사회학자와 심리학자들은 상대 소득 그리고 아마도 상대 소비가 후생을 인지하는 방식에 상당히 중요하다고 말했다. 우리는 비슷한 환경에 있는 사람들과 비교해서 자신의 부유한 정도를

계획적 진부화

초기 자본주의는 나온 지 얼마 되지 않은 소비재를 일부러 정기적으로 교체함으로써 '포만감'을 일부 해소하려 했던 계획적 진부화 문제를 해결하고자 노력했다. 예를 들어 그리스 태양신의 이름을 딴 포이보스라는 전구 제조업체 카르텔은 전구의 최대 수명을 1,000시간으로 담합했다. 오늘날 이런 행동은 거의 범죄 행위로 여겨진다. 그러나 공모까지는 아니더라도, 스니커즈에서 스마트폰까지 패션이나 기술이 진보하면서 소비자에게 최신 제품을 사도록 강요하는 계획적 진부화의 사례는 모든 분야에 여전히 많다.

가늠한다. 즉 '남에게 뒤지지 않으려고 애쓴'다. 그러므로 소득과 부의 분포도에서 자신이 어떤 위치에 있든 상관없이, 늘 조금 더 부유해지면 조금 더 행복해지리라 생각할 것이다. 영국의《데일리 텔레그래프》가 런던에 살면서 연봉이 19만 파운드(아마도 세계 소득 분포에서 상위 0.1퍼센트 안에 들 것이다)인 부부의 이야기를 다음과 같이 소개한 것도 같은 맥락이다.

> "런던 중산층의 순수 생활비로 보면 부부의 소득 수준은 가장 낮은 단계에 겨우 걸쳐 있는 상황이므로, 이들은 재정적으로 파산할까봐 걱정하고 있다."

이 이야기는 '#선진국 문제#firstworldproblems'라는 트위터 해시태

과시성 소비의 사례를 보고 싶으면, 모나코 해안에 정박해 있는 호화 요트나 〈파이낸셜 타임스〉 주간지의 '이것을 소비하는 법How to Spend It' 코너를 읽어보면 된다. 수작업으로 직접 색을 입힌 수천 파운드짜리 핸드백, 유명 축구선수가 광고한 시계, 믿기 어려울 정도로 고해상도를 자랑하는 TV 등은 확실히 품질이 훌륭하지만, 이 제품들이 사람을 끌어당기는 것은 품질 때문만이 아니다. 이런 제품들은 자신의 부와 취향을 드러내는 수단이 된다.

그가 달리는 글들의 전형적 사례이다. 소비재와 서비스를 생산하고 판매하는 사업자들은 광고와 마케팅을 통해 사람들이 이 런던 부부와 같은 태도를 계속 유지하게 만드는 일에 관심이 많다. 그래야만 더 좋은 스마트폰과 평면 TV 등을 계속 생산할 수 있기 때문이다. 소비 사회는 남과 비교하는 인간의 속성과 기업이 그 속성을 이용하도록 동기 부여하는 자본주의의 강력한 경제력이 결합할 때 주로 등장한다.

소비지상주의의 한계

그렇다면 소비에는 상한선이 있을까? 물리적으로는 있다. 사람이 먹을 수 있는 음식의 양, 갖고 싶어 하는 집의 크기, 한 가구가 실제로 사용할 수 있는 자동차의 수 등에는 한계가 있다. 하지만 결국 우리의 소비 패턴은 바뀌어야 한다. 전 세계 사람들이 현재의 미국인들처럼 육류나 화석연료를 소비한다면(혹은 쓴 만큼 다시 만들어낸다면), 인류는 곤란해질 것이다. 중국과 인도의 소비시장은 오늘날의 미국과는 달라야 할 것이다. 즉 화석연료에 덜 의존해 폐기물을 줄이고 재활용을 확대해야 한다.

이런 일은 이미 어느 정도 일어나고 있다. TV와 컴퓨터, 스마트폰은 대체로 20년 전보다 가벼워졌고 물리적 공간을 덜 차지하지만, 더 나은 (말하자면 소비자들이 더 좋아할 만한) 새로운 모델을 생산하느라 수많은 돈과 노력을 투자하고 있다. 그리고 오락과 통신 수단처럼 그 자체로는 물질 자원을 소비하지 않는 서비스 분야에서 상품의 종류와 선택의 폭이 폭발적으로 증가하고 있다. 시간이 갈수록, 우리는 물질에 거의 영향을 미치지 않는 것들을 점점 더 많이 소비하게 된다(48장 〈디지털 경제〉 참조).

이런 것이 환경 친화적일지는 모르지만, 그래도 여전히 소비이다. 과도한 소비지상주의를 좋아하지 않는 사람들은 우리의 물욕이 채워지고 서비스가 다양해지되 상품 가격은 낮아져서, 이웃과 덜 비교하고 자신의 삶에 더 만족하면서 비물질재를 더 많이 즐기게 되기를 바랄 것이다. 물론 다른 사람들과 비슷해지려고 더 많은 시간을 들이는 사람도 얼마든지 나타날 수 있다.

(38)

실업

"실업은 개인과 가족에게는 가난과 결핍을 의미하며,
사회 전체로는 경제적 잠재력이 낭비되는 것이다."

자본주의가 그렇게 훌륭하고, 애덤 스미스의 '보이지 않는 손'이 자원을 적재적소에 확실하게 분배한다면, 실업자는 왜 발생하는 걸까? 2015년에는 세계 전체 노동인구의 약 6퍼센트에 해당하는 2억 명 이상의 사람들이 일자리를 원했지만 얻지 못했다. 자본주의에 내재된 결함을 이보다 더 잘 보여주는 것이 있겠는가?

실업은 개인과 가족에게는 가난과 결핍을 의미하며, 사회 전체로는 경제적 잠재력이 낭비되는 것이다. 그러므로 실업의 원인과 해결책을 두고 경제학자들의 의견이 분분한 것은 별로 놀랍지 않다. 실업이 발생하는 이유에 대해서도 적어도 세 가지 의견이 대립한다.

- 순수 자유시장주의 관점에서는 개인의 선택 혹은 정부의 개입에 의해서만 사람들이 실업 상태에 놓인다. 즉 노동시장이라는 것이 존재해서 수요와 공급에 따라 가격이 결정된다. 그러므로 노동을 제공하려는 자가 그 가격을 충분히 낮출 의사가 있다면, 누군가 그를 고용할 것이다. 하지만 정부가 개입해서 실업자들에게 수당을 준다면, 몇몇 사람들은 얼마 안 되는 임금을 받고 일하느니 차라리 일하지 않는 쪽을 선택할 것이다. 빅토리아 시대의 구빈법은 바로 이런 관점에 기초를 두었다. 당시에는 노동을 통해 자립할 능력이나 의사가 없는 사람들을 강제로 노역장에 집어넣었는데, 공리주의 철학자 제러미 벤담Jeremy Bentham의 말을 빌리면, 이 노역장은 "유익한 공포의 대상"이었다. 즉 노역장은 어떤 대안도 마다하지 않을 정도로 불쾌해야 한다는 의미이다.

- 반면 마르크스주의자들은 자본주의가 실업을 일으키는 원인이고 실업을 필요로 한다고 주장한다. 자본주의 생산양식이 소유주로 하여금 비용을 줄이고 축적한 자본은 노동 절약형 기계에 투자하도록 유도한다. 이는 자본이 항상 노동을 대체해서 실업을 유발하고(마르크스가 말한 '실업자들로 구성된 산업예비군'), 그와 동시에 임금을 낮추어 이윤을 늘린다는 것을

의미한다. 늘어난 이윤은 결국 새로운 산업이 확대되는 결과로 이어진다. 이렇듯 자본주의에서는 실업이 불가피하므로, 모두에게 일자리가 보장되려면 완전히 새로운 체제가 필요하다.

- 케인스의 관점에서 실업은 총수요가 부족하다는 뜻이다. 시장이 완벽하게 기능한다면, 가격은 수요공급의 원리에 따라 결정될 것이다. 그러므로 수요가 줄어 상품의 가격이 하락하면, 임금도 같이 줄어든다. 케인스는 단기적으로 상품과 노동 가격이 서서히 조정될 거라고 가정했다. 그러나 생산과 고용에 부담이 생겨 비자발적 실업이 초래될 것이다. 그러므로 완전 고용 상태를 회복하려면 재정 정책이나 통화 정책 같은 정부의 개입이 필요하다.

이 세 가지 설명 중 완벽하게 설득력 있는 것은 없다. 구빈법이 있었을 때조차도 임금은 거의 규제가 없는 시장에서 결정되었으므로, 실업률은 상당히 변동이 심했다. 또 대공황 때 여러 나라에서 실업이 전례 없는 수준으로 급증했을 뿐 아니라, 10년간 상황이 좋았던 때에도 실업률이 그대로 머물러 있었으므로, 사람들은 수요와 공급이 저절로 균형을 이루지 않는다는 사실을 확인했다. 또 실

유럽에서 다시 실업이 증가하다

미국과 달리 1980년대와 1990년대에 유럽의 여러 나라에서 실업률이 높았다. 하지만 2000년대에는 실업률이 서서히 줄어들었고, 2008~2009년 경기가 후퇴하기 직전에는 7퍼센트 미만까지 떨어졌다. 금융위기 때는 미국과 유럽 모두 실업이 급증했다. 이후 미국과 영국, 독일의 실업률은 금융위기 이전 수준을 회복했지만, 프랑스와 이탈리아, 스페인과 그리스의 실업률은 여전히 10~25퍼센트이며, 청년실업률은 이보다 훨씬 높다. 이것은 실업률이 높은 나라들의 노동시장에 구조적 문제가 있음을 보여주는 걸까, 아니면 긴축 정책이 실패하면서 불가피하게 발생한 결과일까? 나는 둘 다라고 생각한다. 실업은 경제력과 인간의 노동력을 낭비시키므로 어떤 경우에도 허용되어서는 안 된다. 그리고 실업이 유발하는 불안감은 유럽연합의 미래를 위협한다.

업이 임금을 영구적으로 낮춘다는 마르크스의 견해는 20세기 내내 임금이 꾸준히 상승한 사실에 근거해 완전히 잘못되었음이 증명되었다. 2차 세계대전 후, 실업률은 케인스식 수요 관리를 통해 역대 최저가 되었고 30년 동안 안정적으로 유지되었지만, 1960년대부터 대부분의 산업국가, 특히 서유럽에서 실업률이 다시 오르기 시작했다.

> “—— 실업은 두통이나 고열과 같아서, 불쾌하고 진을 빼지만 원인에 대해 어떤 설명도 할 수 없다.
>
> _윌리엄 베버리지 William Beveridge

하지만 이 세 가지 설명은 부분적으로는 모두 사실이다. (가난한 나라는 말할 것도 없고 부유한 나라도 그리 후하지 않은) 실업수당만으로 근근이 사는 쪽을 선택하는 사람은 거의 없겠지만, 혜택을 주면 일할 의욕을 떨어뜨릴 수 있다거나 최저임금이 지나치게 높으면 상대적으로 생산성이 낮은 노동자들이 일자리를 잃게 된다는 말은 비정한 주장이 아니다. 기술 발전과 혁신은 자본주의의 필수 요소지만, 일자리를 없애게 되므로 일시적이나마 사람들을 직장에서 몰아낸다. 그리고 2008년과 2009년의 금융위기와 그 여파에서 알 수 있듯이, 수요의 중요성을 강조한 케인스의 견해가 옳았다는 데는 의심의 여지가 없다.

> “ 실업은 없어져야 한다. 오늘날 임금이 충분하지 않아서 생계를 유지하기 힘든 노동자들이 대단히 많다. 이것은 산업이 이행해야 할 둘째 임무이다. 첫째 임무가 좋은 물건을 만드는 것이고, 둘째 임무는 충분한 임금을 지급하는 것이다.
>
> _헨리 포드Henry Ford

마찰적 실업, 구조적 실업, 경기적 실업

오늘날에는 대개 다음의 세 가지 요인을 결합해서 실업을 분석한다. 첫째, 일자리가 사라지면 쫓겨난 노동자들이 새로운 기회를 찾을 시간이 필요하므로, 마찰적 실업은 항상 일정 수준으로 존재한다. 둘째, 노동시장에 어떤 힘이 작용하거나 작용하지 않을 때 구조적 실업이 발생한다. '지나치게 후한' 복지 혜택 때문에 구조적 실업이 일어날 수도 있는데, 관련 증거는 별로 없다. 좀 더 그럴듯한 설명은 잠재적 노동자들에게 필요한 기술이 없기 때문에, 사람들을 노동시장 밖으로 내모는 차별 때문에, 고용을 어렵게 만드는 취업 규칙 때문에 구조적 실업이 발생한다는 것이다. 이 모든 요인이 구직자와 고용자 간의 '일자리 연결' 과정을 방해한다. 마찰적 실업과 구조적 실업은 결합하여 보통 '물가안정실업률Non-Accelerating Inflation Rate of Unemployment, NAIRU'이라고 부르는 것을 형성한다. 물가안정실업률이란 물가상승률이 안정적으로 유지되는 수준의 실업률을 말한다. 이 외에도 노동력에 대한 총수요가 부족해서 발생하는 경기적 실업이 있다.

실업을 해결할 수 있을까?

좋은 소식은 우리가 실업 문제를 다룰 수 있거나 적어도 실업의 가장 해로운 징후를 파악할 수 있다는 것이다. 자본주의가 주기적으로 일자리를 없애고 새로운 일자리를 만든다는 마르크스의 생각은 옳았지만, 그것의 효과는 그가 생각했던 것보다 훨씬 유익하다. 심지어 정부는 실업수당을 제공해 노동자들이 기존 일자리를 포기하고 능력에 맞는 새로운 일자리를 찾게 함으로써, 마찰적 실업을 긍정적으로 이용한다. 반면 구조적 실업은 저절로 발생하지 않는다. 그러므로 유용한 기술을 가르치는 교육제도, 고용주와 구직자를 연결해주는 고용지원 정책 등 노동시장이 효율적으로 기능하게 해주는 조치들을 통해 구조적 실업을 줄일 수 있다. 마지막으로 노동에 대한 수요는 저절로 부족해지지 않으므로, 경기적 실업을 다룰 때 정부의 역할이 대단히 중요하다. 지난 10여 년간 유럽 여러 나라에서 실업이 상당히 증가한 사실은 정부가 케인스의 교훈을 망각했을 때 무슨 일이 벌어지는지를 잘 보여준다.

(39)

문화

"경제가 성장할수록 삶에서 문화가 더 중요해지겠지만,
문화 역시 이윤 추구의 원리를 따르게 될 것이다."

마르크스와 케인스는 이로운 정부(마르크스에게는 공산주의 정부, 케인스에게는 수정자본주의를 표방하는 정부)와 경제 발전이 결합하면 문화 융성으로 이어질 거라고 생각했다. 그렇게 되면 우리는 비교적 적은 시간과 노력을 들여 물질적 욕구를 충족할 수 있고, 경제적 욕구에서 벗어나 음악·미술·시 등 좀 더 고상한 취미에 나머지 시간을 할애할 수 있을 거라는 것이다.

자본주의 문화와 문화 산업

하지만 세상은 그런 식으로 움직이지 않았다. 그 대신 대단히 넓은 의미에서 문화와 오락이 세계화되고 경쟁이 치열한 산업이 되었다. 이런 현상은 국제 미술 시장으로 대표되는 고급 문화와 축구나 팝 음악 같은 대중문화(이 두 문화 간의 경계는 종종 모호하다)에 모두 해당한다. 실제로 우리는 자본주의 덕분에 문화 상품을 생산하고 소비하는 데 더 많은 시간을 쓸 수 있게 되었지만, 문화 상품 역시 자본주의 원리에 따라 눈에 보이는 물건처럼 시장에서 사고 팔 수 있다.

다른 상품이나 서비스와 마찬가지로, 문화 부문에서도 시장의 역동성 때문에 수준과 상관없이 상품의 수량과 종류가 폭발적으로 늘어났다. 오늘날에는 과거보다 훨씬 더 많은 책과 음악 및 미술 작

할리우드 우화

20세기 자본주의 문화의 중심은 당연히 할리우드였다. 2016년에 개봉한 영화 〈헤일, 시저!Hail, Caesar!〉에서 코엔 형제Coen Brothers는 스튜디오 책임자인 에디 매닉스(조시 브롤린Josh Brolin 분)의 시선으로 (주로) 1950년대 할리우드 황금기를 찬미했다. 이 영화는 스튜디오 시스템에 착취당하던 공산주의 극작가 집단이 화가 나서 주연 배우(조지 클루니George Clooney 분)를 납치한다는 이야기를 담고 있다. 매닉스는 감독들과 배우들, 가십 칼럼니스트들을 사람이 아닌 기계 부품처럼 대하며 그들의 삶을 조종한다. 눈에 보이지 않지만 매우 강력한 보스 한 사람을 위해 모든 것이 돌아가며, 모든 작업이 (공산주의자들의 지적처럼) 스튜디오에 대한 경제적 지배와 자본주의 이념을 공고히 하기 위해 이루어진다. 마지막 장면에서 매닉스는 스튜디오에서 '신의 일'을 계속하기 위해, 편하고 보수가 많지만 자본주의의 어두운 면을 품은 일자리(군산 복합체)를 거절한다.

품이 생산된다. 또한 기술이 발달한 덕분에 나(그리고 다른 수십억 명의 사람들)는 버튼 하나만 누르면 역사적으로 위대한 미술 작품과 문학 작품(그리고 놀랄 정도로 많은 형편없는 작품들)에 접근할 수 있다.

하지만 다른 한편으로, 자본주의는 부와 권력을 집중시키는 경향이 있다. 다양한 문화 상품들이 마케팅과 배급에 많은 돈을 투자하지만, 저비용으로 쉽게 복제품을 만들 수 있기 때문에 문화는 자연독점의 성격을 띠기도 한다. 예를 들어 글로벌 영화와 음악 산업은 소수의 미국 대규모 회사들이 지배하고 있다(물론 인도처럼 인구가 많은 일부 국가에서는 자국의 산업이 번성하는 경우도 있다).

그람시와 문화 헤게모니

현대 자본주의 사회에서 문화는 특별히 '자본주의적'일까? 20세기 전반부에 활동한 이탈리아의 공산주의자 안토니오 그람시Antonio Gramsci는 사회의 문화 규범은 이념적으로 중립적이지 않고 (암묵적이든 명시적이든) 지배계급에 의해 강요된다고 주장했다. 정치적·경제적 지배 혹은 '헤게모니'가 문화적 지배로 강화된다는 것이다. 확실히 현대 자본주의에는 (영어를 사용하고 주로 미국에서 생산되는) 매우 특별한 문화가 있는 것 같다. 이는 영화 〈스타워즈〉와 맨체스터 유나이티드 축구팀 같은 몇몇 문화 현상이 전에 없던 방식으로 세계화될 수 있다는 사실을 의미한다.

이런 공통 문화는 (예를 들어 '축구라는 보편 언어'처럼) 다른 나라 사람들에 대한 이해를 높여주므로 유익하다는 주장이 있을 수 있다. 하지만 공통 문화라는 이름으로 지역의 특색이 있는 오래된 문화를 희생시키고 표준화하며, 지나치게 단순화한 미국 문화를 시장을 통해 강요한다는 비판이 더 많다. 맥도날드와 스타벅스가 영국에서 피시 앤드 칩스를 파는 가게와 술집을 밀어내는 것이다. 미국의 대중 영화가 영국에서 인기를 얻는다는 사실은 프랑스 영화가 더 이상 살아남지 못한다는 것을 의미한다. 그리고 그람시가 주장했듯이, 미국의 지배적 문화는 확실히 강력한 친자본주의적 메시지를 품고 있다. 고의적이든 아니든, 그런 현상은 앤디 워홀Andy Warhol의 (대량 생산이라는 신기술에 기반을 둔) '팝아트'부터 비욘세와 테일러 스위프트의 자기계발 사업에 이르기까지 모든 분야에서 구현된다. 실제로 성공한 대중음악가들은 현대 자본주의의 거의 완벽한 예이다.

“ —— 헤게모니는 성숙한 자유민주주의적 자본주의 사회의 특징인 시민 사회 제도를 통해 문화적·이념적으로 작동한다. 이런 제도에는 교육, 가족, 교회, 언론, 대중문화 등이 포함된다.

_도미니크 스트리나티Dominic Strinati

그런데 이것이 중요할까? 결국 소비자들은 다른 대안을 찾지 않은 채 맥도날드에 가고 비욘세의 음악을 듣고 미국 영화를 관람할 것이다. 몇몇은 분명히 그럴 것이다. 시리아와 이라크에서 이슬람 극단주의 무장단체들이 보이는 병적인 태도는 미국의 군사력과 정치권력뿐만 아니라, 문화 제국주의(여기에는 이슬람의 보수적 사고와 낡은 문화 규범을 포기하고 여성의 자율권을 강화하며 개인주의를 중요하게 여기라는 메시지가 담겨 있다)에 대한 반발이기도 하다. 이들의 행동은 훨씬 극단적이고 편협하며 폭력적이긴 하지만, 동성결혼과 낙태와 같은 이슈에 일부 미국인들이 보이는 태도와 상당히 닮아 있다. 미국의 할리우드와 뉴욕에 사는 자유주의 성향의 엘리트 자본가들이 제기하는 안건에서 동성결혼과 낙태 문제를 종종 접할 수 있다.

“ —— 자본주의 문화는 상품의 생산과 판매를 촉진하는 데 헌신한다. 문화는 자본가를 위해 이윤 축적을, 노동자를 위해 임금 상승을, 소비자를 위해 상품 축적을 장려한다. 다시 말해 자본주의는 습득한 원칙들에 따라 마땅히 해야 할 행동을 하는 사람들에게 필요한 것을 명확히 밝힌다.

_리처드 로빈스Richard Robbins

한편 좌파 진영에서는 우리가 사회를 바라보는 태도(우리는 보고 읽는 것의 영향을 점점 많이 받는다)에 자본주의가 깊이 박혀 있어서 정말로 급진적인 대안은 말 그대로 생각조차 할 수 없다고 주장한다. 시장이 자원을 배분하는 주된 방식이 아니거나 이윤 추구가 경제를 움직이는 핵심 요인이 아닌 사회를 그럴듯하게 표현할 수 없다면, 자본주의 외의 다른 사회를 생각해내기란 매우 어렵다.

그러므로 자본주의 문화는 확실히 도덕적으로 중립적이지 않다. 자본주의 문화는 좀 더 광범위한 경제 시스템의 일부로, 그것이 계속 유지되도록 도움을 준다. 하지만 대안이 없을까? 경제가 성장하면 상품과 서비스를 생산하는 일상에서 벗어나 문화를 누릴 수 있다는 케인스의 이상은 순진해 보인다. 그러나 자주적인 노동계층의 문화가 만들어지면 시간이 흐른 뒤 자본주의를 전복할 수 있으리라는 그람시의 희망 역시 순진하기는 마찬가지이다. 경제가 성장할수록 삶에서 문화가 점점 중요해지겠지만, 자본주의가 경제의 주류인 환경에서는 문화 역시 이윤 추구의 원리에 따라 시장에 의해 형성될 것이다. 다른 부문과 마찬가지로 문화도 창조적 파괴(10장 〈창조적 파괴〉 참조)를 거쳐 끊임없이 진화할 것이고, 어떤 사람들에게는 그 속도가 너무 빠르게 느껴질 것이다.

(40)

진화

"좋든 나쁘든 경쟁 원칙은 어디에나 존재한다.
이 원칙은 모든 부분에서 적자생존을 보장한다."

19세기는 경제는 물론 과학도 전례 없이 발전한 시대였다. 사회·문화적으로 가장 강력한 영향을 끼친 과학적 발견은 당연히 진화론이었다. 카를 마르크스가 경제력이 사회 구조를 결정하는 방식에 관한 우리의 인식을 바꿔놓은 것처럼, 찰스 다윈Charles Darwin은 인간이 생겨난 자연스러운 과정을 다른 방식으로 바라보게 해주었다.

자연선택설에서는 특정 형질을 가진 개체들이 생존할 가능성이 더 높으며 그 덕분에 번식을 통해 유전되는 형질들을 다음 세대에 물려줄 수 있다고 말한다. 이것은 시장 경제에서 성공한 기업들이 살아남아 성장하는 반면, 그렇지 못한 기업들은 망하거나 다른 기업에 인수되는 양상과 유사하다. 다윈은 이렇게 설명했다.

"그러면 이렇게 생각해볼 수 있지 않을까? … 삶이라는 복잡하고 위대한 전투에서 어떤 식으로든 각자에게 유용한 변이들이 때때로 수천 세대에 걸쳐 일어난다. 그런 일이 일어날 경우, (태어나는 개체의 수보다 생존에 성공하는 개체의 수가 훨씬 적다는 사실을 고려할 때) 보잘것없더라도 다른 개체보다 유리한 점을 가진 개체가 살아남아 자손을 번식시키리라는 것을 우리가 의심할 수 있을까? 아니면 최소한 해로운 변이들은 모두 사라질 거라는 사실에 안심할지도 모르겠다. 유리한 변이를 보존하고 불리한 변이를 거부하는 것, 나는 이것을 자연선택이라고 부르겠다."

다윈과 마르크스

마르크스가 자신의 이론과 다윈의 업적 사이에 유사점이 있음을 알아내기까지는 그리 오랜 시간이 걸리지 않았다. 그는 다윈이 자신의 계급투쟁이론과 자본주의에서 공산주의까지 역사의 진보 과정에 대한 지적 토대를 제공했다고 생각했다. 하지만 실제 자본가들은 당연히 다소 다른 접근법을 취했다. 만약 진화 과정에서 '적자생존'의 원리가 효과가 있었다면, 그 원리를 방해하는 모든 것이 개체에는 이득을 주었을지 모르지만 아마도 종 전체에는 해가 되었을 것이다. 마찬가지로, (아마도 노동자 그리고 능력이 부족한 경쟁자에게는 가혹하겠지만) 자본주의에서 경쟁을 제한하는 모든 조치는 경제와 사회 전반에 반드시 해로울 것이다. 기업가 앤드루 카네기는 이렇게 말했다.

> "좋든 나쁘든 경쟁 원칙은 어디에나 존재한다. 우리는 그것을 피할 수 없다. 그것을 대체할 만한 것은 아직까지 발견되지 않았다. 경쟁 원칙은 이따금 개인에게 힘들 수 있지만, 인류 전체에게는 최선인데, 그 이유는 이 원칙이 모든 부문에서 적자생존을 보장하기 때문이다."

이와 유사하게 석유왕 록펠러는 '한 대기업의 성장'(그의 회사는 역사상 가장 큰 기업이었다)을 '자연법칙의 작용'에 비유했다. 하지만 자본주의를 진화와 직접 비교하는 것은 상당히 무리가 있다. 기업의 성공 메커니즘은 종種이 진화하는 방식과는 사뭇 다르다. 특히 진화는 무작위의 돌연변이 과정을 거쳐 이루어진다. 일부 돌연변이는 개체의 생존과 재생산 가능성을 높인다는 점에서 유익하다. 이 변이는 다음 세대에서는 좀 더 일반적인 것이 된다. 하지만 '기업'의 생존은 시장이라는 환경에 얼마나 잘 적응하는가에 좌우되므로, 결국 기업을 관리하거나 그 기업에서 일하는 사람들이 내리는 결정에 좌우되는데, 이것은 무작위로 일어나지 '않는다.'

“ 다윈은 자연기술의 역사로 우리의 관심을 끌었다. … 그렇다면 인간 장기(臟器, organ)의 역사가 아닌 모든 사회 조직의 물적 토대가 되는 기관(機關, organ)의 역사도 똑같은 관심을 받을 가치가 있지 않을까?

_카를 마르크스

사회진화론

한편 나쁜 의도를 가진 사람들이 다윈의 이론을 사회에 적용하기도 했다. '사회진화론'을 신봉하는 일부 사람들은 문명이 약자를 보호하고 그들이 생존할 수 있게 함으로써 인류의 진화를 방해한다고 주장했다. 물론 다윈은 이런 견해를 인정하지 않았으며, 인간처럼 집단으로 생활하는 종에게는 협력이 중요하다고 강조했다.

하지만 결국 사회진화론은 약한 개인과 집단의 생식을 확실하게 막으면 인간이라는 종을 전반적으로 개량할 수 있다는 우생학으로 이어졌고, 인종주의를 정당화하는 데도 이용되었다. 여기에는 과학적 근거가 전혀 없었지만, 유럽인들은 자연스럽게 자신들이 아프리카인이나 아시아인보다 진화적 관점에서 더 우월하다고 생각했다. 그리고 그런 생각은 제국주의를 정당화하기에 편리했다. 이를테면 식민지의 원주민들이 유럽의 경제력과 군사력에 저항하지 못한다면 그들은 확실히 생존에 부적합하다는 식이었다. 결국 사회진화론은 나치즘과 결합하면서 신빙성을 크게 잃었고, 2차 세계대전이 끝난 뒤 대부분의 자연과학자들은 진화론이 인간 사회에 필연적 의미를 제공하는 것은 아니며 종이 진화하는 과정을 설명하는 하나의 과학 이론일 뿐이라는 점을 열렬히 강조했다.

진화경제학

우생학 그리고 그것을 인종적 우월주의와 결합하는 일은 여전히 금기시되고 있지만, 최근에 경제 발전 방법론에 진화론을 적용한 '진화경제학'이 다시 유행하고 있다. 다수의 전통 경제학에서는 주어진 제약 조건 아래에서 '합리적' 경제 주체가 자신의 후생을 극대화함으로써 효율성이 달성된다고 가정한다. 환경이 밖에서 주어진다고 보는 것이다. 이와 반대로 진화경제학은 '효율적 적응력' 혹은 경제 주체가 변화하는 환경에 적응하는 방식에 집중한다. 이런 관점은 경제 발전은 이윤을 극대화하려는 개별 기업뿐 아니라 성공적이거나 혁신적인 기업들이 번영하는 동안 실패한 기업들에 의해서도 이루어진다는, 조지프 슘페터의 '창조적 파괴'에 기초한다(10장 〈창조적 파괴〉 참조). 더구나 기업의 성공 요인(혁신적인 제품부터 특별한 관리 기법까지 모든 것)은 시스템을 통해 전파된다.

다윈의 이론을 설명하기 위해 사용된 초창기의 예 중 가장 유명한 것은 산업혁명에서 직접 영감을 얻은 사례였다. 후추나방은 주로 흰색이었지만, 여러 번 돌연변이를 거치면서 검은색으로 변했다. 산업혁명 이전에는 검은색 나방이 새들의 눈에 잘 띄어 쉽게 잡아먹혔지만, 맨체스터 공장에서 뿜어져나온 매연이 이 나방이 서식하는 나무의 색깔을 바꾼 덕분에 검은색 나방들이 생존에 유리해져서, 검은색이 이 나방의 지배색이 되었다. 그러나 1956년에 제정된 '청정대기법'으로 상황은 다시 역전되었다. 이 간단한 예는 기업과 경제가 작동하는 방식과 관련된 두 가지 개념을 설명해준다. 첫째는 맥락의 중요성이다. 객관적으로 볼 때 흰색과 검은색 모두 생존에 유리하지 않다. 그것은 좀 더 광범위한 환경에 좌우된다. 둘째는 적응력의 중요성이다. 돌연변이는 대개 나방 개체에는 나쁜 일이지만, 돌연변이 덕분에 종 전체가 살아남을 수 있었다.

이런 접근법 역시 경제가 실질적으로 현실에서 어떻게 발전하는지를 이해하는 데 도움이 된다. 종과 생태계도 경제와 마찬가지로 순조롭게 진화하지 않는다. 그들에게도 대격변이 일어난다. 실제로 '집단 멸종' 사태가 일어나는 동안 특정 종의 개체 수가 급증하거나 급감한다. 이런 현상은 경제학에서도 발견된다. 오늘날 생물학에서 주류로 인정받는 진화론은 예전보다 더욱 정교해졌는데, 여기서는 개체와 소집단 사이의 경쟁뿐만 아니라 협력, 심지어 이타주의도 중요하다고 여기며, 이것 역시 경제학과 관련된다.

특히 2008년 금융위기 이후, 위기를 재현해보고 경제 모형을 만드는 것에 대한 관심이 계속 증가했다. 정부가 세율을 얼마나 올릴 것인지 결정할 때 혹은 다음 붕괴를 예측할 때 다윈의 이론이 도움이 될까? 거의 도움이 되지 않을 것이다. 자본주의 경제는 단순히 하나의 시장 혹은 시장들의 집합이 아니다. 그것은 자연계처럼 끊임없이 변화하는 생태계이다.

(41)

탐욕

"현대 자본주의는 탐욕으로 동기 부여된
소수의 몇 사람의 노력으로부터 이득을 얻는다."

얼마나 가지면 충분할까? 안락하게 살기 위해 돈을 많이 벌고자 했던 욕망이 어느 시점에 탐욕으로 변할까? 그리고 이것이 문제가 될까? 경제학 교과서에는 부유해질수록 돈 버는 것에 관심을 덜 둔다고 쓰여 있다. 이것은 '한계효용체감의 법칙'으로 알려져 있다. 행복이나 복지와 관련된 수치를 측정해보면 대체로 이 법칙이 타당한 것 같다.

많은 연구에 따르면, 가난한 사람은 1만 달러로 큰 행복을 얻지만, 이미 부자인 사람은 별 영향을 받지 않는다고 한다. 그런데 이 말이 정말 사실이라면, 왜 소득세 최고세율을 80퍼센트나 90퍼센트까지 올려 그 돈을 재분배함으로써 부자의 행복을 줄이지 않으면서 가난한 사람들을 더 잘살게 해주지 않는 걸까? 아니면 재산세율을 올리거나 최고임금의 상한선을 정할 수도 있지 않을까? 바로 이런 이유로, 탁월한 불평등 측정 전문가 앤서니 앳킨슨Anthony Atkinson은 소득세 최고세율을 적어도 70퍼센트까지 올려야 한다고 주장하고, 『21세기 자본』의 저자 토마 피케티는 글로벌 부유세를 제안한다.

하지만 현실에서 대부분의 선진국에는 이런 제도가 전혀 없다. 오히려 반대 방향으로 나아가는 추세다. 자신이 더 행복해지든 아니든, 그래서 그것을 '필요로' 하든 안 하든, 문제는 이미 부자인 사람도 더 부유해지고 싶어 한다는 점인 것 같다. 연간 100만 달러를 버는 투자은행가가 1,000만 달러를 벌고 싶어서 헤지펀드를 운용한다. 평균 연봉이 수백만 달러에 이르는 미국 야구선수들이 억만장자 구단주에게서 더 많은 돈을 받아내려고 파업한다. 이 외에도 비슷한 사례는 많다.

성공에 대한 보상이 적거나 제한적이면 기업 지도자나 경영자 혹은 심지어 축구선수도 굳이 성공하려 애쓰지 않고, 그래서 부를 덜 창출하게 될까? 아마 어떤 면에서는 그렇지 않을 것이다. '성과 연동 임금제'(실질적 성과와 연계되지 않는 경우가 너무나 많다) 때문에 고위 간부가 일을 더 잘하게 된다는 증거는 거의 없다. 미국 기업에서 임원의 임금과 일반 노동자의 임금 비율은 1965년에 20대1에서 오늘날에는 300대1 이상이 되었지만, 기업의 전반적 성과 개선은 전혀 입증된 바 없다. 그리고 고소득을 올리는 스포츠 스타는 대단히 의욕적이고 재능이 뛰어난 사람들이지만, 선수들이 돈을 훨씬 적게 받았던 50여 년 전과 비교해보면 실적 면에서 거의 차이가 없다.

> **세상은 이렇게 말한다. '욕망이 있으면 그것을 채워라. 너에게도 부자나 권력자와 똑같은 권리가 있다. 너의 욕망을 채우기를 주저하지 마라. 오히려 욕망을 키워서 더 많은 것을 요구해라.' 이것이 오늘날 세상을 지배하는 원리이다. 그리고 사람들은 이것이 자유라고 믿는다. 부자의 결말은 고독과 자살이며, 빈민의 결말은 시기와 살인이다.**
>
> **_표도르 도스토옙스키Fyodor Dostoevsky, 『카라마조프 가의 형제들』에서**

점수를 기록하는 수단일 뿐

하지만 다른 측면에서 보면, 점점 부유해지는 것이 중요한 것 같기도 하다. 마이크로소프트, 구글, 페이스북이 치열하게 경쟁하는 이유는 돈을 더 벌고 싶은 창업자와 소유주의 '욕구' 때문이 아니다. 시간과 노력을 바쳐 스타트업을 성공시킨 사람들은 회사를 더욱 키우고 싶어 하기 때문이다. 이런 경향은 이미 커진 회사에만 국한되지 않는다. 기술 분야에는 제2의 페이스북이 되겠다는, 멀어 보이지만 그렇다고 불가능하지도 않은 희망을 품고 주당 70~80시간을 일하는 스타트업 경영자들이 수백 명 있다.

이런 맥락에서 보면 돈 자체가 목적은 아니다. 미국 석유업계의 억만장자인 H. L. 헌트H. L. Hunt(추정컨대 한때 세계 최고의 부자였고, TV 프로그램 〈댈러스Dallas〉의 등장인물인 J. R. 유잉J. R. Ewing의 실제 모델이다)의 말을 빌리면, 그것은 점수를 기록하는 수단일 뿐이다. 우승 상금이 있든 없든, 점수를 매기지 않는 경기는 재미없고 동기도 유발하지 않는다는 사실을 우리는 모두 잘 알고 있다.

또한 더 부유해지려는 부자의 욕구가 나머지 사람들을 위한 부를 창출하고 조세 수입을 늘려준다고 주장할 수도 있다. 그리고 중요하게는, 기업가가 회사를 키우는 행동에 숨겨진 동기가 의심스럽거나 심지어 이해할 수 없더라도, 그로 인해 많은 사람이 혜택을 입는다는 점에는 의심의 여지가 없다. 구글이나 페이스북이 하는 일에 걱정되는 점이 한두 가지가 아니지만, 지난 20여 년간을 돌아보면 기술을 혁신하고 더욱 발전하기 위해 계속 경쟁하는 일은 전반적으로 소비자에게 이로웠다.

다시 말해 전통 경제학은 탐욕을 설명하지 못하고, 심리학은 탐욕이 심각한 폐해를 가져올 수 있다고 말하지만, 현대 자본주의는

행복 방정식

돈으로 행복을 살 수 있을까? 사실을 말하면 그렇다. 오늘날 돈과 행복의 상관관계를 파악하기 위해 행복과 삶의 만족도, 웰빙을 연구하는 대형 경제 연구기관들이 있다. 간단히 말해 앞의 질문에 대한 대답은 예스이다. 평균 소득이 높은 나라일수록 행복 수준이 더 높고, 같은 나라에서도 소득이 높을수록 삶의 만족도가 높다고 조사되었다.

하지만 분명 돈이 전부는 아니다. 아래 그래프에서 알 수 있듯이, 일반적으로 부자일수록 행복하기 위해 더 많은 돈이 필요하다. 눈금을 살펴보면, 소득은 2배씩 올라가고 삶의 만족도는 1단계씩 증가한다. 즉 소득이 1만 달러에서 2만 달러로 증가할 때나 5만 달러에서 10만 달러로 증가할 때나 삶의 만족도에 미치는 영향은 같다.

그런데 높은 소득보다 다른 것들(특히 인간관계, 건강, 만족스러운 직업 등)이 훨씬 중요하다. 몹시 가난한 경우가 아니라면, 돈보다 사랑이 중요한 것 같다. 이 모든 것으로 알 수 있는 사실은 정부가 경제 성장, 실업, 빈곤을 걱정하는 것은 타당하지만, 개인들의 경우 만족스러운 직장에 다니고 있다면 연봉은 우선순위 목록에서 상당히 낮은 곳에 두어야 한다는 것이다.

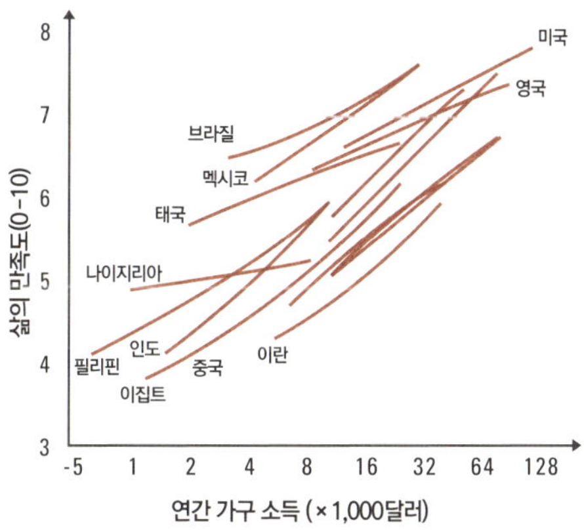

탐욕(더 나은 용어로 표현하면 욕망)으로 동기 부여된 소수의 몇 사람 그리고 그들의 노력으로부터 이득을 얻는다. 게다가 운이 좋으면 몇몇 억만장자들은 록펠러나 카네기, 프릭Henry Clay Frick 같은 19세기 후반 '악덕 자본가'들처럼 재산의 일부를 사회에 환원해야 한다는 의무감을 느낄지도 모른다.

탐욕은 필요하다?

그렇다면 자본주의의 역동성은 그대로 유지하면서 '탐욕'을 제한하거나 제거하고 싶을 때는 어떻게 해야 할까? 세율을 높이고 경영진의 임금을 제한해도, 아마 많은 사람들이 생각하는 것보다 피해는 훨씬 적을 것이다. 즉 회사는 여전히 경영진을 새로 충원할 수 있고, 축구 경기도 계속 열릴 것이다. 특히 금융 분야에서 일어나는 과도한 경제적 보상을 제한해도 경제 전반이 해를 입을 가능성은 거의 없으며, 오히려 그 반대의 결과를 얻을지도 모른다.

하지만 경쟁심과 '승부욕'은 자본주의의 선한 면과 악한 면 모두에 필수 요소 같다. 많은 사람이 힘을 모으면, 탐욕스러운 행위가 사회적으로 덜 용인되고 경제적으로 보상을 덜 받게 할 수 있다. 하지만 여기에는 확실히 대가가 따른다.

(42)

불평등

"지나친 불평등은 경제에 심각한 해를 입히는데
중요한 문제는 정치제도가 그것에 어떻게 대응하느냐이다."

모든 사회가 불평등하지만, 다른 사회보다 좀 더 불평등한 사회가 있다. 마르크스는 생산 수단을 소유하고 통제하는 소수 자본가가 경제적 생산물을 점점 더 많이 가져가기 때문에 자본주의에서는 항상 불평등이 심화될 거라고 주장했다. 정말 자본주의 체제에서 불평등은 불가피한 현상일까?

마르크스의 생각이 옳았음을 확인해주듯 겉보기에 19세기 후반과 20세기 초반은 소득과 부가 상위 1퍼센트 혹은 10퍼센트에 집중되었으므로 실제로 불평등이 심화된 시기였다. 하지만 이런 추세는 멈추었을 뿐 아니라 상황도 완전히 뒤바뀌었다. 미국에서 '악덕 자본가'가 활동하던 시기, 즉 소수가 전략산업에서 독점적 지위를 이용해 경쟁을 거의 혹은 전혀 하지 않고 막대한 이윤을 뽑아내던 시기는 정부의 개입을 통해 종지부를 찍었다. 산업화 이전부터 대물림된 이들의 재산은 세금과 인플레이션 때문에 줄어들었고, 일부는 대공황 때 완전히 없어지기도 했다. 무엇보다 전후에 등장한 복지국가가 자본주의 경제의 기본 틀 안에서 소득과 부를 재분배했다.

불평등의 재등장

하지만 1970년대 중반 이후 불평등은 다시 증가하기 시작했다. 케인스 방식이 성공하면서 실업이 증가했고, (물가상승과 저성장이 결합해서 나타나는) '스태그플레이션'이 일어났다. 대처와 레이건의 주도로 복지정책은 (완전히 사라지지는 않았지만) 축소되었다. 조세와 사회보장 제도가 빈부격차를 줄이는 데 그다지 도움이 되지 못하는 동안, 경제 규제가 완화되고 노조 세력이 약해지면서 고소득자와 저소득자의 임금 격차가 크게 벌어졌다.

여기에는 좀 더 다루기 힘든 요인들도 작용했다. 생산 과정이 달라지고 기술의 중요성이 커졌다는 것은 교육 수준이 높거나 특정 기술을 보유한 노동자의 임금 프리미엄이 더욱 커진 것을 의미했다. 불평등의 증가는 시장 경제가 작동한 결과이다. 고급 기술을 가진 노동자는 고용 가치가 높으므로 큰 보상을 받았다. 임금 불평등을 직접적인 방식으로 해소하려 하다가는 경제에 악영향을 미칠 수 있다. 그러므로 임금 격차가 사회에 미치는 영향이 문제가 된다면, 교육과 훈련 제도를 개선해서 노동자들이 경쟁력을 갖출 수 있게 하는 것이 확실한 해결책일 것이다.

하지만 최근 이것에 도전하는 새로운 견해가 등장했다. 프랑스의 경제학자 토마 피케티는 『21세기 자본』에서 전후 시기에만 예외적으로 기술 변화와 노동인구의 증가, 재분배에 우호적인 정치 환경이 급성장을 견인했다고 주장했다. 현재 우리 사회는 자본이 소수에게 집중되고 그들이 전체 파이의 많은 부분을 가져갔던 과거로 되돌아가고 있다는 것이 그의 논지이다.

피케티의 주장에는 중요한 두 가지 내용이 들어 있다. 첫째, 투하자본수익률(과 그로 인한 부의 수익률)은 경제성장률보다 크고 앞

미국과 유럽에서 부의 불평등

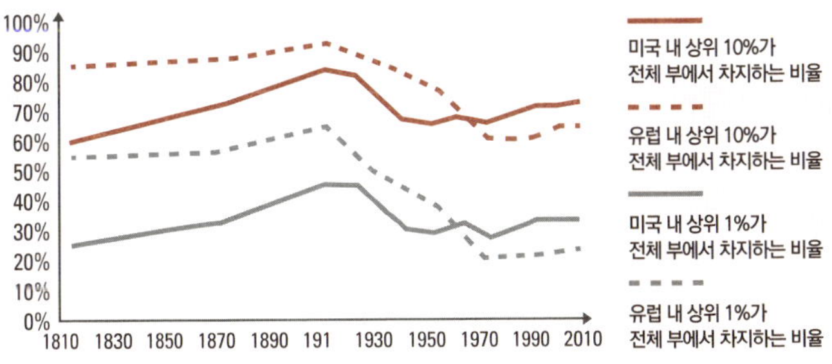

으로 더 커질 것이다. 실제로 많은 사람들이 그의 700쪽짜리 책은 'r > g'(자본수익률이 경제성장률보다 크다)라는 부등식 하나로 요약될 수 있다고 비판했다. 자본과 자본소득이 노동으로 얻는 소득보다 더 빨리 증가한다는 의미이다.

둘째는 자본 소유가 점점 최상위 부유층(상위 1퍼센트 정도)에 집중된다는 점이다. 이는 정치권력이 소수 부유층에 집중되는 결과로 이어져서 소득이나 부를 재분배하려는 정치 활동을 막거나 진행을 더디게 할 것이다.

> " —— **자본수익률이 생산증가율과 소득증가율을 초과할 때 … 자본주의는 민주 사회가 기반으로 삼는 능력 중심의 가치를 근본적으로 훼손하는 독단적이고 근거 없는 불평등을 저절로 발생시킨다.**
>
> _토마 피케티

피케티의 이론 그리고 그가 자신의 이론을 뒷받침하기 위해 제시한 경험적 증거 모두 뜨거운 논쟁거리가 되고 있다. 하지만 피케티는 정치제도로 어떻게 대응하느냐에 따라 결과가 크게 달라진다는 점을 최초로 인정한 사람이다.

세계의 불평등 현황

피케티의 주장에 대한 가장 중요한 비판은 아마도 그의 이론이 전적으로 선진국의 관점에 의한 이론이라는 비판일 것이다. 전 세계로 확대해서 보면 전혀 다른 그림이 펼쳐진다. 전 세계적으로 보면 지난 25년간 '중산층'이 늘어났다. 이들은 미국이나 유럽 기준의 중산층이 아니고 그렇다고 빈곤국 사람들도 아닌, 신흥 경제국에 사는 연소득 5,000달러 정도의 사람들이다. 이와 동시에 부유한 나라의 저소득층은 상황이 많이 나빠졌다. 신흥 경제국이 글로벌 경제 체제에 편입됨으로써 그 나라 국민들은 더 많은 기회를 얻었지만, 선진국 국민들은 더 심한 경쟁에 내몰렸다. 어떤 의미에서 보면, 이것 역시 마르크스가 말한 개념인 '산업예비군'의 현대판인 셈이다. 즉 전 세계 노동자의 임금 인상이 억제된 결과, 그 혜택이

세계 소득 백분위별 누적 증가

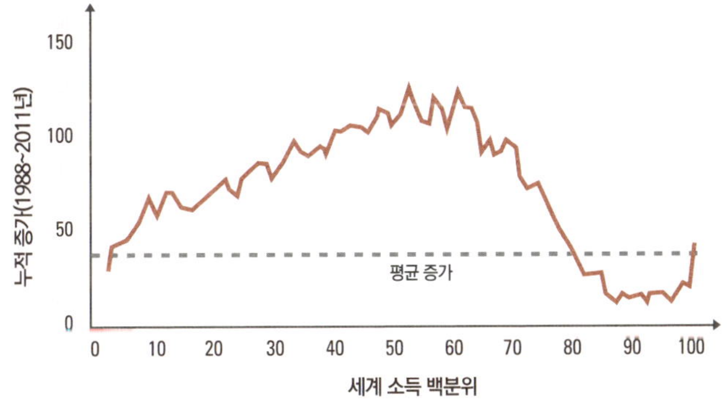

불평등이 성장에 유리할까?

모든 사람이 평등하다면, 일을 시키거나 투자를 유도할 인센티브도 없다. 미국 경제학자 아서 오쿤Arthur Okun은 '평등'과 '효율' 사이에 상충관계가 존재한다는 사회적 통념을 이렇게 정리했다. 예를 들어 사회복지 혜택을 늘리기 위해 세금을 많이 걷으면, 불평등은 줄어들지만 일할 의욕을 떨어뜨려서 경제가 성장하지 못한다. 하지만 최근에 이런 과거의 지식은 IMF 같은 전통적인 기관의 자료에 의해 반박되고 있다. 완전한 평등은 가능하지 않고 바람직하지도 않다고 모두가 생각하지만, 지나친 불평등은 많은 이유에서 성장을 방해한다. 가난한 사람들은 질병으로 고생하고 자녀를 교육하지도 못한다. 이 두 가지 모두 생산성을 떨어뜨릴 것이다. 불평등이 부채 상승으로 이어지면 금융의 불안정성이 높아질 것이다. 부가 일부 부자들에게 지나치게 집중되면, 부자들이 정치 과정을 통제해 자신들의 기득권을 보호하려 할 것이고, 그 결과 경기침체가 발생할 것이다. 이와 관련된 증거는 엇갈리지만, 지나친 불평등은 해로우므로 재분배 정책을 어느 정도 활용하는 것이 사회적으로 공정할 뿐 아니라 경제적으로도 효율적이라는 견해에 점점 많은 사람이 동의하고 있다.

사업 실적이 좋은 자본 소유주에게 돌아간다(상위 0.1퍼센트 그리고 특히 상위 0.01퍼센트는 앞의 그래프에 보이는 것보다 훨씬 많은 이득을 얻었다).

적어도 전 세계적 관점에서 보면 불평등 심화 현상에는 다소 다른 면이 보인다. 우리는 각 국가들에 존재하는 불평등을 걱정해야 할까, 아니면 전 세계적 불평등을 걱정해야 할까? 그리고 개발도상국에서 수많은 사람들의 소득 수준이 높아지는 것과 비교할 때, 일부 부유한 나라에서 극소수의 사람들에게 소득과 부가 집중되는 현상이 정치·경제적으로 얼마나 문제가 될까?

불평등의 증가가 자본주의의 불가피한 결과가 아니라는 점은 분명해 보인다. 지나친 불평등은 경제에 심각한 해를 입힐 수 있다. 문제는 국내외 정치제도가 그 도전에 응할 것인가이다.

(43)

빈곤

"부유한 나라에도 가난한 사람들은 존재한다.
빈곤은 생산량이 아닌 부의 분배 방식 문제이기 때문이다."

어떤 기준에 비춰보더라도, 심지어 당대의 기준으로도 빈곤은 산업화 이전 사회에서 훨씬 높았다. 수많은 사람들이 최저 생계 수준 이하로 생활했고, 그들 대부분이 농업 종사자였다. 소수의 사람들만 상대적으로 대단히 부유하게 살았는데, 그 이유는 땅을 가졌거나 그 땅에서 일하는 사람들로부터 잉여가치를 뽑아낼 수 있었기 때문이다. 이런 모습은 굳이 농노나 노예를 떠올리지 않더라도 세계 대부분의 지역에서 흔히 볼 수 있었다.

이와 비교해서, 자본주의와 산업화는 많은 농촌 인구에 경제적 기회를 늘려주었다. 18~19세기에 영국에서 산업혁명이 진행되는 동안 사람들은 도시로 와서 공장에서 일했다. 대부분 낮은 임금을 받으며 끔찍한 환경에서 살았지만, 물질적으로는 시골 생활보다 나았기 때문에 자발적으로 도시 생활을 선택했다.

> **수많은 사람이 … 극심한 빈곤에서 … 벗어나게 된 유일한 사례를 자본주의 그리고 자유무역을 인정하는 지역에서 찾을 수 있다. 수많은 사람이 가난하고 비참하게 사는 곳을 알고 싶다면, 그곳은 분명 자본주의를 채택하지 않은 사회이다.**
>
> _밀턴 프리드먼

이후 많은 나라에서 이와 같은 현상이 반복되고 있다. 우리는 종종 도시 빈민들의 심각한 빈곤과 결핍에 초점을 맞추지만, 그 사람들은 훨씬 더 열악한 시골 환경 때문에 도시로 온 사람들이다. 적어도 도시에서는 빈민으로 살더라도 일자리와 기회를 얻을 수 있다. 예를 들어 방글라데시의 섬유산업은 주로 농촌 출신의 여성 노동자들이 종사하고 있는데, 저임금에 노동 착취를 당하고 부당하게 대우받는 것으로 악명이 높다. 최악까지는 아니고 그럭저럭 정상적으로 운영되는 섬유공장이라도 임금 수준이 서구의 기준에 미치지 못한다. 하지만 방글라데시에서는 농촌 여성들보다 공장에 다니는 여성들이 경제적으로나 사회적으로 훨씬 더 많은 기회를 얻는 것이 사실이다. 실제로 지난 10여 년간 방글라데시의 빈곤율이 전반적으로 상당히 낮아졌는데, 주된 원인은 섬유산업에 일자리가 늘어났기 때문이다. 게다가 이런 현상은 사회에 긍정적 반응을 불러일으켰다. 여성들이 돈을 벌고 경제활동에 참여할 기회가 늘어나면, 조혼이 줄어들어 아이를 적게 낳고 자녀 교육에도 더 힘쓰게 되어 미래의 빈곤을 줄이는 데 도움이 된다.

빈곤율의 감소

세계 대부분의 지역에서 이런 진전이 일어났다. 지난 30년간 (하루에 1.25달러 미만으로 생활하는) 절대적 빈곤 인구의 비율이 많이

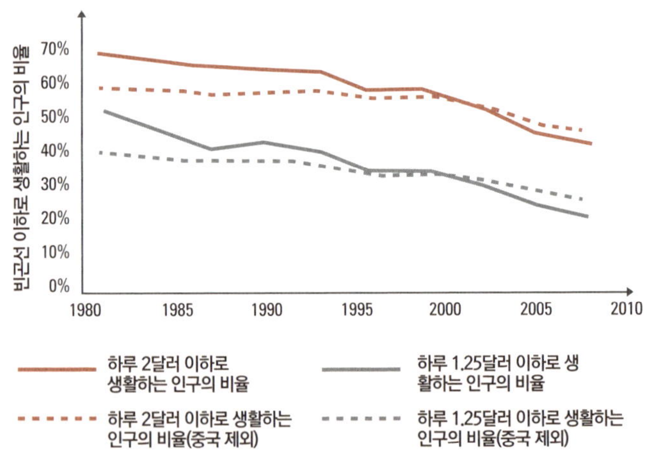

현실에서 우리는 부유한 나라의 빈곤을 주로 상대적 기준으로 생각한다. 바꿔 말하면, 이때의 빈곤은 굶주린다거나 최저 생계 수준 이하로 생활한다는 의미보다는 평균보다 물질을 적게 가졌다는 뜻이다. 일반적으로 선진국에서는 어떤 사람의 소득이 중간 소득의 6퍼센트보다 낮을 때 빈곤하다고 정의한다. 이렇게 정의된 빈곤은 사회에 활발히 참여할 능력을 떨어뜨리고 삶의 여러 기회(와 자녀들의 기회)를 줄인다는 증거가 무척 많다. 이런 기준으로 판단할 때, 빈곤은 2차 세계대전 이후 줄어들었지만 지금은 줄지 않고 있으며, 실제로 최근에는 여러 나라에서 오히려 증가하고 있다.

미국에서 상대적 빈곤율의 변화

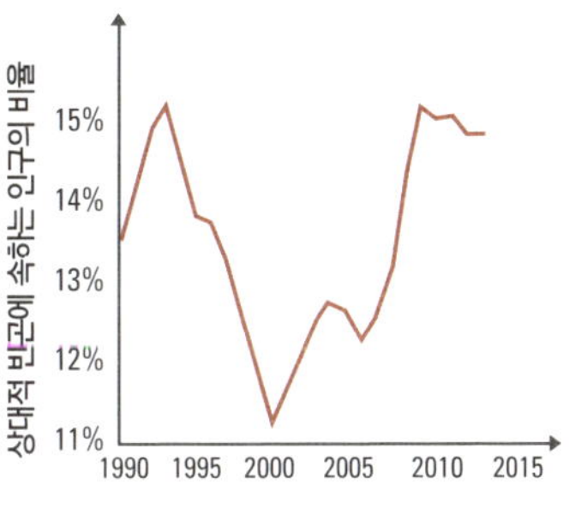

줄었다. 특히 산업화가 급속하게 진행된 중국에서 그랬다. 현재 극빈층은 대부분 아프리카 사하라 사막 이남 지역과 인도에 있는데, 대다수가 농촌에 살고 산업화의 영향을 받지 않았으며, 지금까지 자본주의가 이룬 결실을 전혀 경험하지 못했다.

이런 통계는 '자본주의가 빈곤을 줄일 수 있는 가장 훌륭한 경제제도'라는 주장을 뒷받침하는 것 같다. 하지만 동시에 왜 가장 발전한 자본주의 국가에도 가난이 계속되는지 의문이 생긴다. 미국이나 영국 같은 나라들은 온 국민의 물질적 필요를 충족시키고도 남을 만큼 생산한다. 케인스는 그런 전반적인 소득 증가를 예견했고, 주변에 나눠줄 수 있을 만큼 물질이 많으므로 빈곤이나 결핍을 걱정하지 않아도 된다고 결론 내렸었다.

> "인간은 처음으로 절박한 경제 문제에서 벗어나 자유를 어떻게 사용할지, 과학과 복리가 선물한 여가를 어떻게 활용해 지혜롭고 유쾌하게 살아갈지 등 현실적인 문제에 부딪칠 것이다."

부유한 나라에도 여전히 가난한 사람들이 있다

하지만 케인스의 생각대로 되지는 않았다. 오늘날 선진국에서 절대적 빈곤은 대부분 사라졌지만, 빈곤은 생존에 필요한 만큼 돈을 가졌느냐의 문제일 뿐 아니라 시간과 장소에 따라 의미가 달라진다는 것이 중론이다. 빈곤의 일반적 정의는 '의미 있는 방식으로 사회활동에 참여할 수 있을 만큼 소득을 갖추지 못한 상태'이다(아마 케인스도 이런 정의에 동의했을 것이다). 게다가 매우 부유한 나라에서도 최악의 가난은 아직 사라지지 않았다. 2015년 영국에서는 수십만 명의 사람들이 먹을 것이 없어 푸드뱅크(가정이나 식품제조업체 등에서 남은 음식이나 유통기한이 임박해 판매하기 힘든 식품을 거둬 소외계층에 지원하는 단체—옮긴이)를 찾았다.

그 이유는 어렵지 않게 찾을 수 있다. 빈곤은 생산량의 문제가 아니라 소득과 부를 분배하는 방식의 문제이다. 그리고 그것은 결국 해당 국가의 경제구조와 정치제도에 좌우된다. 2차 세계대전 이후 복지국가가 건설되고 각국에 사회보장제도와 연금제도가 만들어짐에 따라, 거의 모든 선진국에서 빈곤은 상당히 감소했다. 하지만 그와 동시에, 노동시장에서 (적어도 남성들의 경우) 거의 완전 고용이 이루어지고 강력한 노조가 등장했다는 사실은 임금 수준이 중간 이하인 사람의 수가 증가했다는 의미였다.

“ 가난은 두려움과 스트레스, 그리고 때로는 절망을 동반한다. 가난은 수많은 굴욕과 고통을 의미한다. 혼자 힘으로 노력해서 가난에서 벗어난다면 스스로 자랑스러워할 일이지만, 가난을 낭만적으로 표현하는 것은 어리석은 사람이나 할 행동이다.

_J. K. 롤링 J. K. Rowling

자본주의 경제구조가 이런 현상을 불가피하게 만든 것은 아니었다. 이런 모든 변화는 전후 정치적 안정의 결과였으며, 지난 30여 년간 많은 변화가 일어났다. 그리스와 스페인처럼 최근 유럽에서 최악의 위기를 겪은 나라들뿐만 아니라 미국과 영국처럼 눈에 띄게 안정적이었던 나라들에서도 빈곤이 증가했다는 사실은 주목할 만하다.

여기에 역설이 존재한다. 자본주의는 개발도상국의 수많은 사람들을 가난에서 벗어나게 해준, 사실상 가장 훌륭하고 어쩌면 유일한 제도이다. 하지만 밀물 때라고 모든 배가 떠오르는 것은 아니다. 자본주의만으로는 모든 사람에게 사회활동에 참여할 수 있을 만큼의 경제력을 마련해주지 못한다. 그러려면 경제·사회·정치적으로 몇 가지 제도가 추가로 필요하다. 개발도상국의 경우 나라가 부유해질수록 소외되는 사람들을 보호해줄 의료 서비스와 복지제도가 필요하다. 또한 부유한 엘리트들이 성장의 열매를 독차지하지 못하게 하는 적절한 정치·경제적 규제가 모든 나라에 필요하다. 인류는 지난 수십 년간 눈부신 발전을 해왔으므로, 빈곤을 없애는 데 과학기술적 문제는 전혀 없다. 하지만 그런 일이 저절로 일어나지는 않을 것이다.

(44)

이민

"이민자가 일자리를 빼앗는다는 견해는 잘못되었으며,
오히려 나라를 더욱 역동적이고 생산적으로 만든다."

경제적 이민의 본질은 매우 단순하다. 그것은 일반적으로 자유시장의 경우와 같다. 즉 사람들이 이윤 추구 동기에 따라 행동을 결정할 때, 사회 전체의 후생은 극대화된다. 이 원리는 대개 상품과 서비스를 사고파는 데 적용되지만, 사람들이 살고 일하는 장소에도 비슷한 수준으로 적용할 수 있다. 물론 시장은 실패하기 마련이고, '시장에 더 가까운' 것이 늘 더 좋은 것은 아니다. 하지만 시장이 (인적 자원을 포함해서) 자원 분배에 효율적이라는 견해는 일반 명제처럼 경제학자들 사이에 널리 공유된다.

이런 비유는 좀 더 편협하고 기술적인 관점에 따른 것이다. 애덤 스미스의 주장처럼, 자유무역을 지지하는 사람들의 전형적 주장은 자유 이동에 대한 찬성론과 비슷한 정도가 아니라 형식상 똑같다. 경제적 관점에서 볼 때, 다른 나라 사람이 자기 나라에 와서 자신과 거래할 수 있도록 허용하는 것(또는 그 사람을 고용하거나 그 사람에게 고용되는 것)은 자국에서 무역장벽을 제거하는 것과 상당히 유사하다. 그러므로 자유시장이나 자유무역을 지지하는 정치인들이 이민 제한 정책을 옹호하는 것은 대단히 위선적이라 할 수 있다.

그러나 무역과 마찬가지로, 이민의 증가를 통해 모두가 이익을 얻는 것은 아니다. 물론 발생한 이익의 대부분은 이민자에게 돌아갈 것이다. 그리고 일부(특히 이민자와 직접 경쟁해야 하는 노동자)는 적어도 단기적으로 손해를 볼 것이다. 마르크스는 자본주의 체제가 노동자들이 임금 인상을 요구하지 못하도록 '실업자들로 이루어진 산업예비군'을 필요로 한다고 주장했다. 일부 사람들에게 이민자는 산업예비군이나 마찬가지이다.

이런 이유 때문에, 역사적으로 선진국 노조는 이민자들과 다소 갈등하는 관계였다. 이들은 백인이 아닌 이민자들(실제로는 남부 유럽인)이 저임금을 받으면서도 기꺼이 일할 준비가 되어 있다고 생각했으므로, 이들의 행동은 때때로 인종주의적 색채를 띠었다. 예를 들어 오스트레일리아의 노조와 노동당은 20세기 전반부 내내 '백호White Australia' 정책을 지지했다.

하지만 경제학자들이 '노동 총량의 오류'라고 부르는, 이민자가 자국 노동자의 일거리를 빼앗는다는 견해는 완전히 잘못되었다. 이민자들이 노동력을 추가로 공급한다 하더라도, 이들이 일자리를 얻어 돈을 벌면(그리고 그 돈을 쓰면) 상품과 서비스에 대한 수요가 새로 생겨나고, 그에 따라 노동 수요도 창출된다. 이 효과는 시간이 흐르면서 상쇄되는 경향이 있다.

> **급격히 발전하는 산업국가들은 … 국내 임금을 전 세계 평균보다 높게 책정해서 발전이 더딘 나라의 노동자들을 끌어들인다. 그러면 지독하게 가난한 나라에 사는 사람들은 어쩔 수 없이 조국을 떠나고, 자본가들은 이민 온 노동자들을 가장 파렴치한 방식으로 착취할 것이 분명하다. 점점 중요성이 커지는 이런 현대적 이민 현상에 눈을 감는 사람은 반동주의자들뿐이다.**
>
> _레닌

실제로 이민자들이 자국 노동자들의 임금을 크게 떨어뜨린다거나 일자리를 줄인다는 증거는 찾기 어렵다. 영국에서 진행된 몇몇 연구도 최근의 이민 증가가 영국 노동시장에 지대한 영향을 미쳤다는 증거를 찾지 못했다. 1990년대의 이스라엘과 최근의 터키처럼 난민이 대거 유입해도 그 영향은 별로 크지 않을 것 같다.

이민자들이 역동성을 불어넣는다

이민자들이 나라를 더욱 역동적이고 생산적으로 만든다는 주장이 오히려 더 타당해 보인다. 이민은 특히 첨단기술 산업에서 혁신과 국제 거래, 지식 교류가 늘어나는 현상과 관련이 깊다. 개인적인 이야기를 하자면, 내가 일하는 곳(런던의 경제 연구소)에는 많은 이민자가 있는데, 그들 대부분이 다른 나라 출신이다. 이것은 내가 좀 더 치열하게 경쟁해야 한다는 의미지만, 내가 일하는 분야의 규모가 더욱 확대되고 효율적이 된다는 의미이기도 하다. 그리고 아마도 그 덕분에 시간이 지날수록 내 임금은 증가할 것이다.

또한 이민자는 자기 사업을 할 가능성이 높으므로, 좀 더 사업가적 기질을 보일 것이다. 이것은 아무래도 진취적인 사람들이 기회를 찾아 이민을 택할 가능성이 높기 때문이거나 이민자들이 대기업이나 전통적인 노동시장에서 일자리를 구하기가 어렵기 때문일 것이다. 애플이나 구글처럼 최근 가장 성공한 대기업 중 일부는 이민자 출신이 설립한 회사이다.

이민자가 떠나온 나라, 특히 기술과 교육 수준이 높은 노동자를 잃은 개발도상국들은 어떻게 될까? 놀랄 수도 있겠지만, 그 나라들은 잃은 것이 별로 없어 보인다. 그 나라들은 (이민자들이 고향에 송금하는) 돈과 그 돈으로 인한 거래 증가로 이익을 얻는다. 예를 들어 인도에서 미국으로 온 이민자들은 캘리포니아의 실리콘밸리는 물딱 한 번만 아주 단순한 단계를 거쳐 세계 생산량을 독일 경제와 맞먹는 수준으로 증가시키려면 어떻게 해야 할까? 훌륭한 발명품을 만들거나 수십만 달러를 투자할 필요가 없다. 법만 바꾸면 된다. 미국의 개발경제학자 마이클 클레멘스Michael Clemens에 따르면, 세계 인구의 약 5퍼센트에게 이민을 허용하면 전 세계 GDP가 적어도 3조 달러까지 올라간다고 한다. 그 이유는 개발도상국의 노동자들이 훨씬 더 생산적인 나라로 이동하기 때문이다. 그렇게 하면 적어도 무역과 자본 이동의 장벽을 완전히 철폐했을 때와 같은 수준으로 이익을 거둘 수 있다.

론, 인도 벵갈루루의 IT 산업이 발전하는 데도 도움이 되었다.

“ 이민자로서 나는 미국이 세계에서 가장 자유롭고 활기찬 나라이므로 미국에 살기로 결정했다. 또한 이민자로서 나는 미국을 세계에서 가장 경제력이 높고 창조적이며 자유를 사랑하는 나라로 유지해줄 이민 정책을 강력하게 지지해야 한다는 의무감을 느낀다.

_루퍼트 머독Rupert Murdoch

이민은 사회에 광범위하게 영향을 미친다. 2008년과 2009년의 금융위기와 뒤이은 경기후퇴의 여파로, 미국과 유럽 여러 나라에는 이민에 반대하는 정치적 움직임이 상당히 많다. 그러나 경제적 관점에서 보면 이런 우려는 터무니없다. 무역과 마찬가지로 이민자는 국내 임금 인상을 막거나 일자리를 줄이는 주된 원인이 아니므로, 이민을 억제한다고 해서 경제적으로 어려운 자국민이 더 잘살게 되는 것은 아니다. 하지만 정치인 입장에서는 이민 정책 공격이 증세처럼 까다로운 개혁 정책을 추진하는 것보다 쉽다.

이민은 기회다

분명한 사실은 최근 이민을 증가시킨 정치적·환경적·경제적 압력(중동 전쟁, 사하라 이남 지역의 가뭄과 폭발적 인구증가 등)이 앞으로 더 커질 것 같다는 점이다. 이민은 적절하게 관리하면 이민 당사자에게 매우 유익하다. 그리고 인구가 줄고 있는 유럽 같은 경우 이민자를 받아들이면 그 나라에도 좋은 기회가 될 수 있다. 하지만 그런 결과를 얻으려면 과거 일부 나라들이 했던 것보다 통합에 더욱 신경을 써야 하는데, 그것은 경제만큼이나 어려운 정치적 도전이 될 것이다.

(PART 6)

자본주의의 미래

자본주의를
뛰어넘을 대안이 있는가?

(45)

경기침체

"경기침체는 일시적인 문제이고 저절로 회복될까?
아니면 성장이 계속 제자리에 머물까?"

저명한 경제학자 앨빈 한센은 전 세계가 장기적으로 경기침체를 겪는 새로운 시대에 진입하게 될 거라고 예측한 적이 있다.

> "구조적 장기 침체의 핵심 논리는 이렇다. 약한 회복세는 초기에 사라지고, 불황이 저절로 심화되면서 겉으로 보기에도 고질적인 실업 문제를 남긴다."

한센은 일부 국가의 재무장 덕분에 미국의 경제가 급속히 성장하고 완전 고용 상태를 회복하던 즈음인 1938년에 위의 글을 썼다. 전쟁이 끝난 후에는 케인스식 해법을 통해 꾸준하고 안정된 성장이 가능해진(이 일을 계기로 한센이 미국에서 유명해졌다) 덕분에, '구조적 장기 침체'라는 개념은 거의 잊혔다. 그리고 케인스의 거시경제적 관리 방식이 구식이 된 후에도, 정부와 중앙은행이 경제를 확실하게 안정시킨다면 성장과 고용은 거의 저절로 해결될 거라는 견해가 계속 남아 있었다.

회복은 무슨 회복?

하지만 2009년 이후부터 이런 견해에 의구심을 갖는 이들이 생겼다. 과거에는 전쟁이 끝나면 생산량과 생산성이 빠르게 회복됐지만, 최근 선진 7개 국가(G7)의 연평균 생산증가율은 1퍼센트에도 미치지 못한다. 영국과 이탈리아는 거의 성장을 멈췄다. 미국 재무장관을 지낸 래리 서머스Larry Summers는 2013년 구조적 장기 침체라는 개념을 환기하며 "정상적인 경제 상황과 정책 환경이 언젠가는 회복되리라는 추측을 계속 하기 어렵다"고 말했다.

하지만 끈질기게 '정상'을 회복하지 못하는 현상을 어떻게 설명할 수 있을까? 본질적으로 여기에는 서로 별개인 두 가지 이슈가 있다. 첫째는 우리가 성장이 점점 낮아지는 시기로 자연스럽게 진입하고 있다는 가설이다. 한센은 이것이 인구통계적 변화와 더딘 인구증가 때문이라고 말했다. 그 당시에는 맞지 않았지만, 지금은

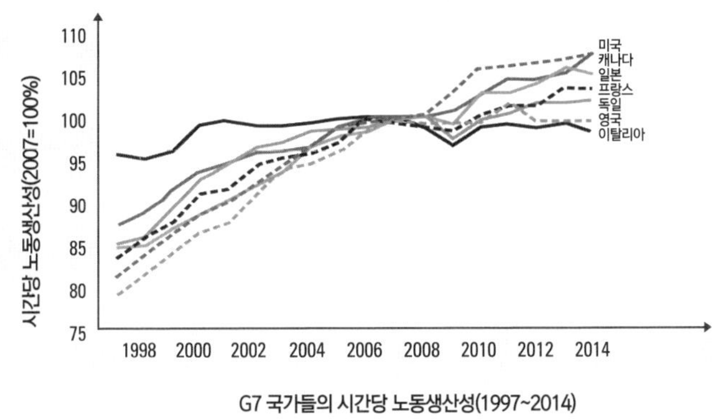

G7 국가들의 시간당 노동생산성(1997~2014)

상당히 타당해 보이는 견해이다. 독일과 일본에서는 지난 10년간 생산가능인구가 줄어들고 있고, 미국과 영국 같은 나라는 (이민자가 늘어남에도) 인구가 더디게 증가하고 있다.

생산성 향상 속도가 자연스럽게 느려진다는 주장도 있다. 전후 몇 십 년간 생산성이 급속히 향상된 것은 여러 환경(급속한 기술 발전, 평균 교육 수준의 가파른 상승, 유리한 인구통계학적 환경)이 특이하게 조합된 결과라는 것이다. 하지만 이런 주장이 계속 유지되기는 어려워 보인다. 기술은 결코 천천히 발전하지 않을 것 같기 때문이다. 그리고 좀 더 광범위한 관점에서 이 주장이 맞는 다면, 생산성은 서서히 완만하게 줄어들어야 한다. 이 주장은 2008년과 2009년의 갑작스러운 변화를 설명하지 못한다.

문제는 수요다

구조적 장기 침체에 관련한 둘째 이슈는 수요다. 이 견해를 지지하는 사람들은 금리가 극단적으로 낮게 유지되고 있는 상황을 문제로 지적한다. 중앙은행이 단기 금리를 제로에 가깝게 운영하고 있을 뿐 아니라, (중앙은행이 아닌 시장이 설정한) 정부의 장기채권 금리 역시 낮거나 심지어 마이너스인 나라도 많다. 다시 말해 저축하고 싶은 기업과 개인은 상당히 많지만 미래 성장을 견인하는 위험한 투자를 원하는 기업과 개인은 별로 없다는 신호를 시장이 보내고 있다. 오히려 이들은 저위험 저수익 상품인 정부 채권에 투자하는 쪽을 선택하고 있다.

이런 고전적인 케인스식 문제에 대한 정책은 대개 금리를 낮추는 것인데, 우리는 이미 그렇게 하고 있다! 서머스의 주장은 성장과

기술 발전과 구조적 장기 침체

미국 경제학자 로버트 고든Robert Gorden은 기술 발전이 속도를 내지 못하는 것이 아니라 경제적 용어로 속도가 둔화하는 것이라고 상식에 배치되는 주장을 했다. 그는 세 번의 '산업혁명'을 거치면서 우리가 이미 막대한 경제적 혜택을 얻었다고 말했다. 첫 번째 산업혁명은 기계화를 가져왔고, 두 번째 산업혁명에서는 전기와 내연기관이 발명되었으며, 세 번째 산업혁명은 컴퓨터의 발명이다. 네 번째 혁명은 아직 예상할 수 없다. 그러나 많은 사람들이 보기에 디지털 혁명은 끝나려면 아직 멀었고, 3D 프린팅에서 나노기술까지 새로운 기술들이 아직 개척되지 않은 커다란 기회를 제공할 것이다.

고용이 '정상'으로 회복되는 장기균형금리가 계속 낮아진다는 것이었다. 심지어 마이너스로 떨어질지도(적어도 실질금리에서) 모르겠다. 하지만 중앙은행이 그런 수준까지 금리를 낮추기는 대단히 어렵다. 그럴 경우 (지난 20년간 일본이 그랬던 것처럼) 장기적으로 저성장과 저금리에 갇힐 것이다.

부족한 수요가 정말로 문제라면, 정부가 뭔가를 할 수 있어야 한다. 그런데 무엇을 해야 할까? 중앙은행은 금리를 마이너스대로 줄이는 혁신적인 방법을 실험하고 있다. 하지만 일각에서 지적하듯이, 초저금리는 생산적 투자를 자극하는 대신 자산 가격에 거품만 끼게 만들(내재 가치가 확보되지 않은 주택과 주식, 기타 금융상품의 가격 상승) 위험이 있다. 그렇게 되면 사람들이 더 부유해졌다고 느껴서 단기적으로는 수요 증가에 도움이 될지 모르지만, 조만간 상황이 종료되고 또다시 폭락을 경험할 것이다.

지금은 돈을 빌리고 지출할 시기

확실히 재정 정책이 대안이다. 즉 정부가 기반시설 투자를 위해 더 많은 돈을 빌리고 지출해서 남아도는 예금을 흡수해야 한다. 나를 포함한 다수의 경제학자들, 그리고 점점 중요한 국제기구가 되어가는 IMF와 OECD 등은 케인스식 거시경제적 관리나 바람직한 정부 규모에 대한 각자의 견해와 상관없이 재정 정책이 일리가 있다고 주장하고 있다. 국채의 실질금리가 제로 혹은 마이너스가 되면 사실상 민간 투자자들이 정부에 거저 돈을 갖다주는 셈인데, (미국, 독일, 영국 같은 나라에서 도로와 철도 같은 사업에 더 많은 돈을 지출해야 할 이유가 분명히 있는 점을 고려할 때) 정부가 그런 제안을 받아들이지 않다니 제정신이 아닌 것 같다. 예를 들어 2010년 영국 정부가 전문가의 충고와 명백한 기후변화 위험을 무시하고 홍수 방지 예산을 삭감한 것은 어리석은 조처였다. 예산을 삭감한 탓에 2015년에 강우 피해를 겪어야 했는데, 그것은 예방할 수 있는 참사였기 때문이다.

> 내가 앨빈 한센의 구조적 장기 침체 이론이 산업화된 현재의 상황에 잘 들어맞는다고 언급한 지 2년이 되었다. 안타깝게도 그 후의 경험들이 이 가설이 옳다는 것을 입증하고 있다. 구조적 장기 침체는 일어날 가능성이 있다. 하지만 그것은 불가피한 상황이 아니므로, 강력한 정책을 펼치면 피할 수 있다.
>
> _래리 서머스(전 미국 재무장관)

하지만 정치인들은 위기 때 부채가 급증한 것을 경험했기에, 추가 차입을 주저한다. 안타깝게도 유로존 국가들과 영국 정부는 정상적인 시기에도 목적이 불분명한 차입을 임의로 제한하는 안에 서명했는데, 그 결과 현재 막대한 피해를 보고 있다. 민간 투자 수요가 한동안 낮게 유지된다면, 정부 투자를 줄이고 흑자 재정을 추구하는 방식은 불필요할 뿐만 아니라 대단히 해롭다. 이와 유사하게, 미국에서는 교착 상태에 빠진 정치권이 정부 지출을 늘리는 것을 거의 불가능하게 만들고 있다. 상황을 바꾸려면 진심 어린 정치적·경제적 비전이 필요하지만, 지금으로서는 그런 비전 자체가 없는 것 같다.

(46)

풍요와 과잉

"이윤 동기를 발전 동력 삼아 풍요로운 사회가 되었어도
우리는 그 사회가 제공하는 기회를 아직 활용하지 못하고 있다."

우리는 산업화된 세계가 대공황이라는 수렁에 빠진 1930년에 케인스가 최초로 제시한 상황을 조만간 마주할지도 모른다. 당시 자본주의가 위기에 처하자 케인스는 늦지 않게 위기의 원인을 밝혔고, 체제가 완전히 무너지기 전에 적극적인 경제 정책을 사용하면 자본주의를 구할 수 있다고 주장했다. 하지만 그 전에 케인스는 당면한 현실에 대한 독자들의 시야를 넓히고 싶었으므로, 경제 성장은 장기간에 걸쳐 우리를 점점 부유하게 할 뿐만 아니라 역사를 통틀어서도 상상할 수 없을 정도로 부유해질 거라고 설명했다.

"이것은 그저 일시적인 불균형 상황이다. 이 모든 상황은 장기적

으로 볼 때 우리가 경제 문제를 해결해가고 있다는 것을 의미한다. 나는 발전하고 있는 국가들의 생활수준이 100년 후에는 오늘날에 비해 4배에서 8배 정도 나아질 거라고 예상한다."

그로부터 몇 십 년이 흐른 지금, 케인스의 생각이 옳았음이 증명되었고, 심지어 그가 예상했던 것보다 훨씬 빠르게 경제가 성장했다.

번영은 최근에 일어난 현상이다

인류의 역사를 살펴보면, 대부분의 사람들이 흉년과 기근을 수없이 겪으면서 최저 생계 수준으로 살아왔다. 오늘날 선진국 국민의 대다수는 엄청난 정도로 물질적 풍요를 누린다. 거의 5억 명에 달하는 사람들이 극도로 비참한 생활을 하는 지금 풍요를 이야기하는 것은 시기상조이자 심지어 무정해 보이기까지 하지만, 어쨌든 극빈자 수는 서서히 줄어들고 있고 경제와 기술의 관점에서 보면 그 수는 계속 줄어들 것 같다.

거기다 발전 속도가 더욱 빨라지고 있다. 3D 프린팅, 나노기술, 로봇 공학과 같은 기술의 발전으로 전 세계 인구가 원하거나 필요로 하는 물건들을 충분히 생산할 수 있다는 점에서, 우리가 '경제

세계 평균 1인당 GDP 변화(1500~2000년)

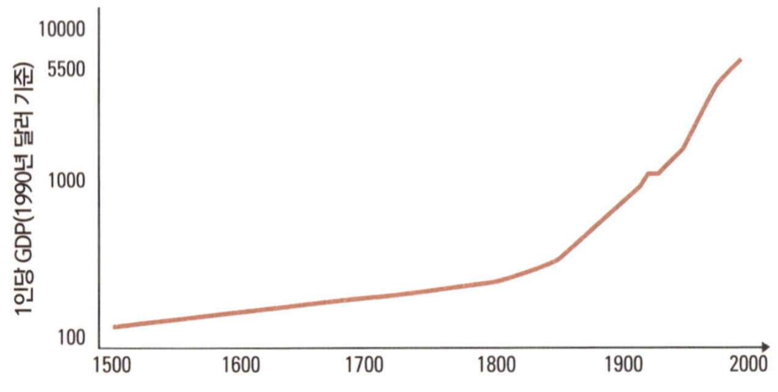

문제를 해결할' 거라는 케인스의 주장은 더욱 현실에 가까워지고 있다. 지난 40년간 미국의 제조업 생산량은 2배 이상으로 증가했지만, 제조업 종사자는 반으로 줄었다. 인간이 직접 하지 않아도 되는 일이 점점 늘어날 것이다. 예를 들어 중국 톈진에 있는 장성자동차 공장에서는 로봇들이 1분 30초 만에 자동차 1대를 용접한다.

자본주의의 종말?

이것이 경제와 사회에 무슨 의미가 있을까? 케인스는 희망적인 사람이었다. 그는 이윤 동기가 발전 동력이 되는 것을 멈추고 긍정적 의미에서 비정상적인 것으로 간주되리라는 결론을 도출해 자본주의의 종말을 예측했다.

> "경제적 보상과 페널티, 그리고 부를 분배하는 데 영향을 미치는 모든 사회 관습과 경제 관행은 그것들이 마음에 들지 않고 부당하다 해도 무슨 수를 써서라도 유지해야 한다. 왜냐하면 그것들이 자본을 축적하는 데 대단히 유용하기 때문이다. 자본이 충분하게 축적되고 나면 마침내 그것들을 자유롭게 버릴 수 있을 것이다."

그러면 우리는 '지혜롭고 유쾌하게 사는 방법'을 찾느라 시간을 보내게 될 것이다. 자본주의는 그 성공 덕분에 스스로 무너질 것이다.

하지만 물질적 진보에도 불구하고, 케인스가 제시한 미래상은 사회적 관점에서 볼 때 가장 부유한 나라에서조차 과거보다 훨씬 더 실현하기 어려워 보인다. 좋든 나쁘든, 기술 발전을 추동하는 힘은 여전히 이윤 동기이다. 사회가 부유해질수록 부를 추구하려는 사람들의 동기가 줄어든다는 증거는 전혀 없다. 그리고 현재 우리는 확실히 케인스가 살던 시대보다 물질적으로 풍족하지만, 날마다 규칙적으로 일하지 않고도 생계를 유지할 수 있는 사람은 별로 없다.

후기 자본주의 사회는 어떤 모습일까? 가장 그럴듯한 모습은 아마도 〈스타트렉Star Trek〉에서처럼 음식과 물건이 계속 복제되고, 고장 난 신체를 재빨리 고칠 수 있고 심지어 교체까지 할 수 있으며, 버튼 하나만 누르면 인간의 지식과 문화의 총체를 파악할 수 있는 세상과 비슷할 것이다. 최근 3D 프린팅 기술의 발전, 실험실에서 만들어낸 인공장기, 인터넷과 스마트폰의 발전 등을 보면 우리가 이해하지 못할 것은 아무것도 없어 보인다(물론 항성 간의 우주여행은 아직 요원하다). 그러면 〈스타트렉〉 속 사람들은 실제로 무슨 일을 할까? 일부는 대담하게 새로운 세계를 탐험한다. 하지만 지구에 남아 있는 사람들 대부분은 케인스가 기대했던 것과 비슷하게 웰빙을 추구하고 이윤과 상관없이 한가롭게 예술과 문화, 철학 등의 소양을 기른다. 심지어 피카드 함장도 은퇴한 뒤 프랑스 어딘가에서 포도나무를 가꾼다!

양극화가 증가할까?

많은 사람들이 자동화와 기계화 때문에 (새로운 것을 발명하거나 그것을 상업화하는 사람 또는 부를 물려받는 사람 등) 극소수의 사람들만 엄청난 부를 갖게 될까봐 두려워하고 있다. 가치 있는 기술을 보유한 특권층은 계속해서 풍성하고 안락한 삶을 누릴 테지만, 경제적 수단이 거의 없는 수많은 (그리고 아마도 그 수가 점점 증가하는) 사람들은 실업과 소외를 겪어야 할 것이다. 소득이 주로 개인의 시장 가치에 근거해서 분배되는 한, 이론에서 말하는 풍요로움의 매력을 활용할 수 있는 사람은 거의 없을 것이다.

최근 경제학자들 사이에서는 기존의 복지(실업과 가난, 노령에 대비해 보험을 제공하지만, 기본적으로 규칙적으로 일하는 사람들을 대상으로 한다)를 '기본 소득'이나 '사회적 배당'이라는 개념으로 대체하는 해법이 점점 주목받고 있다. 즉 모든 사람이 생필품을 사들일 수단을 지급받으면 일을 할지, 시를 쓸지, 새로운 도구를 개발할지 스스로 선택할 수 있다.

> **“ 사람들이 전문성을 충분히 갖추고 시시한 일은 기계가 맡아서 하는 번영한 사회에서, 모든 일은 예술이 된다.**
>
> _닉 하나우어Nick Hanauer(미국 기업인)

여기서 사고방식이 대대적으로 변화한다. 사회에 기여하지 않으면 자원에 접근할 권리가 없다고 가정하는 관점에서 풍요로운 사회에서는 더 이상 기대할 것이 없으므로 사람들이 각자 원하는 방식으로 '기여'할 수 있다는 관점으로 전환되는 것이다. 이런 생각은 게으름을 하나의 생활양식으로 굳어지게 해 자본주의를 파괴할까, 아니면 게으른 생활을 선택한 사람들의 노동과 이윤 동기도 보호하고 사회적 형평성을 어느 정도 확보해 '승자독식' 경제를 막음으로써 자본주의를 구할까? 또 이런 관점은 정치적으로 지속 가능할까?

물질적 풍요에 도전하는 태도는 역사적 관점에서 보면 확실히 인류에게 유익하다. 하지만 우리는 풍요로운 사회가 제공하는 기회를 활용하는 방법을 아직 모르고 있다. 기본 소득이나 그와 비슷한 제도들이 답의 일부가 될 수는 있다. 하지만 훨씬 중요한 것은 아마도 물질이 넉넉한 사회에서 사람의 '가치'를 평가하는 방법을 재고하는 일일 것이다.

(47)

노동의 미래

"기계화와 전산화가 점점 더 확대되는 시대에 인간은 정말 로봇에 일을 전부 다 빼앗길까?"

경제학자들은 새로운 기술이 실제로 일자리를 없애지만, 중장기적으로는 고용을 줄이지 않는다고 지적한다. 즉 신기술 때문에 수익을 내지 못하면 일자리를 잃게 되지만, 시간이 흐르면서 경제 전체가 그런 환경에 적응하면 새로운 일자리가 창출된다는 것이다. 결국 (노동 절약 기술이란 생산성 향상을 '의미'하므로) 노동 생산성이 커져서 사회가 전반적으로 더욱 풍요로워진다.

자동화 때문에 일자리가 없어지지는 않았다

실제로 경제사를 살펴보면, 기술 발전이 생산성을 향상시켜 사

러다이트 운동

정방기와 역직기가 발명되기 전에는 직조 자영업자들(주로 잉글랜드 북서부 지역의)이 비교적 풍족하게 살았다. 하지만 새로운 기술 때문에 이들의 일거리가 사라져버렸다. 러다이트 운동은 방직산업의 기계화에 반대하며 때로는 격렬하게 저항했기에, 결국 폭력적인 방법으로 진압되었다. 이후로 '러다이트'는 노동 절약 기술 혹은 좀 더 일반적으로는 실질적 발전에 반대하는 사람들을 경멸할 때 사용하는 용어가 되었다. 그런데 최근 잉글랜드은행(오늘날 영국의 가장 정통성 있는 기관)의 수석 경제학자인 앤디 홀데인Andy Haldane이 앞으로 200년 후 러다이트 운동이 결국 옳았음이 증명될 것인지 질문을 던졌다.

> "오직 인간의 기술이 필요한 분야는 더 줄어들지 모른다. 이런 예상이 현실이 된다면, 이 이야기가 아무리 미래적으로 들린다 해도, 과거 300년 동안 형성된 노동시장의 패턴이 정말 빠른 속도로 변할 것이다. 기술을 향상시킬 방법이 없다면, 대규모 실업 혹은 불완전 고용의 위험이 증가할 것이다."

회를 풍요롭게 만든다는 이야기는 정확히 사실이다. 1841년에는 영국 노동자의 20퍼센트 이상이 농업에 종사했다. 하지만 오늘날에는 1퍼센트만 농업에 종사한다. 당시에는 30퍼센트이상이 제조업에 종사했지만, 오늘날은 10퍼센트에도 미치지 못한다. 제조업 종사자가 줄었음에도, 생산량은 그때보다 훨씬 많다. 그러는 동안 그들의 직업은 바뀌었다. 지금은 노동자의 약 90퍼센트가 서비스업에 종사하며, 유사 이래 취업률이 그 어느 때보다 높다. 과거보다 훨씬 적은 인력으로 더 많은 음식과 제품을 생산할 수 있다는 사실은 사회가 전반적으로 부유해졌고, 일하지 않는 나머지 사람들은 경제 조사를 하거나 예술 활동을 하거나 운동선수가 될 수 있다는 의미이다(이런 활동들은 모두 이론상으로 경제에 기여한다).

그렇다면 기술 발전이 일자리를 위협하는 문제를 걱정하지 않아도 될까? 자율주행차는 운송업에서, 바코드 스캐너와 온라인 쇼핑은 소매업에서 수백만 개의 일자리를 없앨 것이다. 최근의 조사 결과에 따르면, 앞으로 20년 후에는 미국(그리고 아마도 대부분의 선진국)에서 전체 일자리의 절반 정도가 자동화되거나 전산화된다고 한다. 기술이 별로 필요하지 않은 직업이 가장 큰 타격을 받겠지만, 관련 소프트웨어가 개발되면 번역이나 심지어 기본적인 의료 진단 같은 분석적인 직업도 안전하지 않다.

> “—— 기계가 창출한 부를 공유하면 모든 사람이 호사스러운 여가 생활을 즐길 수 있지만, 기계 주인이 부를 재분배하지 못하도록 로비에 성공한다면 대부분의 사람들이 끔찍하게 가난해질 것이다. 과학기술이 불평등을 심화하는 것으로 보아, 지금까지는 사회가 후자 쪽으로 가고 있는 것 같다.
>
> _스티븐 호킹Stephen Hawking

그러면 잠시 생각해보자. 사람들이 매일 직장에서 하는 일의 거의 대부분을 로봇이나 컴퓨터가 하려면 무엇이 필요할까? 그런 다음 인공지능, 로봇 공학, 3D 프린팅, 가상현실 등 오늘날 발전된 기술들을 생각해보고, 예측할 수 있는 미래에 사람들이 하는 일의 얼마나 많은 부분이 자동화될지, 그리고 그렇게 되기까지 시간이 얼마나 걸릴지 현실적으로 평가해보라.

아직은 두려워하지 말자

전통 경제학과 역사는 이런 변화가 일부에게는 고통스럽겠지만(실제로 기계화 때문에 방직공들이 일자리를 잃고 많은 사람들이 궁핍해졌음을 잊지 말자), 경제가 새로운 환경에 적응할 것이므로 장기적으로는 사회 전체가 이득을 볼 거라고 주장한다. 기계가 현재 사람이 하는 일을 더 빨리 효율적으로 할 수 있다면, 우리는 좀 더 부유해지고 다른 할 일을 찾게 될 것이다.

하지만 이번에는 상황이 다르게 전개될까? 몇몇 경제학자와 비판자들은 그렇게 될 거라고 걱정하면서 두 가지 문제에 주목한다. 첫째, 변화 속도가 너무 빠르고 기계가 대체할 수 있는 일자리가 너무 많아서 경제가 적응하지 못하리라는 것이다. 하지만 지금까지 그런 증거는 거의 없다. 미국에서는 매달 500만 명이, 영국에서는 매년 400만 명 이상이 새로운 일자리를 얻는다. 그 일자리들이 전부 훌륭한 것은 아니지만, 노동시장이 급격한 변화에 적응할 수 있다는 사실을 증명한다.

자본이 유리할까?

더욱 심각한 문제는 지금과 같은 자동화가 사회에 어떤 영향을 미칠지 예측하기 어렵기 때문에, 어쩌면 이것이 자본력과 노동력 사이의 균형 상태를 영구적으로 바꿀지 모른다는 점이다. 전통적 기준으로는 구글과 애플 같은 기업의 생산량이 경제 전체에서 차지하는 비율이 어마어마하며 점점 더 커지고 있다. 이것은 새로운 이야기가 아니다. 50년 전 GM도 마찬가지였다. 하지만 오늘날 기술업계의 거물들은 직원을 훨씬 적게 고용한다. 1979년에 GM의 직원은 60만 명이었지만 오늘날 구글의 직원은 6만 명에 불과하다. GM은 자동화와 자본 투자에 상당히 의존했지만 그래도 생산한 부가가치의 대부분이 직원들에게 돌아갔다. 하지만 오늘날 기술업계는 다르다. 기술 분야에서는 보통 소프트웨어 형태로 자본이 존재하며, 작업 대부분을 담당하고 그 대가로 보상을 가져간다. 그리고 물론 소프트웨어는 임금을 받지 않는다. 혜택을 받는 사람은 자본 '소유주'이다.

즉 자동화로 인해 자본력과 노동력 사이의 균형추가 자본에 유리한 쪽으로 영원히 옮겨갈 위험이 있다. 지금 우리는 자본 소유주가 생산 수단을 통제하고 그 보상을 가져가는 사회로 가고 있다. 노동자들은 계속 일할 테지만, 그들 중 상당수가, 아니 어쩌면 대부분이 부가가치가 상대적으로 낮고 덜 중요한 일을 하게 될 것이다(이런 일자리는 경제가 작동하는 데 핵심이 되지 못하므로 보수가 좋지 않다). 이런 불균형을 줄이려면 소득과 부의 분배를 더욱 확대하거나 사회가 복지와 자선사업에 지출을 늘려야 할 것이다(확실한 효과를 얻으려면 이 두 가지 방법을 병행해야 한다).

상당히 암울한 전망이지만, 노동자들의 이익에 반하는 쪽으로 움직이는 이런 광범위한 경제적 힘이 역사의 진행 방향을 결정하지는 않는다는 사실을 기억할 필요가 있다. 러다이트 운동은 실패했지만, 그 계승자들(근로조건을 개선하려는 노동조합 운동과 투표권을 요구해 경제와 국가를 재건하려 한 차티스트 운동을 주도한 사람들)은 대체로 성공했다. 그러므로 진짜 시험은 우리의 정치 및 사회 제도가 그 도전에 응할 것인가이다.

(48)

디지털 경제

"기술 발전이 초래하는 변화가 끝나려면 아직 멀었고,
확실한 것은 이제 시작일 뿐이라는 점이다."

컴퓨터 혁명의 결과, 정부와 기업인, 경제학자, 비평가들은 오늘날 '디지털' 경제 혹은 '정보' 경제의 엄청난 중요성을 자주 언급한다. 그런데 그것은 무엇일까? 디지털 경제나 기업을 말할 때, 많은 사람들이 캘리포니아의 실리콘밸리나 인노의 벵살루루를 떠올린다. 아니면 애플이나 아마존처럼 정보통신 기술의 하드웨어나 소프트웨어 혹은 그 둘 모두에 의존하는 대형 다국적 기업을 언급할지도 모르겠다. 이렇게 정의된 개념에는 정보통신 기술과 관련된 상품을 생산하는 기업도 포함되지만, 좀 더 확장해보면 전자상거래, 음악, 건축 등 모든 분야에서 생산되는 디지털 콘텐츠나 디지털 상품도 포함된다.

디지털은 어디에나 있다

하지만 이중 어느 것도 정확한 의미를 담아내지는 못한다. 물론 오늘날 정보통신 기술과 관련을 맺지 않은 기업(또는 경제활동)은 거의 없다. 선진국 국민들은 모두 전자메일을 사용하고 웹사이트가 있는 조직에서 일한다. 개발도상국 국민 중 일부는 인터넷 접속이 어려울 수 있지만, 아프리카의 모바일 뱅킹부터 인도의 생체인식까지 디지털 기술이 실질적으로 널리 퍼져 있다는 점이 중요하다. 기본적으로 (제약업, 금융업, 채취산업 등) 대부분의 전통 기업들은 업무 능력을 개선하기 위해 정보통신 기술을 활용하는 계획에 점점 의존하고 있다.

> 새로운 인공지능 기술이 발달하면, 결과적으로 지구에 사는 모든 사람들은 훨씬 영리해질 것이다. 왜냐하면 스마트폰은 기본적으로 슈퍼컴퓨터이기 때문이다.
>
> _에릭 슈미트Eric Schmidt

그러므로 디지털 경제는 특정 산업이나 생산물 혹은 기술 스타트업과 같은 특정 형태의 기업만 포함하는 개념이 아니다. 경제가 돌아가는 방식이 기술에 의해 완벽하게 변형된 상태를 뜻한다. 이런 광범위한 개념을 염두에 두었을 때 디지털 경제는 무엇이 다르며, 우리의 환경을 어떻게 바꾸는가?

첫째는 물리적 차이이다. 즉 정보를 기반으로 하는 경제는 물질에 덜 의존한다. 20여 년 전 미국 연방준비위원회 의장이었던 앨런 그린스펀은 제품의 물리적 크기 및 무게와 생산량의 연관성이 과거보다 덜 밀접해진다고 지적했다. 이런 변화가 생산과 소비의 본질을 바꾼다. 이는 규모가 작은 공장과 (지금 나처럼) 컴퓨터 자판을 두드리며 앉아 있는 사람들이 더 많이 필요해진다는 의미이다. 또한 정보처리와 저장장치를 이용해 만든 생산물을 소비하는 사람들이 많아진다는 의미이기도 하다. 이것이 무역의 모습도 변화시킨다. 대부분의 무역은 여전히 물건을 컨테이너에 실어 도로와 바다를 이용해 운반하는 형태지만, 이런저런 데이터로 운반하는 사례가 점점 많아지고 있다. 실제로 2016년에 영국은 사상 최초로 제조

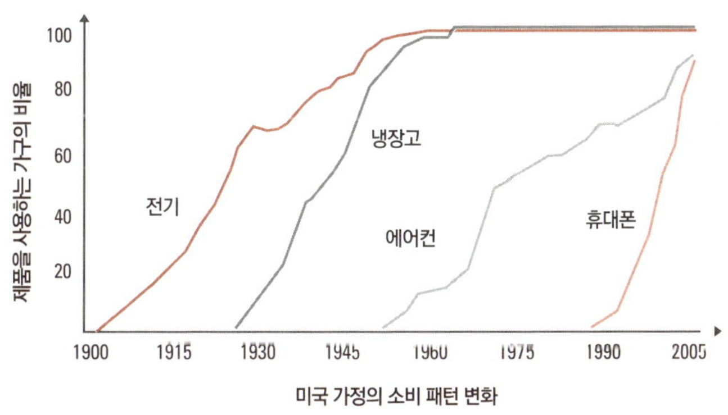

미국 가정의 소비 패턴 변화

품보다 '서비스'(보험에서 TV 프로그램에 이르기까지 모든 것)를 더 많이 수출했다. 이는 앞으로는 천연자원을 채취해 가공한 다음 제품을 만들어 전 세계로 실어 보내는 방식보다 의료계와 오락산업 등 모든 산업에서 가공된 데이터를 '소비'하는 방식이 훨씬 늘어난다는 것을 의미하기 때문에 중요하다.

둘째로 다른 점은 변화의 속도이다. 기술이 변하는 속도(그리고 특히 획기적이고 혁신적인 신제품을 다수가 받아들이는 속도)가 오늘날 더욱 빨라진 것은 착각이 아니다. 미국인의 절반이 일반 전화를 사용하기까지 40년이 걸렸다. 하지만 미국인의 절반이 휴대폰을 사용하기까지는 10년밖에 걸리지 않았다. 아프리카에서는 대다수가 일반 전화를 사용하지 못했지만, 휴대폰은 불과 몇 년 만에 가장 가난하고 외진 마을까지 보급되었다.

셋째로 다른 점은 경제의 승자 및 패자와 관련된다. 디지털 경제에서 승자 집단에 속하는 사람들은 문화와 오락 분야의 '슈퍼스타'들이다. 위대한 예술가와 연주자들은 항상 그 가치를 인정받아 왔지만, 소득이 높은 사람들만 그들의 작품을 감상할 수 있었으므로 물질적 제약이 있었다. 하지만 지금은 전 세계에 자신의 모습을 보여줄 수 있다(자기를 광고하고 돈을 벌기도 한다). 그래서 스포츠계와 음악계 등에서 1등은 과거보다 경제적 영향력이 훨씬 커졌지만, 2등이나 3등의 영향력은 줄어들었다. 이런 현상이 우리에게 중요할까? 아마도 그렇게 많이 중요하지는 않겠지만, 교사들에게 같은 현상이 일어난다고 상상해보자. 지금으로서는 원칙적으로 교사 1명이 한 번에 100만 명의 학생들을 대상으로 강의하는 것을 막을 방법이 전혀 없다.

> " 새로운 세상에서는 큰 물고기가 작은 물고기를 잡아먹는 것이 아니라, 빠른 물고기가 느린 물고기를 잡아먹는다.
>
> _클라우스 슈밥Klaus Schwab

기업의 승자와 패자는 어떨까? 반복해서 말하지만, 정보가 빠르게 재생산되고 전송될 수 있다는 것은 변화의 속도가 더욱 빨라졌다는 의미이다. 사실 승자는 일을 대단히 잘하는 사람들이지만, 그들의 성공은 그리 오래가지 않을 것이다. 오늘날 구글과 페이스북, 애플, 아마존은 정보산업에서 헤아릴 수 없을 만큼 막대한 이익을 거두고, 수많은 시장에서 거의 독점적 지위를 누리면서 경제의 많은 부분을 지배하고 있다. 반면 야후와 마이스페이스는 제품과 영업력이 더 나은 기업들이 나타나자 그동안 차지하고 있던 자리를 순식간에 빼앗겼다.

지난 5년간 생산되고 저장된 데이터의 양을 계산해보면, 세계사 전체를 통틀어 그 이전 기간보다 10배나 많다. 현재 이 데이터의 대부분은 경제적으로 별 의미 없는 방식으로 처리되거나 사용되고 있다. 하지만 저장 및 처리 기술이 빠른 속도로 향상되고 있기 때문에 상황은 달라질 것이다. 기업들은 경제적 압박을 점점 심하게 받을 것이므로, 이 데이터를 사용할 방법을 찾기 위해 더 많은 독창력을 발휘해야 할 것이다. 여기에는 특히 우리가 온라인상에서 하는 모든 말과 활동(정말 모든 것)을 통해 수집한 개인적 행동과 소비자의 선호에 대한 데이터가 포함된다.

이것은 시작에 불과하다

확실한 것은 기술 발전으로 초래된 변화가 끝나려면 아직 멀었고, 어쩌면 이것은 시작일 뿐이라는 점이다. 100년 동안 경제는 물론 정치와 사회까지 완전히 바꾸어놓은 산업혁명처럼, 디지털 혁명도 같은 일을 어쩌면 훨씬 더 빠른 속도로 하는 것 같다. 이는 부와 웰빙을 크게 증가시키고, 물질에 기초한 성장이 만든 환경오염을 피하게 해준다. 하지만 디지털 혁명은 지난 70년간 익숙해진 세상보다 기업이나 회사에 부와 권력이 더 많이 집중되게 해서 잔인한 승자독식의 세상을 만들지도 모른다. 이런 미래는 흥미롭지만, 솔직히 조금 두렵다.

(49)

환경

"자본주의의 작동 방식과 경제사를 생각해보면,
자본주의가 환경 문제를 해결할 수도 있다는 데 동의할 것이다."

맬서스는 대체로 농업생산력은 산술급수적으로 증가하지만, 인구는 기하급수적으로 증가하는 경향이 있다고 생각했다. 하지만 실제로는 농업의 기계화와 '녹색 혁명'이라고 불리는 농업기술의 발전, 그리고 좀 더 최근에 일어난 그 밖의 발전들로 식량 생산 증가 속도가 인구증가 속도보다 빨라지고 있다. 현재 세계적으로 1인당 매일 2700칼로리 정도가 생산되는데, 이는 지구의 전체 인구를 먹이고도 남는 양이다. 사람들이 굶주리는 이유는 대개 주변에 먹을 것이 없기 때문이 아니라 식량을 살 돈이 없기 때문이다(43장 〈빈곤〉 참조).

성장의 한계

하지만 1972년에 '로마 클럽'이라는 유력 싱크탱크가 내놓은 보고서는 맬서스의 주장을 반복하고 그 내용을 자원에까지 확대했다. '성장의 한계'라는 제목의 이 보고서는 경제가 끊임없이 기하급수적으로 성장하고 있으므로 석유를 포함한 지구의 수많은 자원들이 결국 고갈되리라 예측했다.

> “ 돌이 부족해서 석기시대가 끝난 것이 아니다.
>
> _세이크 자키 야마니(전 사우디아라비아 석유장관)

하지만 이 보고서는 희소한 자원의 가격이 상승하는 현상에 경제가 실질적으로 반응하는 방식을 거의 무시했다는 이유로 오늘날 널리 인정받지 못하고 있다. 놀랍게도 1972년부터 인류가 다량의 석유를 사용했는데도 (매장량을 확인해보면) 그때보다 더 많은 석유가 남아 있다. 간헐적으로 찾아오는 고유가 시기를 대비해 탐사 횟수를 늘렸을 뿐 아니라, 기술 발전을 장려하고 대체 에너지를 이용한 덕분이다. 다른 천연자원의 경우도 마찬가지이다. 일반적으로 경제가 성장하면 에너지와 자원을 덜 사용하게 되는데, 특히 선진국에서 그렇다. 실제로 영국은 1970년보다 에너지를 덜 소비하고 있지만, 인구는 그때보다 1,000만 명이 더 많고 경제 규모는 2배가 되었다.

원자재의 유한한 공급이 제약이 되지 않는다 해도, 자본주의가 환경에 미치는 영향은 다른 문제일 수 있다. 경제 발전은 불가피하게 환경에 피해를 줄까? 실제로 여러 나라에서 경제 발전과 환경오염의 상관관계를 나타내는 그래프는 낙타 등 모양의 곡선 형태이다. 나라가 발전할수록 도시화와 산업화가 심화되고, 그 결과 환경오염도 심각해진다. 그러다 나라가 부유해지면 환경오염을 줄이기 위해 규제하고 투자할 여력이 생기며, 그렇게 하도록 정치적 압박

기하급수적 성장이 반드시 빠르다는 의미는 아니다! 매년 1퍼센트씩 성장하는 것도 기하급수적이다. 증가율이 높지 않아도 복리 방식을 적용하면 나중에는 선형 증가를 따라잡을 수 있다.

산술급수적 성장 vs 기하급수적 성장

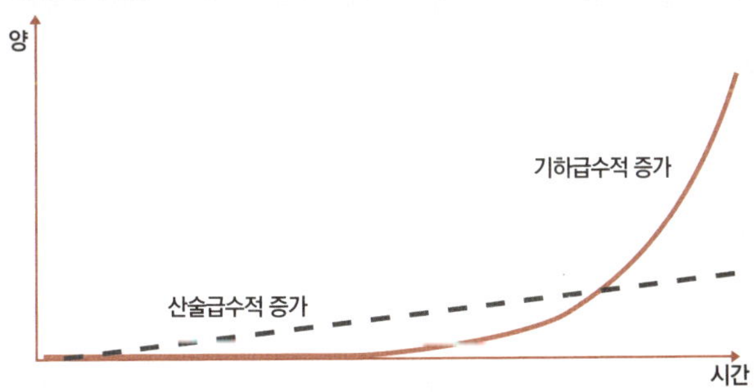

도 받게 된다.

런던이 그 전형적인 사례이다. 19세기 초 런던에서 나온 대부분의 쓰레기가 템스 강으로 직접 흘러들어갔고, 그 결과 런던에는 주기적으로 콜레라가 유행했다. '악취가 가장 심했던 해'로 불린 1856년 이후, 의회는 현대적인 하수 처리 시스템을 만들기 위해 대규모 공공투자 계획을 승인했다. 19세기와 20세기 초에는 주로 석탄을 연소시킬 때 발생하는 스모그 때문에 수만 명이 사망했다(지금은 사라진 별명 '빅 스모크'의 기원을 이 시기에서 찾을 수 있다). 오늘날 델리와 베이징의 대기오염 역시 심각하지만 공장과 자동차, 가정용 연료에 대한 규제를 강화함으로써 문제를 해결할 수 있다(그리고 그렇게 되기를 바란다). 이런 해결책 중 기술적으로 특별히 어려운 것은 없다. 돈과 정치적 의지만 있으면 된다.

"과학은 (온실가스) 배출물이 외부 효과임을 우리에게 알려준다. 바꿔 말하면, 우리가 배출한 배기가스는 다른 사람들의 생활에 영향을 미친다. 자기가 한 행동의 결과에 비용을 지불하지 않을 때 시장 실패가 발생한다. 이는 역사상 가장 큰 시장 실패이다.

_니콜라스 스턴 경 Lord Nicholas Stern

부유한 나라의 환경이 개선된 것은 오염물을 가난한 나라로 수출한 결과라고 주장하는 사람도 있지만, 그 근거를 찾기는 어렵다. 베이징의 오염은 화력발전소와 그 주변의 더러운 공장들, 자동차가 원인이지만 우리가 중국에서 수입하는 제품들은 주로 남동부에 있는, 오염물질을 덜 배출하는 현대적인 공장에서 생산된다. 휴대폰 부품에 사용되는 콜탄이 많이 묻혀 있는 콩고의 경우처럼 끔찍한 사례도 있긴 하지만, 그것은 경제학 자체의 문제라기보다는 정부의 실패와 부정부패 그리고 그 결과로 외국 기업들이 그 나라를 착취하고 있기 때문이다. 서구의 기업들이 개입되어 있고, 소비자로서 우리에게도 궁극적으로 책임이 있음을 부인할 수 없지만, 근본적으로는 정치적 문제이다.

기후변화

그렇다면 전 세계적 환경 문제는 어떨까? 나오미 클라인은 자신의 책 『이것이 모든 것을 바꾼다*This Changes Everything: Capitalism vs. The Climate*』에서 지구 온난화는 자본주의의 직접적인 결과이므로 우리의 경제적 사고방식을 완전히 바꿔야만 문제를 해결할 수 있다고 주장하면서 이렇게 말했다. "정말로 불편한 진실은 탄소가 아니라 자본주의가 문제라는 것이다."

이 말은 절반만 옳다. 물론 오늘날 탄소배출량이 증가한 직접적 원인은 자본주의로 경제가 발전하고 그에 따라 에너지 수요가 늘었기 때문이다. 하지만 기본적으로 화석연료에 자본주의적 요소는 전혀 없다. 내일 누군가가 (어쩌면 좀 더 안전한 핵융합로 같은) 무한정으로 쓸 수 있는 저렴한 에너지를 발명한다고 상상해보자. 석유회사는 망할 테지만, 자본주의는 그렇지 않을 것이다. 그리고 그런 일이 하루아침에 일어나지는 않겠지만, 과거 경험으로 보아 인센티브만 주어진다면 기술은 언제든 발전할 것이다. 지난 20년간 태양열 발전 비용이 급격히 줄어들었고, 앞으로도 계속 줄어들 것이다. 이는 자본주의 덕분이다.

하지만 런던이나 델리의 스모그처럼 환경이 저절로 바뀌지는 않을 것이다. 지구온난화는 고전 경제학에서 말하는 '외부 효과' 문제 중 가장 크고 위험한 사례이다. 외부 효과는 비용을 지불하지 않고 공짜로 자원을 사용할 때 발생한다. 외부 효과는 우리 '모두'가 저지르는 잘못인데, 기본적인 몇 가지 경제원칙을 적용해서 이것을 해결할 수 있다. 만약 우리가 (탄소세든 다른 유사한 제도든) 대기에 배출하는 탄소에 적절한 비용을 부과한다면, 다음의 두 가지 결과가 발생할 것이다. 우선 탄소를 덜 배출할 것이다. 그리고 더 중요하게는 기업과 투자자에게 저탄소 에너지 제품을 사용하도록 유도하는 인센티브가 늘어날 것이다.

그러므로 만약(이 '만약'에는 일어날 것 같지 않지만 꼭 필요하다는 의미가 담겨 있다) 우리가 규제와 인센티브를 적절하게 운영한다면, 나오미 클라인의 생각에 반박할 수 있을 것이다. 즉 자본주의는 지구 온난화 문제를 해결할 수 있다. 미국의 정치인과 경제학자들은 대개 자신이 자본주의와 자유시장 제도의 신봉자라고 주장하면서 탄소세나 그와 유사한 정책은 경제에 너무 큰 부담을 주기 때문에 지구 온난화를 막기 위한 조처를 할 여력이 없다고 말하는데, 이들의 생각 역시 틀렸다. 자본주의의 작동 방식과 경제사를 깊이 이해하는 사람들이 보기에, 이들은 유언비어를 퍼뜨리는 사람들이다. 맬서스의 주장이 나온 후 200년이 지난 지금, 우리는 다음과 같은 사실을 잘 알고 있다. 역사는 인류가 기술이나 과학의 도전에 맞설 때 놀랄 정도로 창의적이 될 수 있다는 사실을 증명한다. 자본주의를 옹호하는 사람들이 오히려 최악의 적이 될 때가 많다.

(50)

대안이 있는가?

"반자본주의자들에게도 지금 당장은 대안이 없다.
그렇지만 분명히 변화는 다가오고 있다."

1990년대 대부분과 2000년대 초에 '제3의 길'이라는 사회민주주의가 등장하면서 자유시장과 금융 중심 자본주의의 칼끝이 다소 무뎌지기는 했지만(25장 〈보수주의와 진보주의〉 참조), 선진국에서 이것은 여전히 지배적인 모델이었다. 한편, 시장주의를 채택해 경이로운 성장을 이뤄낸 중국은 신흥 경제국이 나아가야 할 방향을 제시하는 것처럼 보였다.

하지만 2008~2009년에 금융위기를 겪고 나니,《월스트리트 저널》의 선언이 상당히 공허하게 들린다. 세계화와 금융의 지배는 대공황 이후 최악의 위기와 경기후퇴를 불러왔을 뿐 아니라, 금융위기 이후 대부분의 선진국에서 성장이 느려지고 실업률이 높아졌으며 생활수준이 나아지지 않고 있다. 중국과 다른 신흥 시장 국가들도 최근의 급성장세를 계속 유지할 수 있을지 불분명하다. 결과적으로 1989년부터 2007년까지 자본주의를 지지해주었던 정치적 합의는 더 이상 안전하지 않다.

믿을 만한 대안이 없다

최근 베네수엘라에서 그리스까지 여러 나라에서 노골적인 반反자본주의 정치 세력이 정권을 잡았으나, 모두 실현 가능하고 성공할 만한 경제 모형을 구성하는 데는 완전히 실패했다. 그 결과 베네수엘라처럼 정치적·경제적 혼란을 감당하거나 그리스와 볼리비아처럼 기존 체제와 타협해야 했다. 미국에서 일어난 '월스트리트를 점령하라' 운동은 (다른 서구 국가들에서 비슷한 운동이 일어났음에도) 거의 흐지부지되었고, 미국의 티 파티 운동에서 프랑스의 국민전선까지 대중영합주의가 기승을 부리는 동안 대부분의 반자본주의 운동들은 실현 가능한 경제적 대안을 제시하려는 흉내조차 내지 못했다.

정치 발전은 제쳐두더라도, 자본주의의 대안이 될 만한 경제 체제가 있을까? 국가가 소유하고 통제하는 경제는 전후에 동구권이 정치적·경제적으로 실패함에 따라 완전히 신뢰를 잃었고, 중국식 발전모델이 지금까지 놀라운 성공을 거두고 있지만, 이는 대안이라기보다는 경제에 대한 통제권이 상당 부분 국가에서 민간으로 이전된 결과일 뿐이다.

“ 자본주의를 비판하는 사람들은 … 자본주의는 결국 자체 붕괴로 이어질 모순들로 가득하므로 본질적으로 불안정하다고 보았다. 하지만 자본주의를 지지하는 사람들은 자본주의가 자원과 보상을 가장 효과적으로 분배하는 방식이라고 생각한다. 민주주의적 자본주의가 경제 시스템의 진화 단계일 뿐만 아니라 궁극적 목적이라고 말하는 사람들도 있다.

_라구람 라잔(인도중앙은행 총재)

국가든 민간이든 생산 수단을 소유하는 방식과 관련해서 자본주의의 확실한 대안은 노동자가 소유하고 통제하는 방식이다. 이런 생각은 19세기 영국에서 로버트 오언이 시작한 협동조합 운동에서 전 세계에 여러 분파가 활동 중인 무정부주의와 무정부주의적 노동조합 운동에 이르기까지 그 역사가 길고 유명하다. 그리고 (스페인 바스크 지역의 몬드라곤 노동자협동조합부터 백화점과 슈퍼마켓을 소유한 영국의 존 루이스 그룹에 이르기까지) 선진국에는 노동자 소유의 기업이 성공한 사례가 매우 많다. 또 엄격히 말해서 협동조합은 아니지만 창업주와 대부분의 임원들이 회사의 소유권과 통제권을 나눠 갖는 합명회사 형태는 금융회사, 법률회사, 회계법인, 컨설팅 회사 등에 흔하다.

대체로 협동조합은 비교적 규모가 작다. 이들은 투자 자금을 확보하는 데 어려움이 있기 때문에 지배 구조를 확장하기가 여의치 않다. 물론 이것은 정확히 말해서 자본주의가 공동 자본 회사를 설립하고 주식 및 채권시장을 이용해 극복하고자 했던 장애물이기도 하다. 합명회사 형태의 금융기관 중 가장 유명하고 강력한 골드만삭스조차도 '주식을 공개 상장'했다.(즉 외부 자본이 필요해서 주주가 있는 일반 회사가 되었다.) 그러므로 노동자가 통제하는 기업은 경제 전체에서 차지하는 비율이 여전히 매우 낮다. 예를 들어 미국의 경우는 그 비율이 1퍼센트 미만인데, 앞으로도 증가하리라는 실질적 증거가 전혀 없다.

변화가 다가오고 있다

지금으로서는 실현 가능한 자본주의의 대안이 거의 없는 것 같다. 하지만 이것이 앞으로 몇 십 년 후에도 성공적인 대안이 없으리라는 의미는 아니다. 마르크스는 무엇보다도 우리 사회의 본질을 결정하는 것은 경제학, 특히 물건을 생산하는 방식이라는 점을 간

기술 변화가 경제와 과학의 구조를 어떻게 바꿔놓을지 상상하려면 공상과학 소설을 읽어보면 된다. 〈스타트렉〉을 보면 모든 물질재가 기본적으로 무료가 되기 때문에 돈이 중요하지 않아져서, 사람들은 탐험 또는 다른 고차원적 활동에 전념한다. 하지만 암울한 전망이 다소 우세하다. 영화 〈에일리언Alien〉은 자본주의 논리가 불가피하게 인간의 자기 파괴를 불러올 거라고 말한다. 이 영화에서 지배적인 '기업'은 외계인을 잠재적 이윤 창출의 대상으로 생각하고, 외계인이 지니는 실존적 위협은 부차적인 것으로 여긴다. 수많은 작가들이 유전적 특성에 따라 계층화되는 사회의 의미를 연구하고 있다. 이런 사회는 올더스 헉슬리Aldous Huxley의 『멋진 신세계Brave New World』에서 정치적·경제적으로 합리화된다(이것이 계획을 촉진한다). 아이작 아시모프Isaac Asimov와 필립 K. 딕Philip K. Dick 등은 인공지능의 도덕적·사회적 의미를 다루었다. 좀 더 예언적인 관점으로는 영화 〈터미네이터Terminator〉에서 다룬 '특이점'의 도래가 있는데, 노벨 물리학상을 받은 스티븐 호킹 그리고 페이팔과 테슬라 모터스를 설립한 일론 머스크Elon Musk가 이것에 대한 두려움을 표현하기도 했다.

파했다. 지금 우리가 알고 있는 자본주의는 산업혁명을 통해 전반적인 생산방식과 사회의 모습이 대대적으로 변화한 결과이다. 그리고 오늘날 우리는 최소 세 가지 핵심 발전을 토대로, 과거와 마찬가지로 경제에 대변화가 일어나는 시작점에 있다. 산업화 시대와는 전혀 다르게 물리적 노동력이 직접 투입되는 생산 과정을 로봇이 담당하고, 인간은 그 과정에 점점 덜 참여하게 될 것이다. 연산기술과 인공지능의 발달은 현재 분석이 필요한 작업의 상당 부분을 기계가 대신 수행하게 된다는 것을 의미한다. 마지막으로 최첨단 유전자 조작 기술이 인간의 수명을 연장해줄 뿐만 아니라, 자손의 성격과 지능까지도 결정할 수 있도록 해줄 것이다.

'소프트웨어'에 대한 통제(데이터를 저장하고 처리하고 조작하는 방식)가 건물이나 기계 같은 물적 자본보다 점점 더 중요해질 것이다. 정말로 중요한 것은 생산 수단을 소유하고 통제하는 것이라는 마르크스의 핵심 사상을 다시 떠올려보면, 미래 사회와 경제의 특징은 소프트웨어를 생산하고 소유하고 통제하는 방식으로 규정될 것이다. 정부나 기업, 개인이 이 일을 하거나 아직 알려지지 않은 방식으로 하게 될 것이다.

이런 발전은 잠재적으로 현재의 자본주의 모델에 엄청난 변화를 가져올 것이다. 이런 변화들 덕분에, 우리는 선택에 따라 가난에 종지부를 찍고 지적·물질적 경계를 확장하게 될 것이다. 하지만 그와 동시에 부유한 기업과 재력 있는 엘리트들이 새로운 경제를 통제할 핵심 수단을 확보해 불평등이 더욱 심화될 수도 있다. 자본주의가 과거에 성취했고 앞으로 성취할 것들을 고려할 때, 낙관론자인 나는 긍정적 결과가 나타날 가능성이 더 크다고 믿는다. 하지만 여성에게 투표권을 부여하고 복지국가를 만든 것이 '자유시장'이나 자본가들이 아니었던 것처럼, 우리 모두의 집단적 노력이 경제 발전을 사회적 진보로 바꿀 수 있을 것이다.

주요 용어

GDP
국내총생산Gross Domestic Product의 약어로, 정해진 기간(보통 1년)에 한 경제가 생산한 모든 상품과 서비스의 시장 가치를 합한 것을 말한다.

거시경제학Macroeconomics
인플레이션, 금리, 실업 등과 성장 간의 관계를 분석해 경제 전반을 연구하는 학문.

경기후퇴Recession
경제가 위축되는 것을 말한다. 항상 그런 것은 아니지만, 대개 2분기 연속으로 마이너스 성장률을 보일 때 경기후퇴라고 정의한다.

공산주의Communism
사회 조직이나 국가의 재산(특히 자본)을 사적으로 소유하지 않고 공동으로 소유하는 체제를 말한다.

금리(이자율) Interest rate
돈을 빌리는 데 드는 비용으로, 주로 연간 비율로 표시한다.

기회비용Opportunity cost
특정한 목적을 위해 자원을 사용함으로써 포기하게 된 가치를 말한다.

독점Monopoly
단일 경제 주체(주로 기업)가 특정 상품이나 서비스의 공급을 전부 혹은 거의 전부 통제함으로써 다른 공급자가 가격을 낮출지 모른다는 두려움 없이 가격을 정할 수 있는 상황을 말한다. 수요독점monopsony은 (일반적이지는 않지만) 판매자가 아니라 구매자가 단 하나인 경우이다.

미시경제학Microeconomics
개인, 가계, 기업이 어떻게 경제적 결정을 하고 시장에서 어떻게 상호작용하는지를 연구하는 학문이다.

법인 설립 Incorporation
기업 소유주와 별개로 법적 지위를 가진 독립체를 만드는 과정. 이렇게 설립된 법인은 스스로 (생산, 매매, 차입 등) 경제 활동을 수행할 수 있고, 종종 유한 책임을 지닌다.

부채Debt
한 사람이 다른 사람에게 돈(또는 다른 금융자산)을 갚아야 하는 의무를 말한다.

스태그플레이션Stagflation
실업과 인플레이션이 동시에 높게 나타나는 현상을 말한다. 이는 1970년대 서구 경제의 특징이었다.

시장Market
(실제든 가상이든) 사는 사람과 파는 사람이 상품과 서비스, 돈을 거래하기 위해 상호작용하는 모든 형태의 환경을 말한다.

실업Unemployment
일하고 싶지만 마땅한 일자리를 찾을 수 없다면 그 노동자는 실업 상태에 있다. 고용되지 않은 사람이 전부 실업자는 아니다. 예를 들어 집안 사정이 있어서 일할 의사가 없거나 장애가 있어서 일할 능력이 없는 사람은 '비경제활동인구'라고 말한다.

유한 책임 Limited liability
회사 소유주들이 회사의 부채에 대해 자신이 투자한 만큼만 개인적으로 책임지는 기업 구조다.

이윤Profit
상품이나 서비스의 판매액에서 생산비(임금, 세금, 대출금 이자, 기타 비용 등)를 차감한 것을 뜻한다.

인플레이션Inflation
한 경제 내에서 전반적인 물가상승률을 말하며, 주로 연간 비율로 표시한다.

잉여가치Surplus value
마르크스가 연구해서 만들어낸 개념으로, 노동자가 생산한 상품 및 서비스의 가치와 그들이 받는 임금의 차이를 말한다.

자본Capital
이익을 낼 수 있는 자산이나 부를 의미한다. 이것은 (주식 같은) 금융자산이나 (기계 같은) 물질자산을 지칭할 수 있다.

장기 침체 Stagnation
저성장 상태가 계속되는 것을 말한다. 특히 '구조적 장기 침체'는 정부 정책으로 인해 지속적 성장을 하기 힘들거나 할 수 없는 경제 상황 혹은 추세가 장기간 지속되는 것을 뜻한다.

재산Property
개인 또는 경제조직이 법적으로 소유한 모든 것을 말한다. 집단이나 국가가 공동으로 소유할 수도 있다. 재산 소유주의 권리나 특권은 국가가 규정하고 보호한다.

재정 정책 Fiscal policy
경제 전반에 영향을 주기 위해 정부가 지출과 조세를 활용하는 정책으로, 재정적자를 수반한다. 과도한 적자를 일으키는 재정 정책은 일반적으로 '팽창' 정책이라고 부른다.

주식Share
금융자산의 소유권 단위로, 주로 유한회사나 법인의 소유권이 여기에 해당한다. 주주는 회사 수익이나 배당금을 일정 비율로 받고 경영진을 임명하는 데 참여한다.

중앙은행Central bank
한 나라의 통화 체계를 감독하는 기관. 주로 화폐를 발행하고, 통화 정책을 관리하며, 국책은행의 역할을 하고, 종종 상업은행을 감독한다.

케인스주의Keynesianism
한 나라의 전반적인 경제 성과는 통화 정책과 재정 정책을 통해 (또는 둘 중 한 가지 방법으로) 총수요를 적극적으로 관리함으로써 개선될 수 있다는 관점이다.

통화 정책 Monetary policy
통화 관리 기관(주로 중앙은행)이 경제 내 통화량과 그 증가율을 통제하는 과정. 주로 중앙은행이 단기 금리를 조절하고 정부 채권을 사고팔아서 통화량을 조절한다.

통화주의Monetarism
경제에 유통되는 화폐량(또는 그 증가율)을 통제하고 관리하는 방식이 경제를 안정시키는 주된 수단이 되어야 한다고 보는 관점이다.

화폐Money
한 경제 내에 공식적으로 유통되는 교환 수단. 계산 단위와 가치 저장 수단의 기능도 한다.

효율성Efficiency
수많은 뜻을 가진 경제 용어이다. 생산적 효율성은 정해진 생산량을 최소 비용으로 달성하는 것을 말하고, 기술적 효율성은 투입량이 일정한데 생산량이 최대가 되는 경우를 말한다. 분배적 효율성은 자원이 가장 효율적인 방식으로 분배되는 것, 즉 자원의 양이 일정한데 후생이 극대화되는 경우를 말한다.

효율적 시장 가설 Efficient market hypothesis
일반적으로 금융시장에서 자산 가격에 모든 사람이 이용할 수 있는 정보가 완벽하게 반영되어 있다는 가설이다.

당신이 꼭 알아야 할 자본주의 키워드 50

초판 1쇄 인쇄 2021년 9월 13일
초판 1쇄 발행 2021년 9월 23일

지은이 조너선 포티스 **옮긴이** 최이현
펴낸이 김종길 **펴낸 곳** 글담출판사 **브랜드** 아날로그

기획편집 이은지 · 이경숙 · 김보라 · 김윤아 · 안수영 **영업** 김상윤
디자인 엄재선 · 박윤희 **마케팅** 정미진 · 김민지 **관리** 박지웅

출판등록 1998년 12월 30일 제2013-000314호
주소 (04029) 서울시 마포구 월드컵로8길 41 (서교동 483-9)
전화 (02) 998-7030 **팩스** (02) 998-7924
블로그 blog.naver.com/geuldam4u **이메일** geuldam4u@naver.com

ISBN 979-11-87147-82-4 (03320)

책값은 뒤표지에 있습니다.
잘못된 책은 바꾸어 드립니다.

＊이 책은 『자본주의가 대체 뭔가요?』(2019)의 개정판입니다.

만든 사람들
책임편집 김보라 **표지디자인** 김종민 **본문디자인** 엄재선